多维视野下的《新青年》研究

张宝明 著

商务印书馆
2007年·北京

图书在版编目(CIP)数据

多维视野下的《新青年》研究/张宝明著.—北京：商务印书馆，2007
ISBN 7-100-05251-3

Ⅰ.多… Ⅱ.张… Ⅲ.期刊—研究—中国—民国 Ⅳ.G237.5

中国版本图书馆 CIP 数据核字(2006)第 118200 号

所有权利保留。
未经许可,不得以任何方式使用。

多维视野下的《新青年》研究
张宝明　著

商务印书馆出版
(北京王府井大街36号　邮政编码 100710)
商务印书馆发行
北京瑞古冠中印刷厂印刷
ISBN 7-100-05251-3/G·747

2007年6月第1版　　开本 880×1230 1/32
2007年6月北京第1次印刷　印张 10½
定价：20.00元

目 录

前言 …………………………………………………………………… 1
第一章　从知识经济学的视角看《新青年》启蒙情怀的生成……… 1
　　一、缘起：对《新青年》研究者的"事后"质疑……………………… 2
　　二、名刊：在现代性焦虑中生成……………………………………… 5
　　三、"金字招牌"：在文化品牌与商业品牌之间…………………… 14

第二章　"文白之争"的历史悲情：传统母语的非正常死亡与
　　　　现代汉语的失调
　　　　——从文化社会学的视角看《新青年》现代性焦虑的残酷 …… 25
　　一、文化社会学：《新青年》引发的"文白之争"………………… 26
　　二、现代性焦虑：《新青年》"历史"叙事的发生………………… 39
　　三、历史悲情的扩张：世界语的吊诡……………………………… 51
　　四、现代性与传统：历史的循环…………………………………… 68

第三章　启蒙的偏至（上）："内圣外王"与新文化元典思维模式的
　　　　确立 ………………………………………………………… 72
　　一、中华文化元典精神与士人情怀………………………………… 72
　　二、近代文化启蒙与中国古典传统………………………………… 76
　　三、《新青年》：在《新民丛报》与《甲寅》之间………………… 83
　　四、在"政治的觉悟"与"伦理的觉悟"之间……………………… 88

五、伦理的政治化与政治的伦理化……………………………… 96

**第四章　启蒙的偏至(中)：陈独秀领衔的新文化元典与
"内圣外王"的再现**…………………………………………………… 102
　　一、超越与回归："新青年"时代的思想症候………………… 102
　　二、现代与传统：陈独秀领衔的启蒙潮流……………………… 106
　　三、求同与存异：同仁之间的思想互助………………………… 111

第五章　启蒙的偏至(下)：新文化元典与"内圣外王"的演绎… 126
　　一、"内圣外王"的意义及其局限性……………………………… 126
　　二、陈独秀与尼采：个人化时代的精神个案…………………… 131
　　三、"人生真义"："自利利他"平衡机制的再度倾斜……………… 139
　　四、从人伦伦理到政党伦理……………………………………… 150

**第六章　问题与主义：两种思想谱系的历史演绎
　　　　——从知识社会学的视角看《新青年》与《每周评论》
　　　　的衔接**………………………………………………………… 164
　　一、研究之研究："问题与主义"之争的学术之争……………… 167
　　二、"问题与主义"：思想文本的隐形格局……………………… 168
　　三、"导师"与"学生"：两种知识体系的相对凸起……………… 176
　　四、从学理型政治到政治型学理："问题与主义"的历史
　　　　演绎…………………………………………………………… 185

第七章　《新青年》：个人、社会与国家关系的历史考察………… 198
　　一、《新青年》之前个人与国家关系的基本考察……………… 198
　　二、《新青年》主导的个人与社会关系的历史考察…………… 202

三、《新青年》同仁思想谱系的哲学透视 …………………… 207

四、《新青年》个人与国家关系思想的集束与辐射 ………… 211

五、《新青年》思想谱系在中国思想史上的闪断与整合 …… 218

第八章 现代性空间的开拓
——从社会心理学视角看《新青年》与中国马克思主义的起源 …………………………………………………………… 230

一、"三反":一个"超人"时代的到来………………………… 231

二、"超人"的渺茫:个人主义的困境……………………… 242

三、"人力车夫":来自弱势群体的心理感应……………… 246

四、强权与公理:人道主义的变奏(Ⅰ)…………………… 253

五、强权与公理:人道主义的变奏(Ⅱ)…………………… 262

六、强权与公理:人道主义的变奏(Ⅲ)…………………… 273

七、"新理想主义":强权的终结与公理的落定(Ⅰ)……… 287

八、"新理想主义":强权的终结与公理的落定(Ⅱ)……… 295

九、"新理想主义":强权的终结与公理的落定(Ⅲ)……… 309

前　言

众所周知,《新青年》是影响20世纪中国的一代名刊。它与"五四运动"息息相关。它不但是外来思潮译介的重要媒体,也孕育了一代又一代"新青年"。然而与"五四运动"时期的思潮、人物研究的"与时俱来"不同,对《新青年》杂志的研究不过是近年来学术界兴起的事情。如果说有关"五四"的研究成果汗牛充栋,那么真正意义上的《新青年》研究则可以说是"七八个星天外,两三点雨山前"。因此,将《新青年》作为一个"整体"去把握应该是学术研究的一个崭新且有实际意义的命题。

从文本出发,在"五四"这一精神事件之外寻找中国新文化的活水源头,我们就必须首先着眼于《新青年》。《新青年》的创刊加速了一个时代的过渡、转型。《新青年》是一系列新潮杂志的发源地,诸如《每周评论》、《努力周报》、《新潮》、《国民》都是这个杂志大家庭中的成员。总体意义上,前者是"母",后者是"子"。但仔细划分,《每周评论》、《努力周报》可以说是孪生(兄弟刊物)关系,《新潮》、《国民》则是前辈和后辈的"父"与"子"的关系。根据笔者的观察,对这些杂志的文本研究及其关系研究都没有专著出现,即使是一些论文偶有涉及也还是杯水车薪,不解研究之渴。造成这一现象的原因是多重的,不过,这与多年来我们已经习惯的研究路径有关,更与我们对"文本"的重视程度不够有关。

就学术界的研究状况而言,从新文学发生的视角研究《新青年》

的学者要比历史学者多,哲学研究多是从思潮的角度对某篇文章的寻章摘句。就历史学界的研究来看,从思想史角度研究的文章要比单纯从历史角度研究的文章多。进一步说,对《新青年》的研究主要还是从思想史学者的"兴趣"开始的。较早一篇专论《新青年》的文章是王晓明的《一个杂志和一个"社团"》[①],他从《新青年》杂志与文学研究会等社团的关系来看新文学传统的形成与演变。随后也有一些研究跟进,但多数都是对《新青年》创刊前后史实的补正或是扼要的论述。1997年秋,笔者的博士论文《启蒙与革命——五四"激进派"的两难》被列入学林出版社的"现代性与传统"丛书出版,其中我选择的四个主要人物分别是陈独秀、胡适、李大钊、鲁迅,他们或是《新青年》主编,或是其主要作者。或许论文出版的欣喜激励了我,或许是朋友的鼓励鞭策了我,在整理出版博士论文的同时,我和王中江先生共同主编了《回眸〈新青年〉》语言文学卷、哲学思潮卷、社会思想卷3卷本丛书,并于1998年在河南文艺出版社出版。其中张岱年、韦政通、陈平原三位先生为《回眸〈新青年〉》所作的序言都不约而同地开始强调阅读原始文本以及研究原始文本的重要性。1999年春,我们为此在北京大学专门召开了一次关于《回眸〈新青年〉》文本编选的学术研讨会,参加会议的有北京大学、清华大学、中国社会科学院的20几位学者。在那次会议上,张岱年、陈平原、万俊人、陈来、老树、王守常、胡军等学者都对《回眸〈新青年〉》的意义给予了充分的肯定。之后,我便有了在原有积淀基础上研究《新青年》的想法,但是由于种种主观和客观的原因,结果都是浅尝辄止。2002年底,我有幸进入武汉大学历史学院博士后流动站跟随合作导师吴剑杰教授从事中国近现代思想史的研究。经过多次论证,吴先生同意我将《新青年》文本

---

① 王晓明:《一个杂志和一个"社团"》,《上海文学》1993年第4期。

研究作为出站报告的选题。

在进入研究状态后,我在研读过程中看到陈平原教授新近发表在《中国现代文学研究丛刊》上的长文《〈新青年〉研究》。与为《新青年》编选本所作的序言《学问家与舆论家》不同,这是一篇经过长期思考得出的成果。① 不过,他仍是从思想史与文学传统的关系切入的。值得欣喜的是,在博士后研究期间,我还看到北京大学中文系和武汉大学中文系的两位博士将《新青年》作为论文的选题。尽管他们同样是从文学视角探索《新青年》文本,但这毕竟是一次对尚无"完整"的突破。② 在此我祝愿他们的论文早日作为专著"完整"出版。

现代性,是隐含在《新青年》文本中的历史真实。这里把"现代性"专门提出来,似乎对《新青年》杂志来说有些牵强。毕竟,"现代性"一词在《新青年》整个杂志只出现过一次,而且还是周作人在介绍《陀思妥夫斯奇之小说》中的一段话:"陀思妥夫斯奇是俄国最大小说家,亦是现在议论纷纭的一个人。陀氏著作,近来忽然复活。其复活的缘故,就因为有非常明显的现代性(现代性是艺术最好的试验物,因真理永远现在故)。人说他曾受迭更司 Dickens 影响,我亦时时看出痕迹。但迭更司在今日已极旧式,陀氏却终是现代的。止有约翰生博士著沙卫具传,可以相比。此一部深微广大的心理研究,仍

---

① 陈平原:《〈新青年〉研究》(上、下),《中国现代文学研究丛刊》2002 年第 2 期、2003 年第 1 期。

② 它们分别是出自李宪瑜博士的《〈新青年〉杂志研究》和李永中博士的《探索现代——〈新青年〉研究》,导师分别为温儒敏教授和陆耀东教授。在此,我要感谢湛贵成博士在北京大学为我所做的资料复印工作。在博士后工作即将完成时,我看到了北京师范大学中文系孟庆澍博士以《无政府主义与五四新文化——围绕〈新青年〉同仁所作的考察》为题,在王富仁教授的指导下所做的工作,感谢他主动将论文赠送给我。

然现代,宛然昨日所写。"① 值得注意的是,这篇文章只是周作人自英国作家 W. B. Trites 之手译出,也并非作者有意识的运用。可见,就《新青年》与现代性的关系而论,选择这样一个题目有点"小题大做"了。不过,就我个人的理解,《新青年》上映照出的"现代性",无非也是与传统相对的价值和心理。现代、现代的、现代性都是在统一意义上运作的。民主、科学、个性自由、思想解放、人道主义、社会主义等也无不彰显着现代性的内涵。

本书主要围绕《新青年》上发生的启蒙的演变以及与现代性的关系展开论述,从而解释现代性在 20 世纪中国多副面孔的实际流程,或说现代性在这里发生的原委曲折,目的是为 20 世纪中国现代性的演进提供一个历史注脚。在研究方法上,本书主要采用社会学以及知识考古学的方法对《新青年》的思想演绎进行深度梳理,以期寻找到现代性演进的思想路径。在某种意义上,这是对 20 世纪思想史的一次源头和深度的挖掘和梳理。

具体说来,本书的命题有:

首先是《新青年》启蒙情怀的生成。本书运用知识经济学的方法,对《新青年》从"集合"(创刊)到"分化"(分散)的过程及其原因作全新视角的透视。过去的研究者对《新青年》的分化以及南下与北上之争更多的是从政治的歧义立论,本书则是对以往研究者对这一问题的"政治论"者的挑战,也是对本人过去研究的一个挑战。回到历史现场,包括本人在内的研究者都是在谈与不谈政治的论题上做文章,无人从知识经济的理念上去探讨这样一个辉煌杂志成功的商业奥秘,更没有人对《新青年》知识群体为"金牌杂志"的社会效益之外的经济效益有过多的关心。但本书以为,《新青年》知识群体后期的

---

① 周作人:《陀思妥夫斯奇之小说》,《新青年》4 卷 1 号,1918 年 1 月。

"不愿意分裂"以及带有情绪的义气之争具有政治和经济的双重意义。

其次是对由《新青年》引发的"文白之争"问题的反思。在对白话文取代文言文的认可以及对《新青年》激进同仁于现代汉语贡献的肯定几乎已经成为定论的今日,重新审视由"白话文"引发的现代性思绪所带来的偏至,方是人文学者最为关切的命题。在我看来,中国传统的文言文乃是现代白话文的源泉,二者是母与子的关系。《新青年》时期,激进情绪下的同仁所做出的"抽刀断水"式的决断带有硬性的"左"性做派。所有的理性化启蒙色彩都为这一情绪化气质所掩盖,新旧文学传统的重新确立充分体现在文白的决裂上。从《新青年》同仁为寻求良性舆论环境的急切渴望中,我们看到的是一代启蒙思想家对语言权力("市场")的攫取心态。

第三是对《新青年》"内圣外王"逻辑的考察。本书注重《新青年》知识群体在启蒙现代性问题上的生成与演绎,从而揭示出这一精神文本背后的启蒙偏至。《新青年》从创刊的那一天起,就有着浓厚的"内圣"倾向。以主编陈独秀领衔的《新青年》以伦理道德为指归,从而在批判旧伦理、旧道德的高调主张中走上了新一轮的道德形而上主义。从传统文化的伦理中心主义转换到新文化元典的道德至上主义,这一命题的揭示有利于打破"政治的觉悟"和"伦理的觉悟"这一困扰《新青年》研究尤其是"五四"新文化运动的研究范式,从而将《新青年》引发的盘根错节的启蒙思想谱系梳理清楚。

第四是对《新青年》与《每周评论》关系的研究。其实这是一个对"新青年派"团体意识的界定和分析。本书认为研究《新青年》应该作有机的延伸。而发生在《每周评论》上的"问题与主义之争"是《新青年》思想谱系的歧义拉到"场外"的一个有机组成部分。《每周评论》作为《新青年》的一个子系统,它们是"子母"关系。尽管"问题与主义之争"在"场外"发生,但从"知识考古学"的理论看,它们共属"新青年派"知识群体营造的那个思想"场域"。从知识社会学的视角出发,研究《新青年》不能忽略《每周评论》,借助这两个文本的分析,我们会对《新青年》文本表象背后的内在精神规定性给予确定性的论证,避免将思想文本的隐形格局作空壳化的表述。

第五是对《新青年》杂志上个人与"他者"关系的考述。个人与他者的关系,其实也就是与国家、社会等集体概念的关系。这个关系也是思想史上的一个基本学术命题。而对这个命题的不同回答则是折射思想媒体或思想家价值趋向的一面镜子。20世纪初年,《新民丛报》的主编梁启超、《甲寅》的主编章士钊、《新青年》杂志的主编陈独秀分别在自己经营的刊物上为个人与他者的关系开辟了舆论阵地。本书重点考察的是作为具有影响力的思想媒体《新青年》从1915年到1919年之间有关"个人"与他者关系的"来龙去脉"。

最后是以人道主义为中介,对《新青年》上个人主义和社会主义之间的转换的关系研究。本书以欧战前后《新青年》知识群体的思想历程为背景,通过对前后知识体系转化的对比,主要考察社会转型加速期这一特定知识群体在激情左右下的不确定性。进化论与阶级论的转化、个人主义与社会主义的转换、"竞争"与"互助"的重心位移,这一切都是在人道主义的道德理想杠杆下发生的。这一问题的解决有助于理解《新青年》现代性面孔的多样性以及它在20世纪中国现代性演进中发挥巨大舆论威力同时所夹杂的隐忧。

本项研究基本上属于思想谱系的梳理,因此在文本的研究上还是需要进一步挖掘的。首先是《新青年》杂志知识群体的来源、地缘结构、年龄阅历、学历结构以及他们之间组合、演变、分化等问题的研究,譬如《甲寅》"跳槽"或"兼职"的同仁,社会上的自然来稿情况,同仁自我撰稿情况，1919年后再度南下时如何将编辑权转移到沈雁冰、陈望道等人手中，最后成为机关刊物和季刊后又有哪些人参与编辑等。从社会学的视角探索作者群体和编辑群体的变化与互动，对于把握《新青年》杂志的思想状况以及舆论合力对20世纪中国的影响会更为重要。

其次是对《新青年》编辑体例变化的研究，譬如栏目的变化、轮流编辑风格的演变、专号的演变、作者与读者的互动、编者与作者的互动等，这些研究将有利于把握《新青年》舆论机制的流程，触摸到它发生影响的规律。

最后是对《新青年》与其他杂志诸如《科学》、《东方杂志》、《少年中国》、《晨报》等关系的研究，其中也包括与《每周评论》、《努力周报》、《新潮》、《国民》等系列杂志的关系。这项研究是对文本自身的一个延伸研究，它的意义在于从比较中寻找出《新青年》与它们的异同和传承关系。

第一章　从知识经济学的视角
看《新青年》启蒙情怀的生成

关于《新青年》的意义这个备受赞扬的话题几乎重复了一个世纪。固然，这是《新青年》成为启蒙经典后应该享有的声誉。但是，就当时主编陈独秀窘迫的经济状况，他何以有动力和激情如此这般地驱使自己？换句话说，至今无人从经济学的经营理念上去探讨这样一个辉煌杂志成功的商业奥秘。我们知道，中国有句为知识分子谙熟的心灵调节语录："达则兼济天下，穷则独善其身。""达"字当头，这一方面反映了知识分子在任何时候、任何方面都有"达"的意愿；另一方面也反映出尽管知识分子有"君子不言利"的文乎其文的说法，但他们也只是口中"不言"。事实上，谁都心知肚明：只有凭借或通过"达"才有可能达到"兼济"的目的。"达"方能"到位"——无论是思想文化启蒙还是政治治国方略。人的生存意识并不是单靠勇气和毅力所能支撑。当我们已经习惯于用高调的"理想"、"境界"去审视"新青年派"同仁时，我们是不是回到历史的现场，去还原那一段因失去中心地位而"穷"得不得不在边缘地带呐喊、挣扎、奋斗声音背后的真实历史呢？在几千年的传统社会里，知识分子获取文化知识资本以为"稻粱谋"的中心地位一直没有断裂过，而当新式教育取代了科举制度后，新型知识分子尤其是那些漂洋过海的知识分子如何在转型时期由"穷"而"达"，或说成为独立"进款"者以获得真正的"人格独立"，乃是比启蒙更重要的当务之急。① 传统中国,一提到"利"就会让"义"大打折扣。事实上,"贵义不贱利"才能真正做到双赢;"达"才能"兼济"。在此,笔者不是谈论"达"与"穷"的辩证关系,而是更关心启蒙摇篮缔造者原始的"现实"成因。

一、缘起:对《新青年》研究者的"事后"质疑

1997年,笔者和王中江先生一同主持"新文化元典"的编纂工作,日后出版了《回眸〈新青年〉》。如同读者看到的那样,当时远在美国纽约哥伦比亚大学的陈平原教授带着对《新青年》的敬意以及厚重的老北大情结为我们写了序言。陈平原先生的序言为我们描绘了一个经典杂志成功的基本轮廓:

> 作为一代名刊,《新青年》与《申报》、《东方杂志》的重要区别,首先在于其同仁性质。不必付主编费用及作者稿酬,也不用考虑刊物的销路及利润,更不屑于直接、间接地"讨好"读者或当局,《新青年》方才有可能旗帜鲜明地宣传自己的主张。在1918年1月出版的四卷一号上,《新青年》杂志社宣告:"所有撰译,悉由编辑部同人公同担任,不另购稿。"文章主要由"同人公同担任",此乃同仁刊物的共同特征,之所以敢于公开声明"不另购稿",因其背靠最高学府"国立北京大学"。第三至第七卷的《新

---

① 1922年,胡适在《努力周报》上大谈"好人政府"之主张,金岳霖在英国有感而发:"我开剃头店的进款比交通部秘书的进款独立多了,所以与其做官,不如开剃头店,与其在部里拍马,不如水果摊子上唱歌。"同时,他呼吁知识分子应自行打造一个"独立的环境",有一批志同道合的同仁一起"唱歌"。其中,他反对官本位而又不反对"进款"。这种"自食其力"的经济自由、人格独立理念也正是《新青年》同仁履行的。(金岳霖:《优秀分子与今日的社会》,《晨报·副镌》1922年12月4、5日)

青年》,绝大部分稿件出自北大师生之手。第六卷的《新青年》,更成立了由北大教授陈独秀、钱玄同、高一涵、胡适、李大钊、沈尹默组成的编委会,轮流主编。①

　　老实说,当时处于匆忙编撰的我们根本没有时间考虑《新青年》自身的透迤曲折。事后多年,在对陈先生宏观概括以及对《新青年》性情定位之描述表示认可的同时,笔者也有不敢苟同之处。大体而言,《新青年》是一个"同仁"杂志。这是就广义而言,但从狭义而言,《新青年》前后的"同仁"观念是不可同日而语的。指出这一点并不是为了标新立异,笔者在此也不想对其"同仁"观念的变化展开论述(比如他们有一个明显的痕迹:伙伴—同仁—同志),主要还是为了带出与此相关的第二个需要论证的命题:"同仁性"可以用"不必付主编费用及作者稿酬,也不用考虑刊物的销路及利润,更不屑于直接、间接地'讨好'读者或当局,《新青年》方才有可能旗帜鲜明地宣传自己的主张"来概括吗? 换句话说,是因为"同仁性"就可以有如此这般不付费、不考虑的"自由"吗? 试问,这样一个不考虑经营的杂志之同仁岂不是要喝西北风吗? 进一步说,在"不必付主编费用及作者稿酬,也不用考虑刊物的销路及利润,更不屑于直接、间接地'讨好'读者或当局"与"《新青年》方才有可能旗帜鲜明地宣传自己的主张"之间的必然逻辑关系又在哪里呢? 我常常百思不得其解:究竟是"谁"在那里苦苦支撑、甘愿提供"免费的午餐"而让"新青年派"同仁在那里"指手画脚"呢? 要知道,《新青年》的同仁性质应该是自我独立经营占据上风,用今天的话来说,带有自负盈亏、擅自承包的意思。这样,"不屑于直接、间接地'讨好'读者或当局"的人我们可以理解为"新青年派"的作者们,而"不必付主编费用及作者

---

①　张宝明、王中江主编:《回眸〈新青年〉》(序三),河南文艺出版社1998年版。

稿酬,也不用考虑刊物的销路及利润"的人实在是太模糊。看来,即使在这"不必"和"不用"之间也是让人心存疑虑。

不难理解,作为同仁刊物的《新青年》一开始就是带有经营性质的商业风险的。因此,主撰陈独秀要想和出版商达成协议并不那么容易。毕竟,从商业利润出发,出版商不可能提供如履薄冰的平台。即使舆论开禁,不存在政治风险,经营者也不会轻言合作。更何况《新青年》同仁并没有也不可能"背靠当局"呢?撇开当局或者说与当局无关倒是一个历史事实,但要说杂志主办方不必要考虑"销路及利润"则是违背常情和常理的,同时也是不符合历史事实的。《新青年》不是"当局"的喉舌,也没有财团资助,它只能是一个边缘性质的民间刊物。我这里所谓的"民间",无非是金岳霖所说的具有独立"出卖"知识资本而自食其力(独立"进款")的经济行为。这个经济行为在很大程度上就是我们所说的与政府行为相距甚远的"市场"经济。换句话说,陈独秀等《新青年》的经营者只有讨好那只"看不见的手"的权利,而那个被"讨好"的对象也是无形的。事实上这才是"同仁"杂志在现代的思想文化意义和商业经济意义。原来,无论是思想文化还是商业经济,它们都是在"自由"意义上运作的。笔者之所以锁定这样一个视角来审视《新青年》——在现代性焦虑中诞生的启蒙摇篮,根本的理由就在于"知识经济学"容易回到历史现场以诠释思想史上的全新理念,而不单单是将其看做一个"文化+政治"的纯粹舆论性杂志。[①] 也正是在这一意义上,从"知识经济学"视角论证《新青年》这个思想平台的出版发行动机、市场经营意识、品牌打造策略才不至于显得重复和多余。

[①] 关于自由、市场、知识以及个人主义与经济的关系,可参照哈耶克:《个人主义与经济秩序》,三联书店2003年版。

二、名刊：在现代性焦虑中生成

《新青年》同仁尤其是陈独秀的选择是传统知识分子面临现代性的困境的无奈选择。当然，这个"无奈"包含了两个因素：一是从中心走向边缘，"学而优则仕"成为"历史"，为"稻粱谋"的模式不再是单一的，而是多元的，《新青年》的创刊即是一个残酷的证明；二是面对泱泱大国的芸芸众生，陈独秀心急如焚，当初为了能说服汪孟邹协办杂志，他就是这样激将的："让我办十年杂志，全国思想都改观。"①也正是在这一意义上，笔者将这个嗷嗷待哺的杂志称为"启蒙摇篮"。

应该看到，一部中国古代文化传播史，官方占据了主流。即使是近代以来兴起的报业，官方的观点也一直占据压倒优势。官方或说当局凭借政治上和经济上的双重优势可以左右一切舆论空间。如果古代官方以儒教为核心的传统意识形态在私塾中传播，那么晚清政府则是以报刊舆论左右人心，诸如1902年问世的《北洋官报》、《湖南官报》、《江西官报》以及颇富代表性的1907年创办的《政治官报》，都是具有权威性的"机关"报刊。②时至1915年，中国自古以来的舆论空间从来没有这样"自由"和"开放"过。当几千年以来超稳定结构被打破、政治秩序分崩离析之后，中国知识分子"千军万马过独木桥"的局面被堵截，于是"出卖"（知识与思想）方式在20世纪最初十年纷至沓来，前有梁启超的《新民丛报》和章士钊的《甲寅》，接踵而来的就是

---

① 原话的另一种版本是："他（指陈独秀）想出一本杂志，说只要十年、八年的功夫，一定会发生很大的影响。"转引自唐宝林、林茂生：《陈独秀年谱》，上海人民出版社1988年版，第65页。

② 陈玉申：《晚清报业史》，山东画报出版社2003年版，第291页。

《新青年》。

这一知识经济学现象有如L.J.宾克来在《理想的冲突》中所概括的:"出卖'方式'……在最近各种运动中,有一个运动引起探求生活方式的一些人的兴趣,这就是爱因·兰德所表现的客观主义,像那组织人一样,爱因·兰德所表现的理想人在商业社会里找到了他的生活方式,但他的做法不是成为组织机构中的一个'唯唯诺诺'的人,却被鼓励变成一个个人主义者。"① 其实,这里的"出卖"以及所谓的"个人主义"无非就是地地道道的"市场"意识。在L.J.宾克来看来,兰德女士的市场原则就是"自由贸易原则",而这个又可"扩大到包括人的一切关系":"理性、效用和自尊。每个人都应当有权利达到他的目的,只要这些目的是合理地想出的;社会也应当授予每个人以在自由市场上讨论他的思想的权利。可是任何人都永远没有理由试图强迫他人接受自己的思想或价值。"② 撇开《新青年》主撰者有没有"试图强迫",或者说是有意无意中暴露了"试图"或企图,至少陈独秀适逢这样一个可以相对在公共领域"自由贸易"个人思想的机遇,而且在一定程度上进入到了一个"在自由市场上讨论他的思想的权利"的平台。而且,(思想)"独立"与"进款"的独立是那样地息息相关。在启蒙思想史上,无论我们怎样打造舆论,将二者截然割裂就难以打造所谓个人自由与独立的启蒙理念。过去,我们一谈启蒙就是一套纯而又纯的思想自由和个性独立理念。事实上,如果撇开市场意识,不涉及思想舆论的"自由贸易原则",那将是启蒙思想史论的一大缺憾。

首先,我们要审视的是《新青年》创办伊始的逶迤曲折。其中,主

---

① L.J.宾克来著、马元德等译:《理想的冲突——西方社会中变化的价值观念》,商务印书馆1983年版,第36—37页。
② 同上,第37页。

办者的生存环境又是论述的焦点。

众所周知,陈独秀一直是热衷于辛亥革命的老革命党人。1913年8月,复任独立皖省秘书(长)的陈独秀在二次革命失败后亡命上海,此后一段时间度日维艰。几度冲击中心政治舞台不成功后,再度陷入边缘和冷落状态。传统文人的积习在他身上重演,由"达"而"穷",由意气风发转变为心灰意冷,由政治"兼济"走向修文"独善"。我们从他给友人——时任《甲寅》主编的章士钊的信中可以窥见一斑。鉴于这篇短小的信笺颇能再现陈独秀当时的真实心迹,所以笔者将其全文摘录:"记者足下:得手书,知暂缓欧洲之行,从事月刊,此举亦大佳。但不识能否持久耳?国政剧变,视去年今日,不啻相隔五六世纪。政治教育之名词,几耳无闻而目无见。仆本拟闭户读书,以编辑为生。近日书业,销路不及去年十分之一,故已搁笔,静待饿死而已。杂志销行,亦复不佳。人无读书兴趣,且复多所顾忌,故某杂志已有停刊之象。《甲寅》之运命,不知将来何如也?……自国会解散以来,百政俱废,失业者盈天下。又复繁刑苛税,惠及农商。此时全国人民,除官吏兵匪侦探之外,无不重足而立。生机断绝,不独党人为然也。国人唯一之希望,外人之分割耳。仆急欲习世界语,为后日谋生之计。足下能为觅一良教科书否?东京当不乏此种书,用英文解释者益好也。"①(删节号是原信所有——引者注)根据此信,我们至少可以获得三重信息:一是致信者穷困潦倒,以"生机"相命,足见其"生机断绝"、"静待饿死"的窘态;二是致信者在"党人"生机断绝的情况下只能重操旧业,在万般无奈、走投无路的状态下打发"闲居"生活,"闭户读书,以编辑为生",当时陈独秀只好寄居亚东图书馆,为汪孟邹编辑一些销路并不理想的《字义类例》等文字,诸如《亚东图书

---

① CC生:《生机》,《甲寅》1卷2号,1914年6月。

馆开幕宣言》《新华英文教科书》都属于这一时期的脑力劳动;三是他一贯热衷报刊业这样一个自己熟悉的行业,并一直寻找转机:从1903年与章士钊等友人共办《国民日日报》到1904年独自开办《安徽俗话报》,从1914年协助章士钊办《甲寅》到1915年独自创办《青年杂志》(《新青年》前身),陈独秀在(政治)"失重"的情形中可以说对经营舆论情有独钟。这既是他得心应手的谋生、自救手段,也是他割舍不断的济世、救亡情怀。

　　1915年5月,《甲寅》自日本移到上海出版。不安本分的陈独秀"不愿随人尾骥"的性情再次表露出来。在协办《甲寅》同时,他已经开始筹划另立门户。自6月20日亚东图书馆为《甲寅》同仁"接风"的那一天起,陈独秀就瞄准了乡友汪孟邹。当时汪孟邹因为亚东"生意很不好"、"经济上很困难",加之又受托于《甲寅》而以"实在没有力量做"婉言谢绝。不过,值得说明的是,当时《甲寅》已是享誉舆论界的名牌杂志,与陈独秀设想的新创刊杂志还不一样。作为老板的汪孟邹还是要考虑"销路"和"利润"的。如果不考虑,那才是真正的书生之见。无论当时陈独秀如何捶胸顿足、拍着胸脯打保票说"一定会有很大影响"——言下之意"销路和利润"也不在话下,但经营者却明白市场的风险如同"看不见的手",难以捉摸。① 不难想象,1915年7月5日《青年杂志》事情"定夺"的过程是十分艰难的。也可以说是好事多磨,汪孟邹后来"介绍他(陈独秀——引者注)给群益书社陈子沛、子寿兄弟。他们竟同意接受,议定每月的编辑费和稿费二百元,月出一本"。② 当事人在回忆中一个"竟"字可以说大有深意,它不但流露出出版者的风险意识,也道出了陈独秀费尽口舌、信誓旦旦背后

---

① 汪原放:《回忆亚东图书馆》,学林出版社1983年版,第31—33页。
② 同上,第32页。

的隐情。要知道,在出版业如此萧条的年代,主撰者不与出版商精诚合作、捆绑经营、出谋划策,商家是不会免费提供"旗帜鲜明地宣传自己的主张"的平台的。进一步说,在"编辑费和稿费二百元"的"不用考虑刊物的销路及利润"历史表象背后,其实蕴藏着主编、经营合一的艰辛。"不必付主编费用及作者稿酬"不过是"二百元"名目下的一个"想像的理性"的推断。究其实质,杂志的商业经营和业务经营一样惨淡,没有精力与资金的投入寸步难行。于读者而言,他们需要有不放弃选择阅读的理由;于作者而言,这些被主编誉为"一时名彦"的青年才俊又焉有"白说"的理由?① 在某种意义上"不屑于直接、间接地'讨好'"当局是真,但对读者至少是迎合的。至于对群益书社,主撰者及其同仁可以在思想舆论、价值取向上自作主张,但在办刊策略上也是要部分"讨好"的。不然,《新青年》随时都有终止的可能,尤其是在牛刀初试阶段。

暂时抛开其经营策略,还是先印证一下陈独秀如何在"业务"(编辑)之外"僭位"的。为了获得群益书社的认同,陈独秀为得"虎子"便身先士卒地入了"虎穴"。在群益书社和亚东图书馆困难时期,陈独秀直接插手了"大书店"的经营计划。根据汪原放的回忆:"1915、1916年间,酝酿过一个'大书店'计划。起初曾有群益书社、亚东图书馆、通俗图书局三家合办之议,未果。后又打算群益、亚东合并改公司,并由此而有仲甫、孟邹北上之行。"②对此,我们从陈独秀致友人胡适的约稿信中可以得到佐证:"弟与孟邹兄为书局招股事,于去年十一月底来北京勾留月余,约可得十余万元,南方约可得数万元,有现金二十万元,合之亚东、群益旧有财产约三十余万元,亦可暂时勉强成立,大扩充尚须

---

① 《社告》,《青年杂志》1卷1号,1915年9月。
② 汪原放:《回忆亚东图书馆》,学林出版社1983年版,第34页。

忍待二三年也。书局成立后,编译之事尚待足下为柱石,月费至少可有百元。……《青年》、《甲寅》均求足下为文。"①看来,陈独秀从一开始酝酿《新青年》就已经成为捆绑式的"股东"之一了。汪孟邹的日记中这样写道:"九月十八日,星期一,晴。……仲甫、己振同来,根本赞成竭力相助亚东与群益合并另行改组之事,云候子寿回申,拟出'计划书',渠等二人北上一行,以便搜集资本。此事如就,关系甚大,非仅一人之所愿也。"②仲甫就是陈独秀。后来由于"同行必诟"的原因没有合并成,仅从《孟邹日记》的记载来看,陈独秀参与经营,而且每每谈至深夜的积极配合确是有根有据。仅从1916年9月到11月这两个月的时间里,陈独秀在日记中就出现了7次,而且都是"合并"、"筹股"、"拟章"的挑大梁者。《青年杂志》之所以能在约略敲定后在短时间内走完7月签约、8月预告、9月发行三大步,不能不说与陈独秀的运筹帷幄、纵横捭阖息息相关。

力于言、雄于事一直是陈独秀的性情。毋庸置疑,当初陈独秀对群益书社陈氏兄弟关于"只要有十年、八年的功夫,一定会发生很大影响"的承诺对促进《青年杂志》的早日出版起到了至关重要作用。这个"很大影响"里既有社会效益的自我张扬,对书社来说更重要还是经济效益的诱引。一言既出,问题在于如何履行"影响"的诺言。我们看到,陈独秀采用的是"注意力"经济的手段。他凭借的是"知识"("科学"、"民主"思想等)资本,靠的是"舆论"("打倒"、"否定"、"整体"解决的逆向思维等)的穿透力,走的是一条"信息化"("国内大事记"、"国外大事记"等)的路径。这一路径的最大秘诀就是走了一条解构"神秘主义"、反"出

---

① 陈独秀:《致胡适》,载《陈独秀文章选编》(上卷),三联书店1984年版,第171页。
② 汪原放:《回忆亚东图书馆》,学林出版社1983年版,第34页。

版大崩溃"的套路。①

对这样一个套路,《新青年》尚在酝酿中陈独秀就已经胸有成竹了。汪原放在述说《新青年》从1000本上升到1万多本的发行业绩时,专门谈到一个看似杂志内部业务其实乃为经营策略的出版形式:"《新青年》决定要标点、分段。标点符号的铜模,是陈子寿翁和太平洋印刷所张秉文先生商量,用外文的标点符号来做底子刻成的。子寿翁为排《新青年》而设法做标点符号铜模,大概在商务和中华之前。《新青年》愈出愈好,销数也大了,最多一个月可以印一万五六千本了(起初每期只印一千本)。"②诸如这样一个设计,还是陈独秀开版时的决策。标点符号的创意,再加上力求通俗、浅易的文字,这些都是《新青年》的过人之处。从创刊号上的《敬告青年》、《法兰西人与近世文明》、《妇人观》、《现代文明史》等著译来看,③《新青年》不但比他当时所"踩的另一只船"要明了、平易,而且比当年的《安徽俗话报》还要通俗。尽管当时他邀来的一些文章还达不到这个效果,但可以看出陈独秀一贯的方针和努力方向。《社告》不但是宗旨,也是更为市场化的广而告之。"本志以平易之文,说高尚之理"的自我定位以及"本志执笔诸君,皆一时名彦"的自我张扬,真正将启蒙的效果贯彻到了商业运作中。④ 在陈独秀那里,让经典成为时尚,让浓烈的苦咖啡稀释成甜丝丝的兴奋剂无不贯穿着主撰者的心机。

《新青年》不但在形式上的创新显示出敢为人先的锐气,而且它在酝酿之初就有先声夺人的舆论创意。对此,我们可以在它首尾相

---

① 小林一博著、甄西译:《出版大崩溃》,上海三联书店2004年版,第8页。
② 汪原放:《回忆亚东图书馆》,学林出版社1983年版,第32页。
③ 《青年杂志》1卷1号,1915年9月。
④ 《社告》,《青年杂志》1卷1号,1915年9月。

连的《社告》与《投稿章程》中初见端倪:"来稿无论或撰或译,皆所欢迎。一经选登奉酬现金。每千字自二元至五元。"①其实,"投稿章程"所列举的七条条款无不带有知识经济时代的版权意识,而且体现出优稿优酬的思想。这也是《新青年》用高质量的"知识"、"舆论"、"信息"来吸引读者的又一招数。由此,"不必付主编费用及作者稿酬"的判断可以不攻自破。原来,那"二百元"是不可能由主编自家享用的。商家打了捆之后,至于作者获酬的多少就由主编作"二"至"五"元的自由签发了。除此之外,《新青年》的广告经营意识是一卷一个变化,甚至每号都有一个细小的变化和考量。第1卷的1至6号一直保持着首"告"(社告)尾"程"(投稿章程)的广而告之方式。1号有《通信购书章程》,2号之后便有了除上海之外北京、新加坡等75个"书局"、"书馆"、"学社"、"书庄"各类名目"各埠代办处"的地址公布。② 其中同时刊布的"广告价目"以及折扣优惠办法也是带有浓郁商业气息的市场化做法。

究竟《新青年》何以从"一千本"到了"一万五六千本"的呢?除却上面述说的原因外,陈独秀处心积虑的商业与文化并重策略充分流布于各卷各册上。正如我们看到的那样,从2卷1号起,《社告》变脸为两个《通告》。其一为:"本志自出版以来,颇蒙国人称许。第一卷六册已经完竣。自第二卷起,欲益加策励,勉副读者诸君属望,因更名为《新青年》。且得当代名流之助,如温宗尧、吴敬恒、张继、马君武、胡适、苏曼殊。诸君允许关于青年文字皆由本志发表。嗣后内容,当较前尤有精彩。此不独本志之私幸,亦读者诸君文字之缘也。"其二为:"本志第二卷第一号起,新辟《读者论坛》一栏,容纳社外文

---

① 《投稿章程》,《青年杂志》1卷1号,1915年9月。
② 《各埠代办处》,《青年杂志》1卷2号,1915年9月。

字。不问其'主张'、'体裁'是否与本志相合。但其所论确有研究之价值,即皆一体登载,以便读者诸君自由发表意见。"①通告一以"名流"相标榜,通告二以"互动"相吸引,从而将杂志的研究性和新闻性有机甚至可以说是完美地结合在了一起,开创了中国现代杂志经典和通俗合而为一的崭新格局。陈平原先生将《新青年》的风格概括为"学问家与舆论家"的"相得益彰",应该说是十分有见地的说法。②如果说《投稿章程》与《各埠代办处》还间或轮流地在杂志后面刊登的话,而这两个替代了第一卷《社告》的《通告》则从2卷1号起,直到3卷2号才再次"变脸"。

值得一提的是,从《青年杂志》"换面"为《新青年》起始,《新青年》的封面上就有了"陈独秀先生主撰"的醒目"改头"。尤为值得注意的是3卷1号扉页上的关于《青年杂志》与《新青年》两卷的全方位广而告之。这里的"全方位"除却指出版者将所有目录"挂靠"在显赫位置以哄抬"卖点"之外,"陈独秀先生主撰"和"大名家数十名执笔"的醒目参数,以及"定价一元"、"邮费九分"的细节都能令我们感受到杂志出版发行者惨淡经营的苦心孤诣。崭新的知识信仰诱惑与市场伦理的人文关怀结合在一起,《新青年》因此获得了舆论界和出版界的双重喝彩。用今天的话语表述即是,它收到了社会效益和经济效益的"双效"。对杂志本身来说,它达到了双赢;对陈独秀与胡适这两位《新青

---

① 《通告》,《新青年》2卷1号,1916年9月。
② 如果笔者没有记错的话,陈平原在将"序三"寄给我们主编的《回眸〈新青年〉》的同时,他还将序言以《学问家与舆论家》为题发表在1997年第10期(总第224期)的《读书》上。他说:"舆论家(Journalist or Publicist)之倚重学问家的思想资源,与大学教授之由传媒而获得刺激与灵感,二者互惠互利,相得益彰。"他说"舆论家"(Journalist or Publicist)的说法来自胡适,并把它作为《新青年》的特点。这里,笔者更愿意把它作为一个重要或说举足轻重,将"香酒"抬出"深巷"的经营韬略。对此,我们还可以从他对亚东图书馆的经理汪孟邹的劝告中窥见其经营出版业思路:"你要死,只管缩在弄堂里;你要活,一定要上马路。"参见汪原放:《回忆亚东图书馆》,学林出版社1983年版,第37页。

年》双璧来说,他们的雄心和学识取长补短,挥洒自如。①

无论是世人将其定位为思想"猎奇"刊物②,还是后人视为带有矫枉过正色彩的激进主义现代文化摇篮,③都不能冲淡我们对《新青年》这一影响20世纪现代性演进杂志之价值趋向的评价。毕竟,它由商业上炮制的经济"晕轮效应"并由此给思想界、文化界、知识界、舆论界带来的"社会晕轮效应"是近代以来任何一个报刊都无法比拟的。④ 对此,我们还可以从那一代文化同仁为争取《新青年》这一"金字招牌"而打造以自我为中心的舆论环境之争夺战中,窥见知识与经济配合的重要性。⑤

三、"金字招牌":在文化品牌与商业品牌之间

"学术与政治"作为两种不同"志业"的歧异,是思想史上一个重要的命题,马克斯·韦伯关于这个命题的两篇演讲尤其经典。⑥ 殊不知,《新青年》的分歧除却学术界论述的已经耳熟能详的学术理路和政治理路的歧异外,其中还有一个深层的隐含:"君子不言"之"经

---

① 张宝明、王中江主编:《回眸〈新青年〉》(序三),河南文艺出版社1998年版。
② 魏定熙著、金安平译:《北京大学与中国政治文化(1898—1920)》,北京大学出版社1998年版,第117页。
③ 这类的评论随着林毓生《中国意识的危机》(贵州人民出版社1988年版)出版而见诸很多设计"五四"新文化运动的文字,恕不一一列举。
④ "晕轮效应"是经济学上的一个营销理念,意思是从一个极其重要的定位后投石问路。如同一块石头扔进湖水一样,它激起的阵阵涟漪和波纹会不断掀起连环效应。对《新青年》来说,它就是一个不断让思想和舆论的"后浪"推进"前浪"的运作机制。
⑤ 这是《新青年》撰稿同仁在为杂志北留还是南迁问题上冒出的一句气头话。其中有"索性任他分裂"、"不必争《新青年》这一个名目"、"不在乎《新青年》三个字的金字招牌"等语。参见《陈独秀著作选》(第2卷),上海人民出版社1993年版,第226—227页。
⑥ 就这个问题的阅读和讨论,可参见钱永祥《在纵欲与虚无之上》(三联书店2002年版,第86—93页)一书中提及的基本译著以及对这一命题的阐释。

济"的纠缠。因此我们这里论述的是《新青年》文化群体在争夺上海与北京编辑权问题上暴露出的潜在"名利"因素。也许,这样的讨论更有助于我们回到历史现场,准确理解《新青年》同仁在孕育现代启蒙思想文化摇篮时的复杂纠葛。

从学术史的视角看《新青年》研究,过去我们对《新青年》时代终结的根据经历了编辑方针的分歧、文化(学术)与政治(革命)殊途、"问题"与"主义"的冲突等三个阶段。再回首,《新青年》知识群体的"同仁"情结从门可罗雀到门庭若市的积淀不可能在一夜之间烟消云散。1919年9月,陈独秀作为政治犯出狱。这时《新青年》同仁之间所有的纷争诸如"分歧"、"殊途"、"冲突"都已经暴露无遗。此刻陈独秀已经结束了"脚踩两只船"的春风得意时期,《新青年》"轮流主编"的同仁时代也行将结束。解聘于北京大学,他心灰意冷也是在所难免的。于是,"以编辑为生"之重操旧业念头萌生,不过这时他已经不似协办《甲寅》时那般"静待饿死"的窘境。①

10月5日在胡适寓所举行的编辑部会议已经筹划了在北京与上海同时编辑的"两栖"导向。果不其然,11月1日问世的6卷6号《新青年》就有了封二上显赫的"启事":"凡与本报交换的月刊周刊等,请寄北京北池子箭竿胡同九号本报编辑部。各报与本报交换的广告,请寄上海棋盘街群益书社本报发行部。敬求注意!"②7卷的重心不断转移,"主义"色彩已经毫不掩饰。6号上的"劳动节纪念专

---

① 其实,陈独秀1914年6月10日给章士钊的信中所言"生机(自然)断绝"的境况在傅斯年的回忆中也可得到佐证:协助章士钊办《甲寅》之时,他还只能"度他那穷得只有一件汗衫,其中无数虱子的生活"(傅斯年:《陈独秀案》,《独立评论》第24号)。对这段生活的记录,陈独秀痛定思痛地转述说:"寒士卖文为生,已为天下至苦之境。"(独秀山民:《〈双枰记〉叙言》,《甲寅》第1卷第1号,1914年11月)由此可见,在轰轰烈烈的文化启蒙或政治议论背后,还有着更深层的知识经济内驱力呢!

② 《本报启事》,《新青年》6卷6号,1919年11月。

号",《新青年》就基本上完全褪去"问题"色彩。在纸张猛然加厚的外表特征(计四百面)外,《新青年》一改封面上一贯的两个醒目样式,除却保留了"中华民国邮务局特准挂号认为新闻纸类"的竖排字样,那雷打不动的"上海群益书社印行"的字样不见了。8号1卷上的封面又有了突变,"上海新青年社印行"取代了读者习惯的"上海群益书社印行"。① 对于这个变化,我们从陈独秀1920年给同仁的信中也可见端倪:"本卷已有结束(指7卷6号——引者注),以后拟如何办法,尚请公同讨论赐复:(1)是否接续出版?(2)倘续出,对发行部初次所定合同期已满期,有无应与交涉的事?"其实这第二个问话是陈独秀"自知之明"之见,以后的《新青年》与群益书社的分裂果然引来了群益书社起诉的官司。在这封信中,最为关键的还是第三个"编辑人问题"的询问,陈独秀的方案是:"(一)由在京诸人轮流担任;(二)由在京一人担任;(三)由弟在沪担任。"这是一封写给12位同仁的信件,征求意见无非是一种台前幕后的过场。② 这从其相继邀请陈望道与沈雁冰参加《新青年》编辑工作和撰稿工作的情形看,在上海的陈独秀已经胸有成竹了。③

1920年9月1日,"新青年社"成立。从此,《新青年》的编辑出版、业务经营完全以一个独立法人的形式出现。在昔日的同仁眼中,名副其实的社长兼总编陈独秀更是刚愎自用,"谈政治"更是飞扬跋

---

① 当时为《新青年》加量不加价的做法,陈独秀与群益书社经理陈子寿发生了激烈的冲突,在不可开交后,"无法调停,终于决裂,《新青年》独立了。"究其本质,还是《新青年》的翅膀硬了、实力强了。参见汪原放:《回忆亚东图书馆》,学林出版社1983年版,第54页。

② 陈独秀:《陈独秀书信集》,新华出版社1987年版,第252页。

③ 当时陈独秀邀请沈雁冰写稿,主要是指关于苏联情况的资料。参见沈雁冰:《回忆上海共产主义小组》,《"一大"前后》(二),转引自唐宝林、林茂生:《陈独秀年谱》,上海人民出版社1988年版,第122页。

嚣。完全将《新青年》置于股掌之中的陈独秀在上海如鱼得水,他在专心经营着自己的事业。《新青年》8卷1号的首篇便是陈独秀的《谈政治》,而且以首次公开批评胡适等人"不谈政治"起头,把自己的底牌给彻底亮出来。"俄罗斯研究专号"也是由此开始的。

在《新青年》北京、上海"两栖"之时,针对杂志"色彩"问题,胡适多次写信与陈独秀交涉。陈独秀一改前期虚与委蛇的做法,而是以一种外柔内刚的态度予以消极的应对。1920年12月16日,他在给胡适和高一涵的信中说:"《新青年》编辑部事有陈望道君可负责,发行部事有苏新甫君可负责。《新青年》色彩过于鲜明,弟近亦不以为然。"①在这样浓重的政治色彩下还是嫌不够,那到底还要怎样一种刺鼻的政治味道呢?更为关键的是,编辑和发行都换成了素不相识的陌生人。此情此景,胡适心急火燎,针对陈独秀"不以为然"的态度马上回信说:"但此是已成之事实,今虽有意抹淡,似亦非易事。北京同人抹淡的工夫决赶不上上海同人染浓的手段之神速。"②就当时《新青年》北京与上海的分歧看,上海的政治走向固令同仁十分不快,但"另起炉灶"以及起用新人的做法更令同仁不满。北京方面以消极的态度冷战自然就顺理成章了。固然,远在上海不宜组稿是实情,但陈独秀的催促却是有目共睹的。在催促鲁迅、周作人兄弟同作文章的同时,也不忘交待说:"玄同兄总是无信来,他何以如此无兴致?无兴致是我们不应该取的态度,我无论如何挫折,总觉得很有兴致。"③陈独秀把同仁的无兴致归结于"挫折"。当然,我们不能否认这是挫折后的意气冷落,但陈独秀把《新青年》到上海后不能"趋重哲学文学

---

① 任建树等编:《陈独秀著作选》第2卷,上海人民出版社1993年版,第223页。
② 同上,第224页。
③ 沈鹏年:《鲁迅和〈新青年〉关系的两个史实》,转引自唐宝林、林茂生:《陈独秀年谱》,上海人民出版社1988年版,第123页。

为是"的原因归结为"北京同仁来文太少",未免有点言不由衷吧。①可是一旦将与其政治观点对立的文章寄来发表,陈独秀多少又有点消极,甚至带有食言而肥的味道。这从他1921年1月托陈望道汇给胡适的一个明信片可以发现其中的秘密:"来函敬悉,大作已载《新青年》八卷五号了。《新青年》内容问题我不愿意多说话,因八卷四号以前,我纯粹是个读者,五号以后,我也只依照多数意见进行。"②两陈之间推托不说,所谓的"大作"不过是胡适的只有几行字的《梦与诗》和《礼》两首白话诗。在哲学和文学上的努力冲淡也已经是杯水车薪,不解政治之干柴烈火了。必须看到,在所谓"色彩"背后已经蕴涵着专职北大、每月领着高薪的教授们所能理解的了。接下来,我们看看当时发生的实际情形吧!

针对陈独秀提出要冲淡政治色彩"非北京同仁多做文章不可"的方法,其实胡适早有警惕和防范,因此才有了下文的"三个办法"。周作人、鲁迅、李大钊等联合签名,致函陈独秀希望改变《新青年》的现状。在1921年1月22日那封广为传阅征求意见的信中,胡适为改变《新青年》的性质提出"三个办法"时说:"1.听《新青年》流为一种有特别色彩之杂志,而另创一个哲学文学的杂志,篇幅不求多,而材料必求精。……2.若要《新青年》'改变内容',非恢复我们'不谈政治'的戒约,不能做到。但此时上海同人不便做此一着,兄似更不便,因为不愿示人以弱,但北京同人正不妨如此宣言。故我主张趁兄离沪

---

① 陈独秀认为要《新青年》"趋重哲学文学为是","非北京同仁多做文章不可"。"近几册内容稍稍与前不同,京中同仁来文太少,也是一个重大原因,请二兄切实向京中同人催寄文章。"参见任建树等:《陈独秀著作选》第2卷,上海人民出版社1993年版,第223页。他在1920年12月给同仁的信中仍然怪罪高一涵、陶孟和、钱玄同等人"久无文章"。参见陈独秀:《陈独秀书信集》,新华出版社1987年版,第305页。

② 胡适档案:中国社会科学院存。转引自唐宝林、林茂生:《陈独秀年谱》,上海人民出版社1988年版,第139页。

的机会,将《新青年》编辑的事,自九卷一号移到北京来,由北京同人于九卷一号内发表一个新宣言,略根据七卷一号的宣言,而注重学术思想艺文的改造,声明不谈政治。孟和说,《新青年》既被邮局停寄,何不暂时停办,此是第三办法。"①从胡适信件的内容看,他早就有另立门户的意思,只是"无能为力"。这里还有一个重要信息:《新青年》要为生计考虑。

说到生计,也就是我们所说的《新青年》作为一个文化品牌同时的商业效应:"南北"之争的实质还是"新青年"这个"名利不能若浮云"的"金字招牌"。我们看到,在胡适得知陈独秀闻讯而感情用事后,他便很快向在京同仁发出紧急信件,以"征求意见"的名义联合抵制"色彩"与"分裂"。这时的"色彩"问题已经被"分裂"与否所取代,而"分裂"还是"统一"问题则是在为一个"名目",这个"名目"说穿了还是:到底是全体同仁共享"既得利益"呢,还是某一个人或让新邀的陈望道等人"坐享其成"呢?事实是,胡适等人对《新青年》在上海离开同仁独立的做法还是有酸葡萄心理的(这在下面的论述中能够看出)。针对陈独秀得知"移到北京"消息的恼火,胡适在给北京同仁守常(李大钊)、豫才(鲁迅)、玄同(钱玄同)、孟和(陶履恭)、慰慈(张慰慈)、启明(周作人)、抚五(王星拱)的信中这样解释陈独秀的"误会"并故意妥协说:"第二条办法……含两层:1.移回北京;2.移回北京而宣言不谈政治。独秀对于后者似太生气,我很愿意取消'宣言不谈政治'之说,单提出'移回北京编辑'一法。理由是:《新青年》在北京编辑或可以多逼北京同仁做点文章。否则独秀在上海时尚不易催稿,何况此时在素不相识的人的手里呢?"②这一次,胡适也对破裂有了

---

① 《鲁迅全集》第 11 卷,人民文学出版社 1981 年版,第 371—372 页。
② 任建树等编:《陈独秀著作选》第 2 卷,上海人民出版社 1993 年版,第 225 页。

"妥协"的表示。究竟胡适在哪些方面妥协,而在哪些方面不愿妥协呢?他在"移回北京"主意上的固执,以及"取消"自己一贯坚持的"不谈政治"的说法,足以说明他们纷争的实质已经不在于谈不谈政治,而是《新青年》这一如日中天的"金字招牌"。至于其"理由",所谓的"催稿"无非是托词,而对自己多年栽培的《新青年》终于落在了"素不相识"的人手里,则是一个重要因素。这个"名目"包含着潜在的经济利益,这个经济利益的根本还在《新青年》这块著名招牌,用今天的术语表达即是文化品牌的商标权。① 对此,我们从当时胡适征求意见反馈过来的信息看也还是符合历史事实的。关于胡适要求北京同仁"表决"的主题,只有一个:"把《新青年》移到北京编辑。"鉴于他担心《新青年》会随时失控,于是他在陈独秀气急之中很快收回"另起炉灶"的要挟语言,立刻转变态度说:"我们这一班人决不够办两个杂志。"还有,陈独秀曾在气头上表示"此事(指另起炉灶——笔者注)与《新青年》无关",因此胡适就又换了一种要挟的口气和方式:"然岂真无关吗?"这个疑问的口气中除了要挟外(无力办两个杂志),还有一种对同仁多年心血的讨价意味。这里,胡适不愿意分裂的态度从来没有这样鲜明过,他改变了被迁就的主动竟然被动地迁就起陈独秀来:"一个公共目的,似比较的更有把握,我们又何必另起炉灶,自取分裂的讥评呢?"结果是:包括胡适自己在内的9位北京同仁,有张慰慈、高一涵、陶孟和、王星拱等人态度明确的支持"移回北京";鲁迅、周作人、钱玄同则明确表示"索性任他分裂"、"不必争《新青年》这一个名目"、"不在乎《新青年》三个字的金字招牌";李大钊则以"调和"

---

① 《新青年》创刊之初就有商标注册的法人意识。《新青年》本名《青年杂志》,到了第1卷第6号出版时,群益书社接到上海青年会的一封信,说该杂志和他们的上海《青年》周报名字雷同,应该改名,于是1916年9月1日起正式由《青年杂志》改名为《新青年》。参见汪原放:《回忆亚东图书馆》,学林出版社1983年版,第32页。

的态度"主张从前的第一个办法",就像《新青年》与《每周评论》当时的分别一样。不难看出,李大钊并不赞成《新青年》这么一个有影响的杂志停谈政治,与其前期思路一脉相承,更何况此时的《新青年》已经成为中共机关刊物呢?

个性和心理因素是一个人"我行我素"的一贯素质。但是在1919年底和1920年的加速分化,无疑要归结为陈独秀无依无靠的一种愤懑选择。这个选择说得雅一些就是经济,说得俗一点就是饭碗。如同《新青年》杂志在离开北京后所作的广告词说的那样:"现在世界的大问题,差不多通是经济问题。"一个响亮的提法说:"想要自决,先要能够自给。"①陈独秀在北京大学学校评议会遭到非议后的解聘,无疑成为他向外转的内因。我们可以从陈独秀离职前后的收入差距中找到确凿的根据,以证明当事人心理何以如此不平衡。与陈独秀当年入主北京大学前夕相比,主编的失落不言而喻。尽管主编当时一再推辞,但"三百元"的薪水又是多么令人羡慕!不过,《新青年》此时也是蒸蒸日上,"现金二十万元",固定资产"三十余万元",这是一个有实力的文化产业。加上"学长"入股《新青年》,月薪加津贴,优裕有余,十足的小康生活。比起他前几年协助章士钊办《甲寅》杂志时食不果腹、"静待饿死"的生活有天壤之别。对此,同仁也是理解的。譬如,胡适即使是在谈到《新青年》"色彩"和"上海—北京"编辑权问题上也是网开一面,对其营业额一事深表关注。在谈到关于"第三个办法"时,胡适说:"《新青年》……暂时停办……与'新青年社'的营业似有妨碍,故不如前两法。"②将(新青年)"社"与(编辑)"部"分开,不但显示了胡适的"城府",而且也说明胡适们对这个"营

---

① 任建树等编:《陈独秀著作选》第2卷,上海人民出版社1993年版,第226—227页。
② 《陈独秀书信集》,新华出版社1987年版,第294页。

业"也很在意,只是"君子不言利"的传统心理作祟,只愿争权,不愿意明着夺利而已。后来陈独秀离开上海又赴广州,这其中除却我们知道的家喻户晓的宣传"主义"之思想原因外,一个重要的主因就是要再度寻求月薪。陈炯明多次邀请陈独秀去广东主持教育事务,但直到1920年年底有了陈炯明"保证决以全省收入十分之一以上为教育经费",①陈独秀这才决定应聘。后来有人评价说:"陈独秀不务虚名,既要教育的行政大权,又要财权,想在教育改革方面施展他的抱负,干出一番事业来。"②应该说,这是切中肯綮的点睛之笔。毕竟,陈独秀对"财权"的认识是刻骨铭心的。要知道,他在临行广州之前,已经开始在胡适等同仁面前叫苦不迭了:"弟在此月用编辑部薪水百元,到粤后如有收入,此款即归望道先生用,因为编辑事很多,望道境遇又不佳,不支薪水似乎不好。"③这里,一是反映了同仁们以前共事时亲兄弟明算账的原则;二是说明新青年社的基金与同仁们多少还有共同隶属关系;三是基金有向陌生编辑(对北京同仁来说)诸如陈望道、李汉俊、李达、沈雁冰身上倾斜的倾向。

凡此种种,再次印证了《新青年》作为一代名刊也难以留存于非物质的真空去清谈那些"纯粹"的启蒙文化,传播那些纯而又纯的启蒙思想种子。

如同任何一个时代的思想家和舆论家都有过的精神事业历程一样,《新青年》的主编和同仁在追求思想自由目标的同时履行着经济自由的神圣职责。言其神圣,是因为:"经济自由是一切其他自由的保障……这种体制满足了人们形形色色的愿望,不论这些愿望多么琐碎,多么粗俗。"更何况《新青年》启蒙先贤们追求的"愿望"使命呢?

---

① 《民国日报》,1920年12月18日。
② 任建树:《陈独秀传》,上海人民出版社1989年版,第224页。
③ 胡适、陈独秀等:《胡适来往书信选》(上),中华书局1979年版,第116页。

在这一意义上论说《新青年》思想文化启蒙的前提——经济自由或说市场意识,不但不是对《新青年》先驱的贬低,相反却是更为深层的肯定。毕竟,"人权"(五四时期《新青年》上最为强亮的音符)是以财产权和经济自由为依托的。

如果我们的历史研究不是为历史而历史,那么,20世纪最后20年所发生的思想史上形形色色的精神现象和20世纪最初20年的一切思想演绎一样精彩,但是考察后段历史,还没有哪一种同仁性质的杂志有着《时务报》、《新民丛报》、《甲寅》以及《新青年》的影响。至少,这一阶段杂志的主撰还少有陈独秀这样的"理想与勇气"①。同样出自一个作者之手,陈平原对胡适于20年代的评述十分认同:"廿五年来,只有三个杂志可以代表三个时代,可以说是创造了三个时代。一是《时务报》,一是《新民丛报》,一是《新青年》,而《民报》与《甲寅》还算不上。"②撇开胡适的概括与陈平原的认同是否为"英雄所见",就20世纪最后20年以来的"文化热"、"新启蒙"、"人文精神讨论"、"国学热"、"自由主义"、"新左派"、"后现代"等等变脸式的"唱法",以及应运而生的种种同仁杂志,还真的需要回眸一下《新青年》主撰者的理想情怀和现实勇气,尤其是他们在杂志运作上的文化韬略与经营策略。也许,首尾的经济体制有别,但笔者以为,重要的还是"理想与勇气"的支撑。③ 当《新启蒙》、《学人》、《原道》、《学术思想

---

① 张宝明、王中江主编:《回眸〈新青年〉》(序三),河南文艺出版社1998年版。
② 胡适:《致高一涵等四人关于〈努力周刊〉的停刊信》,1923年10月9日。
③ 陈平原在哥伦比亚大学访问期间为《回眸〈新青年〉》写序说:"《新青年》的随陈独秀迁京,使得革命家的理想与勇气,得到学问家的性情及学识的滋养。"韦政通先生也在序言中对《新青年》一代人的人文理想和人格勇气评价道:"知识分子丧失理想,实是严重的危机。理由很简单,不论是了解问题或是解决问题,都需要具有智慧和创新能力的人才,这种人才必定富有理想主义精神。自古至今,有无数的例子可以证明:要求社会进步和文化创新,理想主义的精神以及由它激发出来的奉献热忱,永远是最大的资源与动力。回看'五四'时代的理想主义者,对我们能没有一点感应和启示吗?"

评论》、《青年思想家》等这些类似于《新青年》的以书代刊同仁性杂志在艰难困苦中、踽踽独行中承担着命运多舛的责任时,难道我们这些已经休止、中止抑或正在辗转反侧的同仁不能从《新青年》的主持者那里汲取必要的人文理想养料和守望阵地的经营勇气吗?①

---

① 《新启蒙》为王元化主编;《学人》曾为陈平原、汪晖、王守常主编,江苏文艺出版社出版;《原道》为陈明主编,历经坎坷,现在仍在出版,但不得不以《新原道》为代价与一家有经济实力的出版社合作。陈明最近在《中华读书报》上撰文称《原道》更像《新青年》,其中的辛酸和沧桑感流于言表;《学术思想评论》为贺照田主编,主编自述也是"筋疲力尽";《青年思想家》为贺立华、杨守森主编,近来有复活的消息,但还是"力不从心"。对上面还"存活"的同仁期刊,笔者同各位主编都有不同程度的交流与合作,并从不同的角度予以"支持"和相互勖勉。应该承认,我从知识经济学的视角写下这篇论文的起因与以上这些朋友的际遇和心情刺激不无关系。在此,笔者除对他们表示一定的敬意和感谢外,也期待他们以及他们周围的同仁能唤起《新青年》同仁般的朝气、理想和勇气。

第二章 "文白之争"的历史悲情：传统母语的非正常死亡与现代汉语的失调

——从文化社会学的视角看《新青年》现代性焦虑的残酷

众所周知，由《新青年》引发的"文白之争"一直是学术界讨论的焦点话题。笔者以为，在对白话文取代文言文的认可以及对《新青年》激进同仁于现代汉语贡献的肯定几乎已经成为"定论"的今日，重新审视那一缕由"白话文"的现代性思绪所带来的偏至，方是人文学者最为关切的命题。在我看来，中国传统的文言文乃是现代白话文的源泉，二者是母与子的关系。《新青年》时期，激进情绪下的同仁所做出的"抽刀断水"式的决断带有硬性的"左"性做派。① 所有的理性化启蒙色彩都为这一情绪化气质所掩盖，新旧文学传统的重新确立充分体现在文白的决裂上。传统与现代、古典与当代的人为切断为现代性焦虑提供了严酷的证词。这一语言焦虑其实是一种深层的人类自我主体性的焦虑。从《新青年》同仁为寻求良性舆论环境的急切

---

① 1917年5月1日，《新青年》3卷3号上刊登了胡适与陈独秀关于文学、白话问题的公开信。针对陈独秀的"不容匡正"之武断，胡适表示了异议，而陈独秀仍固执一词："独至改良中国文学，当以白话为文学正宗之说。其是非甚明，必不容反对者有讨论之余地，必以吾辈所主张者为绝对之是，而不容他人之匡正也。"

渴望中,我们看到的是一代启蒙思想家对语言权力("市场")的攫取心态。① 通过语言"断裂"来实现现代性最大化的演进,昭示了《新青年》同仁在走向现代性过程中手段的残酷性。它不但导致了中华传统母语的巨大阵痛甚至是非正常死亡,而且还使得现代文学先天不足与后天失调。这个在硬性挤压状态下降生的新文学、白话文在某种意义上违背了自然生成的规律。当今语言学界所发生的文言与白话的争论,②无不与作为新文化元典的《新青年》当年催生的白话文息息相关。只有回到历史现场我们才能更好理解:今天我们作为母语的白话文还有一个祖母。回到母亲的母亲那里,这构成了我们永恒的乡愁。母子的非自然分离充满着历史的悲情,其中的非正常死亡与非自然降生也充满着象征意味。它的激进、急切的跳跃式路径正是中国人"目的热"与"方法盲"(胡适语)的又一佐证。或许,从当事人的自道以及后来的反省中我们后人能体味到一些所未曾体验的滋味。

一、文化社会学:《新青年》引发的"文白之争"

如果我们把一个社会的文化看成是历史的投影,那么文化社会学除却其当代意义外就不难理解了。如同知识社会学不是就知识论知识、语言社会学不是就语言谈语言一样,文化社会学的根本目的还是要就一个文化现象的发生环境来寻根求源。这种刨根问底的求证意在表明:作为整个社会子系统之一的文化,它不过是其中的参数之一,但又是

---

① 对语言与权力关系的论述,在布迪厄、福柯以及海德格尔等社会学与哲学论著中都有涉及。对此,朱国华在《语言市场与预期价值》中有所论述,参见《权力的文化逻辑》,上海三联书店 2004 年版。

② 最近一个时期关于文白之争的典型个案,可参见韩军《没有"文言"我们找不到回"家"的路》(《中国教育报》2004 年 4 月 24 日)与西渡《文言是我们的"家"吗?》(《中华读书报》2004 年 7 月 7 日)。这个争论似乎在提醒研究思想史的学者有必要重新回到历史现场。

一个具有独立性的参数。人,创造了文化并享受着与生俱来的文化,但无时无刻又不受其制约和束缚:"语言更是这样。语言作为人类交流思想和感情的工具,从一个社会到另一个社会,从一个阶段到另一个阶段不断延续使用,即使有变化也是很微弱的。"①然而,作为一个社会、民族、地域、国家之共同体的文化,它在为满足人类各种需要提供服务功能的同时,又会时时表现出不能"随时"或者说"随心所欲"地满足人类各种需要的滞后特征。这样,每一个时代的先驱哲人就要为文化的继承与发展尽职尽责。20世纪中国《新青年》同仁为反对文言文、提倡白话文所做的努力,就是一个典型的义不容辞的举措。但是,在他们为中华民族现代性演进而不惜代价努力的同时,一个显见的事实是:为了发展,他们的"继"与"承"勉为其难。过激的情绪和极端的姿态难以让后学作总是"进步"的判断。至少,他们矫枉过正的论式给民族语言文化带来的创伤和教训令我们无法视而不见。因此,本书的文化社会学视角就是要在历史与价值的吊诡中寻找失去天平的文明砝码。换言之,《新青年》打造新文化元典的必然性究竟有多少"超常规"、"跨跃式"成分。笔者以为,文明的发生与发展在很多时候总带有反历史(传统)、反社会(批判)、反人类(怀疑)悖论。而反省这个悖论并由此在"重新估定一切价值"、"再造文明"的进路中减少代价乃是历史研究者责无旁贷的义务。②

我们知道,人类文化的进化规律有其自身的逻辑。文化的独立演进也是不言而喻的。从中华元典文明的起源、积累和发展过程来看,元典的独立性、"民间性"、自然性与新文化元典形成了鲜明对比。

---

① 司马云杰:《文化社会学》,中国社会科学出版社2001年版,第20页。
② 胡适在1919年岁末将新思潮的意义归结为:"研究问题,输入学理;整理国故,再造文明。"如果说白话文运动也是一种新思潮的话,那么应该说《新青年》同仁在研究、整理上还是有胡适批评的"笼枉造成"的文明进化缺失。参见胡适:《新思潮的意义》,《新青年》7卷1号,1919年12月。

回到作为新文化元典文本的《新青年》的现实意义在于,激情、焦虑、急躁演绎的历史归途可能带有过于理想化甚至乌托邦的成分。《新青年》的不安分自始至终表现在其强烈而又压抑的政治冲动上。它一开始就已将新、旧作了泾渭分明的判断与断裂。这个新旧是社会性的,因此也是整体的,它包括了政治上的(专制与民主)、伦理上的(旧道德与新道德)、文化上的(旧文化与新文化)。撇开新旧划分之中介的科学性,单政治与文化诸因子的捆绑涅槃就不能不使新文化元典的诞生自呱呱坠地的那一天起就带有十分浓厚的泛政治或意识形态化因素。

《青年杂志》的《社告》是要向青年灌输将来的修身治国之道,而这个灌输又是"以平易之文说高尚之理"。① 而"治国"又是从"修身"(伦理、道德)、文化"革命"开始的。将传统"内圣外王"之道在"一晚上"(胡适语)转换成了新"内圣外王"之道,"道统"、"政统"与"学统"的三位一体在新文化元典里得以彰显、复制和再现。其实在《社告》里,主编关于"国势陵夷"、"道衰"、"学弊"的关键词表白,已经把打造新文化元典的思维模式给落定了。众所周知,《新青年》打造的新文化元典是借助西方的引进和传统的隔断来进行的。而文化的阻塞又是通过"文学革命"来完成的,而"文学革命"的中心和中介最终还是立足于白话文的书写来割断的。这样,新文学和白话文就有了天然的手足情。当白话文伴随着新文学成为中心的时候,笔者不禁想起了德里达《书写与差异》中的意念——"中心是开端",同时中心就是上帝的位置。它同时意味着"被劫持的言语"的生成以及"暴力与形而上学"的基因滋生。②

---

① 《社告》,《青年杂志》1卷1号,1915年9月。
② 雅克·德里达:《书写与差异》,生活·读书·新知三联书店2001年版。

《新青年》将语言（意识）革命作为"权力"突破点的标志性文章，还是那篇纲领性的《文学革命论》。尽管它不完全是科学的论文，但它却是战斗性的檄文："吾苟偷庸懦之国民，畏革命如蛇蝎，故政治界虽经三次革命，而黑暗未尝稍减。其原因之小部分，则为三次革命，皆虎头蛇尾，未能充分以鲜血洗净旧污；其大部分，则为盘踞吾人精神界根深底固之伦理、道德、文学、艺术诸端，莫不黑幕层张、垢污深积，并此虎头蛇尾之革命而未有焉。此单独政治革命所以于吾之社会，不生若何变化，不收若何效果也。推其总因，乃在吾人疾视革命，不知其为开发文明之利器故。"①一言以蔽之，要进行捆绑式的、整体式的、完全式的社会革命。总编与主撰陈独秀可以不是行家里手，但他有为行家里手提供平台的意识。在他那里，所有的作者尽在麾下、为我所用。他可以不是语言学家，也可以不是严密的思想家，还可以不是上乘的文学家，但他却是振臂一呼、云集响应的先驱者、革命家、领路人。主编的气质和性情决定了他的主帅地位。我们从他自信的表述中可以窥见一斑："孔教问题，方喧呶于国中，此伦理道德革命之先声也。文学革命之气运，酝酿已非一日。其首举义旗之急先锋则为吾友胡适。余甘冒全国学究之敌，高张'文学革命军'大旗，以为吾友之声援。旗上大书特书吾革命军三大主义：曰，推倒雕琢的、阿谀的贵族文学，建设平易的、抒情的国民文学；曰，推倒陈腐的、铺张的古典文学，建设新鲜的、立诚的写实文学；曰，推倒迂晦的、艰涩的山林文学，建设明了的、通俗的社会文学。"②自信、果断的陈独秀最后宣誓不惜生死，"愿拖四十二生的大炮为之前驱"。寻找语言存在的社会语境，主编的焦虑充满批判意识。他着力营造一个崭新的文化言语"场域"。如同任何权

---

①② 陈独秀：《文学革命论》，《新青年》2卷6号，1917年2月。

力都要有一个平台或场地一样（即使杂耍也要打场），《新青年》这个舆论平台看重的是如何进一步实现"市场"运作，从而让该刊成为独树一帜、独一无二的元典、中心、开端。这一急切的跑马占地心理，事实上是一种权力意识的体现，也是自我中心主义的反映。《新青年》杂志之所以在众多的启蒙刊物中脱颖，而且将自己同仁之外的一切观点、论述都视为异己并加以排斥、批驳，在很大程度上与自我非常传统的担心再度边缘化有关。针对具有普世意义的知识界命题——隐形的权力攫取意识，法国社会学家布迪厄从文化发生论的视角将知识分子判定为统治阶级中的被统治者："知识分子其实是统治阶级中的被统治的一部分。他们拥有权力，并且由于占有文化资本而被授予某种特权，他们中的一些人甚至占有大量的文化资本，大到足以对文化资本施加压力，就这方面而言，他们具有统治性；但作家和艺术家相对于那些拥有政治和经济权力的人来说又是被统治者。"[①]一方面限于权力而流于被统治的地位，另一方面又不甘于被统治。这样，知识分子过去那一圈圈套在头顶上的所谓正义的化身、真理的使者、人民的代言人等神圣光环无疑要大打折扣。《新青年》同仁为一个独立阵地的"打硬仗"（鲁迅语）、发起集体舆论攻势、抢占"真理"控制权（文化资本）等文化行为虽然构成了现代性演进的一个知识积累过程，但是其中蕴涵的"身份"（地位）争夺意识、语言（"符号"）暴力倾向、"主牌"（"将牌"）观念则驱使我们从深层结构上反思《新青年》过去被我们一再称颂的所作所为。[②]

　　对传统以及当局所占据的固有文化资本的不信任和怨恨构成了

[①] 布迪厄著、包亚明译：《文化资本与社会炼金术：布迪厄访谈录》，上海人民出版社1997年版，第85页。

[②] 华康德著、李猛等译：《实践与反思——反思社会学导引》，中央编译出版社1998年版，第135页。

《新青年》同仁刷新文化的基本动力。当然,这是应辛亥革命以降王权社会的分崩离析和整体社会系统架构的崩溃而产生的心理—文化现象。当是时,无论是经济、政治还是文化系统,都有巨头辈出的广袤土壤。与其用"苍茫大地谁主沉浮"的疑问句式,毋宁以"舍我其谁"的自豪判断更为准确。金融界可以巨头层出不穷甚至民族工业资本家也如此,政治界也可以南北争霸甚至军阀林立,文化界更是"思潮"、"主义"、"方案"不绝于耳,一副唯我独尊、"你方唱罢我登场"的走马灯局面。看看《新青年》上的文白之争的论式以及过程就可以明白一二。本来,作为一个讨论"问题"的靶子,并以此作为中华民族文化复兴的契机和楔子都无可厚非。而且,《新青年》一开始的"抛砖"以"引玉"表示出的讨论"问题意识"还是具有思想史意义的。事情还是要从作为作者和读者的胡适说起。1916年9月,远在美国的胡适偶然读到《新青年》杂志上一段关于文学的文字,于是写信给陈独秀说:"今日偶翻阅旧寄之贵报,重读足下所论文学变迁之说,颇有鄙见,欲就大雅质正之。足下之言曰:'吾国文艺犹在古典主义理想主义时代。今后当趋向写实主义。'此言是也。然贵报三号登谢无量君长律一首,附有记者按语,推为'希世之音'。又曰:'子云相如而后,仅见斯篇。虽工部亦只有此工力,无此佳丽……吾国人伟大精神犹未丧失也欤。于此征之。'细检谢君此诗,至少凡用古典套语一百事。稍读元白柳刘(禹锡)之长律者,皆将谓贵报案语之为厚诬工部而过誉谢君也,适所以不能已于言者,正以足下论文学已知古典主义之当废,而独啧啧称誉此古典主义之诗。窃谓足下难免自相矛盾之消矣。"①陈独秀得文后将其刊登在《新青年》上并附之以回信讨论。他说:"以提倡写实主义之杂志,而录古典主

---

① 胡适、陈独秀:《通信》,《新青年》2卷2号,1916年10月。

义之诗,一经足下指斥,曷胜惭感。"①信中除却礼节性的客套之外,还有自我辩解的成分,譬如:"偶录一二诗,乃以其为写景叙情之作,非同无病而呻。"不过,最后的关键词还是落在了诚挚的约稿上:"海内外讲求改革中国文学诸君子,倘能发为宏议,以资公同讨论,敢不洗耳静听。若来书所谓加以论断,以仆不学无文,何敢何敢!"②陈独秀约稿的急切心情还可以在紧接着的追加回信中窥见:"奉读惠书,略答之《青年》,匆匆未尽欲言,乞足下恳切赐教是幸。文学改革,为吾国目前切要之事。此非戏言,更非空言,如何如何?《青年》文艺栏意在改革文艺,而实无办法。吾国无写实诗文为模范,译西文又未能直接唤起国人写实主义之观念,此事务求足下赐以所作写实文学,切实作一改良文学论文,寄登《青年》,均所至盼。"③"切实作一改良文学论文"的请求果然以《文学改良刍议》之名回应,由此才有借题发挥的《文学革命论》的张扬。

回头看看,胡适的文学态度还是从容的。他在信中批评的《新青年》文学革命导向也就是陈独秀的自相矛盾,是他在认真阅读杂志后得出的结论。这个结论来自《青年杂志》1卷3号上的谢无量的旧体诗《己酉岁未尽七日自芜湖溯江还蜀入春淹泊峡中观物叙怀辄露鄙音略不诠理奉寄会稽山人冀资唱噱》以及1卷4号上回答读者张永言的信。陈独秀不但刊登旧诗,而且作如下评语:"文学者,国民最高精神之表现也,国人此种精神委顿久矣。谢君此作,深文余味,希世之音也。子云相如而后,仅见斯篇。虽工部亦只有此工力无此佳丽。谢君自谓天下文章尽在蜀中,非夸矣。吾国人伟大精神,犹未丧失也

---

①② 胡适、陈独秀:《通信》,《新青年》2卷2号,1916年10月。
③ 陈独秀:《致胡适》,载《陈独秀文章选编》(上),三联书店1984年版,第143页。

欤。于此征之。"① 而接踵而至的 4 号上的《通信》在胡适看来更是画蛇添足:"吾国文艺,犹在古典主义理想主义时代,今后当趋向写实主义。"② 于是,在胡适与陈独秀之间展开了一场似是而非的文白攻坚战。

为了说明文白之争中"不争"的命题,我们有必要弄清楚究竟胡适答应做的那篇"切实"之作是怎样一种态度。据《新青年》上的反应,正式出笼的文学打造篇章还应是《文学改良刍议》。只是,在此文面世之前,胡适在信中征求过陈主编的意见,而陈主编将私人信件公开在了《新青年》上。在胡适对陈独秀自相矛盾的文学观提出异议后,紧接着便提出了自己的心得:"年来思虑观察所得,以为今日欲言文学革命,须从八事入手:……一曰不用典;二曰不用陈套语;三曰不讲对仗(文当废骈,诗当废律);四曰不避俗字俗语(不嫌以白话作诗词);五曰须讲求文法之结构(此皆形式上之革命也);六曰不作无病之呻吟;七曰不摹仿古人(语语须有个我在);八曰须言之有物(此皆精神上之革命也)。"针对自己的心得,即使是私人信件也显得心有余悸,最后补充说:"此八事略具要领而已。其详细节目非一书所能尽,当俟诸他日再为足下详言之。"胡适不但小心翼翼地讲"八事",而且还诚惶诚恐地担责任:"以上所言,或有过激之处。然心所谓是,不敢不言。倘蒙揭之贵报,或可供当世人士之讨论。此一问题关系甚大,当有直言不讳之讨论,始可定是非。适以足下洞晓世界文学之趋势,又有文学改革之宏愿,故敢贡其一得之愚。伏乞恕其狂妄而赐以论断,则幸甚矣。"③ 笔者之所以几乎整篇引用了胡适的原件,是因为我们能从中领略到当初当事人的原始态度以及文白之争的原委曲折。胡适自谦是"心得"、"一得之愚",即便如此,还有过激的犹豫,因此主张讨论。

---

① 陈独秀:《记者识》,《青年杂志》1 卷 3 号,1915 年 11 月。
② 陈独秀:《通信》,《青年杂志》1 卷 4 号,1915 年 11 月。
③ 胡适、陈独秀:《通信》,《新青年》2 卷 2 号,1916 年 10 月。

更为关键的是,胡适认识到了这一命题的举足轻重,所以有"此一问题关系甚大"的提醒:不敢轻举妄动。他自己也承认,若是没有陈独秀那具有革命性情与勇气导引的宏愿,自己断不敢身先士卒作狂妄论断。应该说,胡适这个自谦符合历史的真实:这个具有学问家的性情与学识的洋博士的确需要仰仗革命家的理想与(刚愎)自用之气。

在陈独秀的敦促和引领下,胡适不负所望,于1916年底便从大洋彼岸寄来了《文学改良刍议》。在陈独秀"以为今日中国文界之雷音"的鼓励下,胡适对陈独秀提出的异议也没有一一"听令",而是以讨论问题的学术态度"详其理由,指陈得失"。针对陈独秀对二、八"两事"的异议,胡适不但没有顺从,反将其提到首要位置"衍为一文,以告当世"。① 这就是后来居上之"八事"。② 尽管这个文学改良观是经过"再四研思"、"辅以友朋辩论"的阶段性成果,但标题还是以"刍议"出现,更有开门见山的"不文"、"何足言此"的自我叩问。即使是在"详其理由"的长篇大论之后,也还是要唯唯诺诺地加上缀语:"上述八事,乃吾年来研思此一大问题之结果。远在异国,既无读书之暇晷,又不得就国中先生长者质疑问难,其所主张容有矫枉过正之处。然此八事皆文学上根本问题,一一有研究之价值。故草成此论,以为海内外留心此问题者作一草案。谓之刍议,犹云未定草也,伏惟国人同志有以匡纠是正之。"这就是胡适。他的"改良"、"刍议"、"未定"需要同志的"匡正"、"研究",同时他的学识更需要同乡、朋友、同志陈独秀的点拨、引导乃至推波助澜。于是《文学改良刍议》之后,陈独秀不失时机地马上"识"道:"余恒谓中国近代文学史,施、曹价值,远在归、姚之上,闻者咸大惊疑。今得胡君之论,窃喜所见不孤。白话文学,

---

① 胡适、陈独秀:《通信》,《新青年》2卷2号,1916年10月。
② 胡适:《文学改良刍议》,《新青年》2卷5号,1917年1月。

将为中国文学之正宗。余亦笃信而渴望之。吾生倘亲见其成,则大幸也。元代文学、美术,本蔚然可观。余所最服膺者为东篱,词隽意远,又复雄富。余尝称为'中国之沙克士比亚'。质之胡君及读者诸君以为然否?"①

继 5 号而来的 6 号《新青年》咄咄逼人,陈独秀的《文学革命论》打出了十分硬气的一张"将牌":"今欲革新政治,势不得不革新盘踞于运用此政治者精神界之文学。使吾人不张目以观世界社会文学之趋势,及时代之精神,日夜埋头故纸堆中,所目注心营者,不越帝王、权贵、鬼怪、神仙与夫个人之穷通利达,以此而求革新文学,革新政治,是缚手足而敌孟贲也。"②与胡适的遮遮掩掩不同,陈独秀不但放开手脚,而且置《文学革命论》于首篇。目标已经树起,陈独秀义无反顾,而且始终驾驭着奔驰车轮的缰辔。正如我们看到的那样,在《文学改良刍议》和《文学革命论》之后的所有读者来信以及讨论中,主编都要独自把关、亲笔回复,而且几乎每一篇之后都有掌控方向的附注或感想。以几篇著名的论词为例,3 卷 1 号的钱玄同与主编的讨论虽在"通信"栏目发表,但仍然事关重大。尽管钱玄同作为学问家写出了关于文学改良与用典问题的长篇"崇论宏议",但陈独秀仍以对胡适的一贯态度在文尾自作高明地附注一番:"质之足下,以为如何?"③主持着阵地的主撰方有足够的实力与权力将讨论的方向引向"深入"。3 卷 2 号上主撰与曾毅关于"文以载道"的对话,专为乡人方孝岳《我之改良文学观》所作的"识"都有异曲同工之意。鉴于方孝岳在文章最后有这样的总结:"总之一国文学之改良,其事甚大,篇首所云端赖识者倡导于政治范围之外而已。予之所陈,与胡陈二君有

---

① 陈独秀:《孔子之道与现代生活》,《新青年》2 卷 5 号,1917 年 1 月。
② 陈独秀:《文学革命论》,《新青年》2 卷 6 号,1917 年 2 月。
③ 钱玄同、陈独秀:《通信》,《新青年》3 卷 1 号,1917 年 3 月。

相发明处,有相出入处。二君倡之于先,吾人不得不论之于后。尚望国人不鄙此意,共进而从事于此。"因此陈主编见机行事:"愚意白话文学之推行,有三要件:首当有比较的统一之国语;其次则须创造国语文典;再其次国之闻人多以国语。著书立说,兹事匪易,本未可一蹴而几者,高明以为如何?"①不难看出,名为讨论,实为总结、总揽。陈独秀不容置疑的态度和坚决到底的决心显而易见。即使到了3卷3号刘半农这样的大力支持者那里陈独秀也不放过,他唯恐半路上逸出多余的枝杈。刘半农的态度先是哄抬,其次才是稍微的补正。请看:"文学改良之议,既由胡君适之提倡之于前,复由陈君独秀钱君玄同赞成之于后,不佞学识谫陋,固亦为立志研究文学之一人。除于胡君所举八种改良、陈君所揭三大主义及钱君所指旧文学种种弊端绝端表示同意外,复举平时意中所欲言者,拉杂书之,草为此文。幸三君及世之留意文学改良者有以指正之。谓之'我之文学改良观'者,亦犹常君乃德所谓'见仁见智,各如其分。我之观念,未必他人亦同此观念'也。"而主编的再补正多是高人一等、压人一头。下文便是证明:"刘君此文,最足唤起文学界注意者二事:一曰改造新韵;一曰以今语作曲。至于刘君所定文字与文学之界说,似与鄙见不甚相远。鄙意凡百文字之共名,皆谓之文。文之大别有二:一曰应用之文;一曰文学之文。刘君以诗歌戏曲小说等列入文学范围,是即余所谓文学之文也。以评论文告日记信札等列入文字范围,是即余所谓应用之文也。'文字'与'应用之文'名词虽不同,而实质似无差异。质之刘君及读者诸君以为如何。"②所谓的自由讨论是有限度的讨论,是划定了范围的"指认"或说"认定"。同意此说可以引向深入,不同意

---

① 方孝岳:《我之改良文学观》,《新青年》3卷2号,1917年4月。
② 刘半农:《我之文学改良观》,《新青年》3卷3号,1917年5月。

则画地为牢,完全是一种"戴着镣铐跳舞"的论式。这从 3 卷 5 号钱玄同和陈独秀关于应用文改良的通信可以窥见其中的潜在规则。也就是这一次,是陈独秀唯一的一次在这个问题上亮出完全赞同的观点:"先生所说的应用文改良十三样,弟样样赞成。"①

其实,即使是在胡适与陈独秀之间,也不是只有相互的尊重谦虚、互相的感染促进。当文学改良渐进高潮,而胡适已经从文学和语言自身发展与演进的规律上寻找时代性的依据之际,②这位始作俑者还是那样严谨地把玩着语言文字改良的深层意蕴。即使他为陈独秀"三大主义"叫好的同时,他也没有忘记提醒同仁切勿一意孤行。他在信中说:"足下所主张之三大主义,适均极赞同。"其实这样的支持中还带有一层更深的含义,为此才有了下文的谦虚:"适前著《文学改良刍议》之私意不过欲引起国中人士之讨论,征集其意见以收切磋研究之益耳。今果不虚所愿,幸何如之。"③"私意"、"讨论"、"征集"、"切磋"、"研究",胡适的字字句句包含着不以真理压人、踩人的学术气质,尤其是最后的告诫更是显露出一个具有自由主义思维、实验主义方法论者面对文化权力、真理权力之逻辑应有的从容与宽容的态度。他说:"钱玄同先生一书,乃已见第五号之文而作者。此后或尚有继钱先主而讨论适所主张八事及足下所主张之三主义者。此事之是非,非一朝一夕所能定,亦非一二人所能定。甚愿国中人士能平心静气与吾辈同力研究此问题。讨论既熟,是非自明。吾辈已张革命之旗,虽不容退缩,然亦决不敢以吾辈所主张为必是而不容他人之匡正也。"无论是否赞同钱玄同,也无论钱玄同是否附和自己,胡适都主张钱玄同们可以继续讨论。在他看来,此事关系甚大、是非得

---

① 钱玄同、陈独秀:《通信》,《新青年》3 卷 5 号,1917 年 7 月。
② 胡适:《历史的文学观念论》,《新青年》3 卷 3 号,1917 年 5 月。
③ 胡适、陈独秀:《通信》,《新青年》3 卷 3 号,1917 年 5 月。

靠时间和实践检验,不是少数人随意能够认定,因此需要平心静气地研究。这是胡适之一贯的态度。我们看到,即使是"顷见林琴南先生新著《论古文之不当废》一文",他都能平心静气地"喜而读之",以为"足供吾辈攻击古文者之研究"使用。然而,陈独秀的回信却让他大失所望:"改良文学之声,已起于国中,赞成反对者各居其半。鄙意容纳异议、自由讨论,固为学术发达之原则。独至改良中国文学,当以白话为文学正宗之说,其是非甚明,必不容反对者有讨论之余地,必以吾辈所主张者为绝对之是,而不容他人之匡正也。"①陈独秀不但唱反调,而且是完全针锋相对的反调。胡适呼吁平心静气,他的心情却一刻也不能坦然,甚至是暴戾、霸气;胡适要求"讨论"、"研究"、"斟酌"以实现学术民主,而他则盛气凌人、独断专行、自视其是。从他"独尊"、"正宗"、"不容反对"、"绝对之是"、"不容匡正"的专断语气中,我们看到的是中国语言文学现代化过程中充满了专制、独尊、一元的气息。陈主编的心态完全是唯我独尊。在他看来,文学改良观的提出是自己与《新青年》同仁的功劳,别人无力也无权置喙。心理依据是:这一学术思想原则的举措"一枝独秀",而缺少了"我"(这一个),中国语言文学的现代性演进将暗无天日。或许,也正是陈独秀的强梁的手腕和从不让步的强硬态度才真正促进了这个新语言文学的诞生。换句话说,没有陈独秀当年的冲劲、蛮劲、狠劲(甚至是带有莽撞无忌的傻气),没有陈独秀的强梁"发挥"、尽情"振臂",可能难有《新青年》这样呼风唤雨阵地的凸现。平心静气地说,单靠胡适的小心谨慎、瞻前顾后,中国新文化元典的现代性就会是另一副面孔。

---

① 胡适、陈独秀:《通信》,《新青年》3卷3号,1917年5月。

二、现代性焦虑:《新青年》"历史"叙事的发生

论及《新青年》杂志的现代性焦虑,笔者首先想到的便是鲁迅那段名言:"许多人所怕的,是'中国人'这名目要消灭;我所怕的,是中国人要从'世界人'中挤出。"①其实,当时从进化论视角谈论中国不如何、必将亡的判断论式比比皆是,鲁迅为现代中国焦虑的,主要还是对中国人"搬动一张桌子也要流血"的滞后思维之担忧。中国人保存国粹的心理深厚而且持久,这也是鲁迅何以明知矫枉还要过正的原因。针对遗老遗少的守成,他在一篇短小的随感中将其名之为"现在的屠杀者":"四万万中国人嘴里发出来的声音,竟至总共'不值一哂',真是可怜煞人。做了人类想成仙;生在地上要上天;明明是现代人、吸着现在的空气,却偏要勒派朽腐的名教、僵死的语言,侮蔑尽现在;这都是'现在的屠杀者'。杀了'现在',也便杀了'将来',——将来是子孙的时代。"②这样一个过激的言犹未尽说法,后来被演绎成"汉字不灭,中国必亡"八个字。

如上所述,在中国近现代这样一个动荡的年代,知识分子曾经为国家的现代化设计了自以为是、可通"罗马"的道路,诸如实业救国、教育救国、政治救国等等,不一而足。即使到了以《新青年》为主导的新文化运动时期,在文化救国(亡)一层上也是五花八门、应有尽有。陈主编的例子是颇具代表性的,他可以在同一期杂志甚至是同一篇文章中连连打出"如果不……就会"、"欲图……需"、"要……非将……不可"之类的句式,以示自我观点的确定性、真理性、可信性、可行性。在

---

① 唐俟:《随感录(三十六)》,《新青年》5卷5号,1918年10月。
② 唐俟:《随感录(五十七)》,《新青年》6卷5号,1919年5月。

《青年杂志》创刊号上,陈独秀在《抵抗力》一文中就宣称:"群众意识每喜从同恶德污流惰力甚大往往滔天罪恶,视为其群道德之精华,非有先觉哲人力抗群言,独标异见,则社会莫由进化。"①"非有……莫由"一类语气与神态不只是在《抵抗力》中,《敬告青年》也曾有潜在的流露:"国人而欲脱蒙昧时代,羞为浅化之民也,则急起直追,当以科学与人权并重。"②在2卷2号上,陈主编更是用决断的语气表达了对国民性不改变的忧心如焚:"欲图根本之救亡,所需乎国民性质行为之改善。……烈士固吾人所服膺所崇拜……无所审顾,然此种爱国行为,乃一时而非持续的,乃治标的而非治本的。吾之所谓持续的治本的爱国主义者。"③他所有的创新都在于从本质上解决问题,所以在论辩时总是高人一筹。为了纠偏旧思想与旧国体的问题,掌舵的主编在一次演讲中两次运用这样的论证句式并转载于《新青年》:"如今要巩固共和,非先将国民脑子里所有反对共和的旧思想一一洗刷干净不可。"另一处就出在文章快要杀青时:"我们要诚心巩固共和国体,非将这班反对共和的伦理文学等等旧思想完全洗刷得干干净净不可。"不但有"非……不可",而且还有中间更为直截了当的独白:"万万不能调和"。④这一句"万万不能调和"说出了《新青年》总领性的语言气质。进而言之,其实又何止是思想与国体、国民性与救亡、德赛两先生与国民性的关系问题呢?那《新青年》的主打歌——白话文与文言文之争,不也是以"万万不能调和"作为主编的中介的吗?

在《新青年》上,陈独秀虽然有些孤独(譬如另一位主笔胡适拥有说"理"的闲情逸致),但沉默寡言的李大钊却有着相向的精神气质。

---

① 陈独秀:《抵抗力》,《青年杂志》1卷1号,1915年9月。
② 陈独秀:《敬告青年》,《青年杂志》1卷1号,1915年9月。
③ 陈独秀:《我之爱国主义》,《新青年》2卷2号,1916年10月。
④ 陈独秀:《旧思想与旧国体》,《新青年》3卷2号,1917年4月。

看似木讷而且具有宽容、调和思想的他却还有着非常独立坚定的主见。在庆祝 Bolshevism 胜利一文中,他以诗人的气质摇旗呐喊:"人道的警钟响了!自由的曙光现了!试看将来的环球,必是赤旗的世界!"①李大钊对新世界到来的信心以及对未来憧憬的自豪尽在文字中,诸如《庶民的胜利》等也都充满着强烈的目的意识和一元论倾向。历史是残酷的,又是公正的,而且也是最具解释权的。必须看到,《新青年》主编及其追随者所作的努力完全出自一种他们理解的也是理想中的政治观念与实践模式。这种民主就是陈独秀一再称颂并追随着的"德先生"。他在《本志罪案之答辩书》中这样表述不惜代价的原委:"本志同人本来无罪,只因为拥护那德莫克拉西(Democracy)和赛因斯(Science)两位先生,才犯了这几条滔天的大罪。要拥护那德先生,便不得不反对孔教,礼法,贞节,旧伦理,旧政治。要拥护那赛先生,便不得不反对旧艺术,旧宗教。要拥护德先生又要拥护赛先生,便不得不反对国粹和旧文学。"接下来的心态描述更是把同仁们何以将语言文字改良置于首位作了诠释:"社会上最反对的,是钱玄同先生废汉文的主张。钱先生是中国文字音韵学的专家,岂不知道语言文字自然进化的道理?(我以为只有这一个理由可以反对钱先生)他只因为自古以来汉文的书籍,几乎每本每页每行都带着反对德赛两先生的臭味;又碰着许多老少汉学大家,开口一个国粹,闭口一个古说,不暂声明汉学是德赛两先生天造地设的对头;他愤极了才发出这种激切的议论,像钱先生这种用石条压驼背的医法,本志同人多半是不大赞成的。但是社会上有一班人,因此怒骂他,讥笑他,却不肯发表意见和他辩驳,这又是什么道理呢?难道你们能断定汉文是永远没有废去的日子吗?"②

---

① 李大钊:《Bolshevism 的胜利》,《新青年》5 卷 5 号,1918 年 11 月。
② 陈独秀:《本志罪案之答辩书》,《新青年》6 卷 1 号,1919 年 1 月。

原来,如同鲁迅认为的中国历史书上满纸都写着"吃人"一样,同仁还看到了汉文书籍"几乎每本每页每行都带着反对德赛两先生的臭味"。由此我们不难想见文学改良、语言革命的政治工具意义。陈主撰当时理解的"德莫克拉西(Democracy)"(也就是今天我们所说的民主)是一种带有十足平民主义色彩的平等意识形态。即是说,今天的平民大众要享受到过去贵族独享的权利。因此,与真正意义上民主有别的是:它是一种以数量取胜的民主。诸如此类的民本思想在传统的《国语》《左传》《战国策》里更是俯拾皆是。这里的民本哲学理念不过是将上与下、少与多、尊与贱进行了易如反掌的"倒个个"。以《战国策·齐四》里的"赵威后问齐使"为例,其中的"苟无民,何以有君"的无疑而问就已经把民本的政治哲学"化为绕指柔"了。陈独秀既是主笔也是探路者。他的民主观念宗法法兰西传统,而且将中国传统民本思想与法兰西同情贫民(生计)、博爱下层工人进行了巧妙的亲和与转化。在一篇关于法兰西国民性的文章中,他在结尾一段一咏三叹地四处论及民主的核心"自由、平等、博爱"。值得注意的是,他还有意识地将排列顺序改为中国与法兰西式的结合:"平等、博爱、自由。"① 而他的一贯主张的"惟民主义"教育方针也正是其民主思想的贯彻与体现。他对"惟民主义"解释如下:"封建时代,君主专制时代,人民惟统治者之命是从,无互相连络之机缘。……近世国家主义,乃民主的国家,非民奴的国家。民主国家,真国家也,国民之公产也,以人民为主人,以执政为公仆者也。"② 由此不难理解,陈独秀的民主观念与李大钊的后来的"平民政治与工人政治"思想如出一辙,而且是他们前期合理的衍生与发展。1922年7月1日,李大钊在《新青年》上撰文说:"平民主义(democracy)

---

① 陈独秀:《法兰西人与近世文明》,《青年杂志》1卷1号,1915年9月。
② 陈独秀:《今日之教育方针》,《青年杂志》1卷2号,1915年10月。

的语源,系由 democ 与 Kratia 二语联缀而成。音转而为 Democracy, democ 意为'人民'(People),Cracy 意为'统治'(Rule),故 Democracy 一语,可直译为'民治'(Peoples rule or popular government)。"①引证这么多关于民主的材料,看似有游离之嫌,其实还是为了说明《新青年》上的"文白之争"还是在为平民争取享受文化的权利,也即是"德莫克拉西"的权利。

现代语言文学革命与现行民主政治的诞生一开始就有同步性。从《新青年》主编前期主办的《安徽俗话报》宗旨中可以看出,只要陈独秀能行使主编(《甲寅》只是助编)的职责,他就会不失时机地倡导白话或说俗话文章的写作。作为主编,他在开办《安徽俗话报》的缘故中一再述说要用"俗话写出"的理由:"现在各种日报、旬报,虽然出得不少,却都是深文奥意,满纸的之、乎、也、者、矣、焉、哉字眼,没有多读书的人,哪里能够看得懂呢?这样说起来,只有用最浅近最好懂的俗话,写在纸上,做成一种俗话报,才算是顶好的法子。所以各省做好事的人,可怜他们同乡不能够多多识字读书的,难以学点学问,通些时事,就做出俗话报,给他们的同乡亲戚朋友看看。现在已经出了好几种:上海有中国白话报,杭州有杭州白话报,绍兴有绍兴白话报,宁波有宁波白话报,潮州有潮州白话报,苏州有苏州白话报,我都看见过。我就想起我们安徽省,地面着实很大,念书的人也不见多,还是没有这种俗话报。"②这就是《安徽俗话报》的宗旨。虽然是个地方性的小报,但其思想深处却有很大的统一理想、很强的文化支配意识。其中的一篇《国语教育》颇能说明问题,如同担心列强"瓜分中

---

① 李守常:《平民政治与工人政治》,《新青年》9 卷 6 号,1922 年 7 月。
② 三爱(陈独秀):《开办〈安徽俗话报〉的缘故》,《安徽俗话报》(第 1 期),1904 年 3 月 31 日。

国"一样,①陈独秀认为国语的分崩离析同样不利于国家的一体化和同胞的情结化。他急切地"启蒙"国人:"现在各国的蒙小学堂里,顶要紧的功课,就是'国语教育'一科。什么是国语教育呢?就是教本国的话。我说出这话来,列位必定好笑,以为只有人学外国话,那里有人本国话还不会说,也要到学堂里去学的道理呢?殊不知列位这样说,便说错了。所以必定要重国语教育,有两层道理。一是小孩子不懂得深文奥义,只有把古今事体,和些人情物理,用本国通用的俗话,编成课本,给他们读。等他们知识渐渐的开了,再读有文理的书。一是全国地方大得很,若一处人说一处的话,本国人见面不懂本国人的话,便和见了外国人一样,那里还有同国亲爱的意思呢?所以必定要有国语教育,全国人才能够说一样的话。照这两层道理看起来,国语教育,一定是要紧的功课了。你看我们中国小孩子读的书,都是很深的文法,连举人秀才,也不能都懂得,漫说是小孩子了,这是第一层道理。再说起中国话来,十八省的人,十八样话,一省里各府州县说的,又是各不相同。若是再不重国语教育,还成个什么国度呢?"②在某种意义上,《安徽俗话报》上的"俗话"以及意义阐释正可以看作是《新青年》上白话文倡导以及国语"统一"、世界语"大同"之理想的雏形或前驱。尽管当年陈独秀的极力倡导在现在看来还带有乌托邦意识形态特征,但是现在看来,我们仍无法抹杀其现代性存在的意义。

　　白话文,作为象征符号的文化权力和资本市场,在陈独秀那里,它是一种不折不扣的语言意义上的德莫克拉西。文言文以及与其一个鼻孔出气的旧文学,它是一种不道德的特权阶层的语言文学。它不但为少数人所独享,而且少数人用这种权力剥夺了多数人的"信息"知情

---

① 三爱(陈独秀):《瓜分中国》,《安徽俗话报》(第1期),1904年3月31日。
② 三爱(陈独秀):《国语教育》,《安徽俗话报》(第3期),1904年5月。

权、文化阅读权并以此欺压少数人。"文犹师古"与"文以载道"只能是单向的"代圣贤立言",而另一个方向的为下层通达民情的渠道也被阻断,从而难以真正实现民主绿色通道。① 当新文化元典的造势高潮已过而白话文不胫而走之时,陈独秀在被当局监视的情况下应邀赴武昌文华大学作《我们为甚么要作白话文?》的演讲。他的"改用底理由"首先还是从"时代精神的价值"——"德莫克拉西"开始讲起。在一连列举了政治的(民治主义)、经济的(社会主义)、社会的(平等主义)、道德的(博爱主义)、文学的(白话文)等五个方面的"德莫克拉西"子目后,他将其归结为"反对一切不平等的阶级特权"的总纲下。② 同样是在这篇演讲中,白话文的力倡者透彻地"解释疑惑":"白话文与古文的区别,不是名词易难解的关系,乃是名词及其他一切词'现代的'、'非现代的'关系。"将白话文与文言文的关系归结为现代性与非现代性的分殊,这已经不是语言自身的演变所能囊括。或许《新青年》7卷5号上的文章能够诠释这一文化"质变"现象:"通俗易解是新文学底一种要素,不是全体要素。现在欢迎白话文的人,大半只因为他通俗易解;主张白话文的人,也有许多只注意通俗易解。文学、美术、音乐,都是人类最高心情底表现,白话文若是只以通俗易解为止境,不注意文学的价值,那便只能算是通俗文,不配说是新文学,这也是新文化运动中一件容易误解的事。"③ 通俗不等于白话文。白话文除却通俗、浅显一维外,还有深层的价值意蕴。换言之,通俗只是手段、工具、桥梁,最终目的还是要以此达到价值的完成。新文化运动注重的是"创造的精神",它要为一个新时代的到来提供足够的潜能。因此语言文学的革命需要有马前卒的精神以及锐不可当的勇气。因为只有这样

---

① 陈独秀:《文学革命论》,《新青年》2卷6号,1917年2月。
② 陈独秀:《我们为甚么要作白话文?》,《晨报》1920年2月。
③ 陈独秀:《新文化运动是什么?》,《新青年》7卷5号,1920年4月。

的造势运动,才能将崭新的民主政治意识绑在文学与文化的战车上与时俱进。陈独秀最后在总结新文化运动教训时提醒诸位要将这个运动"影响到别的运动上面":"新文化运动影响到军事上,最好能令战争止住,其次也要叫他做新文化运动底朋友不是敌人。新文化运动影响到产业上,应该令劳动者觉悟他们自己的地位,令资本家要把劳动者当做同类的'人'看待,不要当做机器、牛马、奴隶看待。新文化运动影响到政治上,是要创造新的政治理想,不要受现实政治底羁绊。譬如中国底现实政治,什么护法,什么统一,都是一班没有饭吃的无聊政客在那里造谣生事,和人民生活、政治理想都无关系,不过是各派的政客拥着各派的军人争权夺利,好象狗争骨头一般罢了。他们的争夺是狗的运动。新文化运动是人的运动;我们只应该拿人的运动来轰散那狗的运动,不应该抛弃我们人的运动去加入他们狗的运动!"①这才是新文化运动原始的价值与意义。

也正是这个原始的价值与意义使得它一开始在理论上和实践上就充满了历史的悲情。陈独秀作为不容讨论和不容怀疑其白话文价值的主导,他的白话诗歌在《新青年》上只出现过两次:一是一名"他与我"的《丁巳除夕歌》,②二是因散发传单出狱后回答刘半农的《D——》所作的应酬白话诗《答半农的D——诗》。③ 此外,即使是在后期教育部已经下令中小学教材实行白话文后,陈独秀也没有再作白话诗歌。我们看到,他在晚年与友人的唱和诗歌仿佛又回归了传统。他生前最后的一首白话诗《挽大姐》即是五言形式的旧体诗。④对陈独秀现象的描述并非对他的苛求,而是就此说明白话文代替文

---

① 陈独秀:《新文化运动是什么?》,《新青年》7卷5号,1920年4月。
② 陈独秀:《丁巳除夕歌》,《新青年》4卷3号,1918年3月。
③ 陈独秀:《答半农的D——诗》,《新青年》7卷2号,1920年1月。
④ 陈独秀:《挽大姐》,载《陈独秀诗选》,安庆宜城文艺编辑部1986年版(内部发行)。

言文绝对不如陈独秀们想像的那样一蹴而就,那种乌托邦色彩的决裂和切断只能是现代性焦虑下的残酷证词。自白话文和新文学出山的那一天起,异议和反对之声就不绝于耳。由于陈独秀树起的靶子太醒目,所以难免一片哗然。朱希祖的《白话文的价值》就述说了另一种思路对文白之争的总体看法:"昨天遇见一位老先生,与一位朋友谈天。那老先生说道:'白话的文与文言的文,皆是不可灭的。譬如着衣服:做白话的文,就如着布衣;做文言的文,就如着绫罗绸缎的衣。着得起绫罗绸缎的,就是富人;那贫人着不起绫罗绸缎,只好着布的了。'……'白话的文太繁秽,不如文言的文简洁;白话的文太刻露,不如文言的文含蓄;所以白话的文是毫无趣味的。'……'白话的文,今天看了,一览无余,明天就丢掉了,断不能垂诸久远;文言的文色泽又美,声音又好听,使人日日读之不厌;……我们雅人,只要学古;白话的文,由他们俗人作通俗文用罢了。'"①针对以上种种不同的议论,陈独秀们的辩解多少显得有点苍白无力。就主编自我的实践的苍白,就其发表的谢无量的旧诗以及评论来看,不要说胡适这样的"同仁"都已经指出了其"自相矛盾"处,就是《青年杂志》到《新青年》过程中的文言文与白话文的交织本身就已经暴露了自身的无力。读者来信的质疑以及创作实绩的过于平淡连倡导者们自己都感到心绪难平。在默认"现在的白话诗文不好"的前提下,他才有了如下的回应:这些只能说"作者底艺术不精"、"真的白话文年月还浅",不过这"都和白话文体本身没有关系"。②

应该看到,陈独秀当年对白话文取代文言文的艰难性和渐进性并不是没有心理准备和思想认识。在后来的反思中,他一再述说白

---

① 朱希祖:《白话文的价值》,《新青年》6卷4号,1919年4月。
② 陈独秀:《我们为甚么要作白话文?》,《晨报》1920年2月。

话文并非纯粹的白话文,古语也不全然废弃。只要现在还"活着"的古语,可以与白话一起通行。① 众所周知,《青年杂志》一开始就呼唤文言文的终结、白话文的正宗,但限于人气、"物理"等条件,直到《文学革命论》发表一段时间后也未能实行诺言。为此才有了钱玄同急不可待的质问:"我以前所说要把右行直下的汉文改用左行横迤,先生回答道'极以为然'。现在我想这个意思先生既然赞成,何妨把《新青年》从第四卷第一号起就改用横式?……我们既然绝对主张用白话体做文章,则自己在《新青年》里面做的便应该渐渐的改用白话。我从这书通信起,以后或撰文或通信一概用白话,就和适之先生做《尝试集》一样的意思,并且还要请先生、胡适之先生和刘半农先生都来尝试尝试。"对此,陈独秀多少有些保守:"《新青年》改用左行横迤,弟个人的意思十分赞成。待同发行部和其他社友商量同意,即可实行。但是改用白话一层,似不必勉强一致。社友中倘有绝对不能做白话文章的人即偶用文言也可登载,尊见以为如何?"②通过这段通信,我们可以肯定《新青年》同仁内部还有更深层的默契或说团结。这个团结的底蕴即是还有比这个一步到位更为关紧的要件。其实这个要紧的地方早在陈独秀回答"极以为然"(对"左行横迤")时就已经说明白了:"仆于汉文改用左行横迤及高等书籍中人名地名直用原文不取译音之说极以为然。惟多数国民不皆能受中等教育。而世界知识又急待灌输。"③这就是不能马上完全采用"横行"、"白话"的原因:虽然语言文学(包括文字)也被拉到了塑造意识形态的队伍中,但能直接填充新型"内圣外王"道德伦理的要件还应数"世界知识"。此时,距离形式与内容兼备新意义的第一篇白话小说《狂人日记》在《新

---

① 陈独秀:《我们为甚么要作白话文?》,《晨报》1920年2月。
② 钱玄同、陈独秀:《通信》,《新青年》3卷6号,1917年8月。
③ 钱玄同、陈独秀:《通信》,《新青年》3卷3号,1917年5月。

青年》发表只有半年之久。

　　如果说他在《新青年》上有过激、浮躁、凌厉的表现,那是因为他忍不住、耐不下他那理想化、目的化、功利化的乌托邦政治设计。我们看到,学术、思想、文化问题一旦为意识形态作祟,那它就必然打上工具化的烙印。这一切又都不以当世和现世学者的意志为转移。《新青年》杂志前期发表的苏曼殊的文言小说与谢无量的旧体诗虽然瓶子是老的,但其内在的精神气质里已经灌注了中西文化冲突背景下的现代性素养。这个素养又是从传统转向现代过程中的中间地带,具有新旧杂糅的前现代意识。这也是陈独秀在作品"附记"中评价谢诗精神为"希世之音"、苏作为"个人意志之自由""痛切者"并大加称赞的根本原因。①

　　现代性的演进是缓慢的,但也是焦急的。《狂人日记》的闪亮登场,标志着中国语言文学应用尝试着进入一个全新时期。一个不容忽视的事实是,随着语言文字的应用打破了几千年积淀的"时空"常规,亲手破坏这语言"偶像"的现代元典缔造者也出现了前所未有的心理紧张。在某种意义上,他们的语言文字表现出非常自信、自豪乃至自大的背后,其实蕴藏着无法排遣的无措、失落、焦虑甚至是无地自容。笔者常常在心灵深处与他们对话:在把母语打得落花流水、捉襟见肘之际,我们这些母语的操持者还能找到诗意栖居的皈依之路吗? 也正是在这里,我更愿意透过文字的表象来发现当事人心底的恐慌。中国有句古语(胡适也曾说过)——"做了过河卒只有拼命向前",更何况他们是捆绑在一起的"过河卒"呢! 中国还有句俗语:"儿不嫌母丑,狗不嫌家贫。"如果文言文是生母,那么通俗的白话就是继母。不难想像,当汉语言文字的

---

① 苏曼殊:《碎簪记》,《新青年》2卷4号,1916年12月。

使用者反戈一击,打中了滋润自己多年的生母后,如果痛定思痛,他还能轻松归依到白话的怀抱吗?这既是他们后来从不反悔的原因,也是他们后来不是不自觉地"回归"就是另谋归途的缘故。当心灵的皈依无法安放于精神的家园之际,他们只能寻找乌托邦式的未来寄托。过于理想化、目的化使他们走上了一条集体无意识的道路:他们宁愿也只好把希望寄托在一个不存在的地方。这就是我们常说的"乌托邦",也是人类进化史上只注重破坏而无力建设的又一代名词。为此,他们在一心一意走世界化道路或说推动现代性演进的同时,也让民族的语言文字付出了沉重的代价。这是一个思想史常见的悖论。

如同《新青年》杂志整体上是从文言到文白混杂,再到白话文一样,《狂人日记》几乎是一个过渡现象的缩影。《狂人日记》始于文言终以白话的文字就出现在《新青年》倡导白话文最力而且可以说是高潮之际。这一表面看来蹊跷的语言文学现象着实有着在颓败线上颤动的现代性焦虑。《狂人日记》上有记为证:"某君昆仲,今隐其名,皆余昔日在中学校时良友;分隔多年,消息渐阙。日前偶闻其一大病;适归故乡,迂道往访,则仅晤一人,言病者其弟也。劳君远道来视然已早愈,赴某地候补矣。因大笑,出示日记二册,谓可见当日病状,不妨献诸旧友。持归阅一过知所患盖'迫害狂'之类。语颇错杂无伦次,又多荒唐之言,亦不著月日,惟墨色字体不一,知非一时所书。间亦有略具联络者,今撮录一篇,以供医家研究。记中语误,一字不易;惟人名虽皆村人,不为世间所知,无关大体,亦悉易去。至于书名,则本人愈后所题,不复改也。七年四月二日识。"[①]一个白话文的缔造者与呐喊者在刻意实践之际竟然以"之乎者也"的开头"引人入胜",

---

① 鲁迅:《狂人日记》,《新青年》4卷5号,1918年5月。

鲁迅的这个"识"除却艺术性的运用之外，多少流布出《新青年》与母语分离的历史悲情。

三、历史悲情的扩张：世界语的吊诡

如上所述，《新青年》在文白之争的情景中陷于左右为难，当白话势在必行而白话文又不堪民族重负之际，倡导者只得将历史的悲情扩张，希望借此掩饰自我的困顿、尴尬、虚无与无奈。于是，寄托希望于世界语并将其作为废除汉字的理由构成了文学革命的双刃杀手锏。究其实质，所谓的消灭汉字这种民族文化虚无主义本身就是在现代性面前无力感的证明，更是一种对现代性的逃避。鲁迅自述当年加盟语言文学革命的心境"绝望之为虚妄正与希望相同"，可以说是整个知识群落的心态症候。[①] 然而，作为担当道义的现代知识分子，他们不可能将自我的隐遁、逃避、失望心理公诸于众，为此他们寻找到了一种聊以慰藉的"支援意识"。[②] 世界语乃是他们现世所能依托的最终归宿——一个神秘、遥远、美丽的乌托邦语言天堂。

必须看到，世界语理想的滋生是在世界主义的大同思想环境中营造的。正如我们看到的那样，当陶履恭看到《新青年》关于世界语的主张并对之执迷提出"忠告"后，陈独秀便身先士卒地予以了全面的回答："'将来之世界必趋于大同'，此鄙人极以为然者也。来书谓'世界主义是一事，世界语又是一事，二者未必为同问题'，此鄙人微有不以为然者也。世界语之成立，非即为世界主义之实现。"陈独秀

---

① 鲁迅：《南腔北调集·〈自选集〉自序》，载《鲁迅全集》第 4 卷，人民文学出版社 1981 年版。

② 事实上，这也是一种"奇里斯玛"思维。参见林毓生：《中国意识的危机》，贵州人民出版社 1988 年版。

一是表明了世界语与世界主义在自己眼中的关系;二是流布了世界语为什么要提倡的心迹——为世界大同而将关口提前。在这个"全面"中,陈独秀最后的总结陈词更为关键:"是世界人类历史无尽,则人类语言之孳乳亦无尽。世界语所采用之单语,在理自不应以欧语为限。此义也,迷信世界语者当知之,务为世界之世界语,勿为欧洲之世界语尔。仆犹一言欲质诸足下者,足下轻视世界语之最大理由,谓其为人造的而非历史的也。仆则以为重历史的遗物,而轻人造的理想,是进化之障也。语言其一端耳。"①这第三层意思显然带有建构的唯理主义特征。重视"人造的理想"从语言开始,这也正是积极的自由或激进自由主义的基本乌托邦质地。② 同时必须看到,世界语说法的出现也不是《新青年》的专利。早在1907年,当无政府主义盛行中国之际就有人把母语与世界语的水火不容关系给抬了出来。那时,以吴稚晖等为中心的巴黎中国留学生在《新世纪》杂志上捶胸顿足地咒骂母语,主张改用"万国新语"(即《新青年》时期所谓的"世界语"),一副"汉字不灭,中国必亡"的姿态和语气。③ 历史惊人的相

---

① 陶履恭、陈独秀:《通信》,《新青年》3卷6号,1917年8月。
② 哈耶克著、邓正来译:《自由秩序原理》,三联书店1997年版。
③ "汉字不灭,中国必亡"的元典究竟最先出自谁之手或谁之口已经无从考证,但鲁迅在《病中答救亡情报访员》中确有这样的八个字。他说:"汉字不灭,中国必亡。因为汉字的艰深,使全中国大多数的人民,永远和前进的文化隔离,中国的人民,决不会聪明起来,理解自身所遭受的压榨,理解整个民族的危机。我是自身受汉字苦痛很深的一个人,因此我坚决主张以新文字来替代这种障碍大众进步的汉字。"今人多认为五四新文化运动时期就有这类表述,但有一点可以肯定,至少《新青年》杂志上没有原汁原味的这八个字的同时出现。至于有人认为出自钱玄同或出自赵元任,我们只能推断是口头表达或演讲流布。或许这也是很多后学对此多不引号标识的原因。根据笔者的考察,"中国必亡"在《新青年》杂志上不乏其句,但"汉字不灭"却没有连接。但从他们当世人当时的激进态度和对汉字的激愤情绪看,将其表述为这八个字却非常符合当时的精神气质和姿态。鲁迅曾在《文化偏至论》中概括20世纪初的世风说:"青年之所思惟,大都归罪恶于古之文物,甚或斥言文为野蛮。"历史发展到《新青年》时期,这种将政治与文化古物一起作残余式捆绑的激进打倒情绪有过之而无不及。

似在这里得到充分的证明:如果说《新世纪》是将对清政府专制的咒骂与对将语言文字的诅咒作为同一个仇恨对象加以发泄,那么《新青年》对传统政治(包括当局)的不满、传统伦理道德的批判、对旧文学的愤恨更是全方位的开战。语言文字的政治工具情怀使得它一开始就夹杂着浓厚的意识形态化的诱因。

回到《新青年》,全方位向传统社会开战一方面反映了激进知识群体对现代性向往的焦虑,另一方面也再次印证了传统思维泛起:道统、政统、学统有机统一,从而演绎出新一轮的具有综合、整体模式的新内圣外王主义。世界主义思维模式的形成正是传统乌托邦在现代的翻版。一个值得注意的思想史现象是,《新青年》一方面是极端"个人本位主义"的主张,另一方面则是打破一切阻隔之直通车式的"世界主义"理论。李大钊在《我与世界》中述说的"我"与"世界"的关系其实就是个人主义和世界主义的关系:"我们现在所要求的,是个解放自由的我,和一个人人相爱的世界。介在我与世界中间的家国、阶级、族界,都是进化的障碍、生活的烦累,应该逐渐废除。"①理论与事实往往就是这样微妙,看来极其相反甚至是风马牛的精神现象也往往只有一步之遥。陈独秀也曾在与钱玄同讨论"中国今后之文字问题"的通信中这样说:"吴先生(即吴稚晖——引者注)'中国文字,迟早必废'之说,浅人闻之,虽必骇怪而循之进化公例,恐终无可逃。惟仅废中国文字乎? 抑并废中国言语乎? 此二者关系密切,而性质不同之问题也。各国反对废国文者,皆以破灭累世文学为最大理由。然中国文字,既难传载新事新理,且为腐毒思想之巢窟,废之诚不足惜。……至于废国语之说,则益为众人所疑矣。鄙意以为今日'国家'、'民族'、'家族'、'婚姻'等观念,皆野蛮时代狭隘之偏见所遗留,

---

① 李大钊:《我与世界》,载《李大钊文集》(下册),人民出版社 1984 年版,第 23 页。

根底甚深,即先生与仆亦未必能免俗,此国语之所以不易废也。"①主编认为国语是野蛮褊狭之物,同时也看到了国语转换的艰难性。从陈独秀这段文字中,思之微妙至少可以获得三重重要信息:一是世界主义背景下的世界语之说与无政府主义哲学思想有着根深蒂固的渊源关系;二是所谓废除中国文字的命题在本质上是以民主思想的需要或新型意识形态的建立为依据的,在这个意义上,一切形式的语言文字革命都是意识形态更新不可或缺的一个有机组成部分;三是文字的革命比起单纯的白话文革命,更讲求程序和步骤。这从另一个侧面印证了陈独秀对民主观念理解的偏斜——更注重下层因素和数量因素。

如上所述,早在 20 世纪初年以吴稚晖等一批留法的无政府主义者就在自己的阵地《新世纪》上对国语发起了咬牙切齿的攻击。而中经《新民丛报》《民报》《甲寅》等杂志,时至《新青年》时期,关于世界语与国语关系的讨论几乎还是沿袭了当时的主调。区声白,一位典型的无政府主义者,他在《新青年》与钱玄同关于世界语的积极讨论也多沿用吴稚晖当年在《新世纪》上的只言片语:"有欲将其新名词新术语嵌入于汉文中使用者,更该提倡;如此,则国人与 Esperanto 可以一日接近一日。吴稚晖先生谓'近世界之新学理,新事物,若为汉文所发挥不足者,即可搀入 Esperanto,以便渐搀更多,将《汉文》渐废,即为异日径用 Esperanto 之张本。'(见《新世纪》第四十号)我以为这是提倡 Esperanto 最切要最适当的办法。"②无政府主义者黄凌霜在给钱玄同的信中也还是以十年前的话语为中心:"贵志同号中姚寄人先生将十年前巴黎《新世纪》周报醒先生所做的《万国新语(亦名世界

---

① 钱玄同、陈独秀:《通信》,《新青年》4 卷 4 号,1918 年 4 月。
② 区声白、钱玄同:《通信·中国文字与 Esperanto》,《新青年》6 卷 1 号,1919 年 1 月。

语)之进步》的,未假钞出来。据我的鄙见,这篇文章起头所说的'万国新语有五大特色,为各国文字所不能及'都是很好的。这篇文章,可算是中国人说 Esperanto 的先导。我记得民国元年的时候,我的朋友师复先生,创立晦鸣学舍于广州曾将他付印数万肘,拿来分赠,看见的人,一定不少,我现在不必再去钞他了。"①这里老牌的无政府主义者吴稚晖、李石曾的理论以及区声白、黄凌霜都纷纷上阵,提说当年之勇。即使新文化运动渐进高潮之际,吴稚晖的大同学说仍是《新青年》追逐不放的权威支持。② 引证这些的目的在于,对比陈独秀和李大钊关于"家国、阶级、族界"都是"野蛮时代"产物的说法,应该说《新青年》的理论的哲学基础有很强程度的无政府主义性质。不难看出,《新青年》为了自己的主义或意识形态的泛化是不惜一切,也不顾一切的。将无政府主义权且作为立论基础,这多少反映了《新青年》一开始在追求现代性的诉求中就蕴涵着残缺的因子。无政府主义的破坏、打倒(偶像)意识以及粗暴、简单逻辑给20世纪中国留下了沉重的教训。鉴于《新青年》的语言文字革命不过是借助了这个"暴力",所以这里对此我们不作过多的分析。只是要特别指出的是,将中国传统所遗留之物作一股脑地"社会"性完全革命,同样是无政府主义的逻辑思维。

其次,在追求现代性的价值诉求上,《新青年》一开始是以语言和文学的剥离为起点的,这在刘半农的《我之文学改良观》以及胡适、陈独秀的新文学论述文章中可以窥见其端倪。③ 但是《新青年》以民主思想的需要或新型意识形态的建立为依据的命题最终决定了不可能将这个剥离坚守到底。《新青年》杂志有一个关于世界语

---

① 凌霜、钱玄同:《通信·Esperanto 与现代思潮》,《新青年》6 卷 2 号,1919 年 2 月。
② 吴敬恒:《机器促进大同说》,《新青年》5 卷 2 号,1918 年 8 月。
③ 刘半农:《我之文学改良观》,《新青年》3 卷 3 号,1917 年 5 月。

的讨论过程值得回味。当读者 T. M. Cheng 来信这样询问世界语一事时:"至论世界语为今日人类必要之事业,惟以习惯未成,未能完全应用。拜领教言。"主编便以记者身份答曰:"世界语,为今日人类必要之事业。惟以习惯未成,未能应用于华美无用之文学。而于朴质之科学,未必不能达意也。"①于是这很快遭到了钱玄同的质疑:"先生认世界语为'人类必要之事业',此说弟极表同情。至云未能应用于文学,恐非确论(文学之上加以'无用'二字,弟尤不敢赞同。然此当是先生一时之论。观大著《文学革命论》所言,知先生于文学之事固视之极重也)。日前孑民先生语我,谓用世界语译撰之书,以戏曲小说之类为最多,科学书次之。是世界语非不能应用于文学也。……世界主义大昌,则此语必有长足之进步无疑。中国人虽孱弱,亦世界上之人类对于提倡此等事业,自可当仁不让。"②面对钱玄同咄咄逼人的气势,陈独秀只好束手就擒。或许是欲纵故擒,反正这里的一阵谦逊之后还有一段不能忽视的表白,尤其是对研究《新青年》如何转移视线以突出民主意识为主题的论题。原信如下:"仆前答某君书所谓'华美无用之文学'者,乃一时偶有一种肤浅文学观念浮于脑里,遂信笔书之,非谓全体文学皆无用也。世界语犹吾之国语,谓其今日尚未产生宏大之文学则可、谓其终不能应用于文学则不可。至于中小学校以世界语代英语,仆亦极端赞成。吾国教育界果能一致行此新理想,当使欧美人震惊失措。且吾国学界世界语果然发达,吾国所有之重要名词亦可以世界语书之读之,输诸异域。不必限于今日欧美人所有之世界语也,高明以为如何?全部《十三经》,不容于民主国家者盖十

---

① T. M. Cheng、记者:《通信》,《新青年》2 卷 3 号,1916 年 11 月。
② 钱玄同、陈独秀:《通信》,《新青年》3 卷 4 号,1917 年 6 月。

之九九。此物不遭焚禁、孔庙不毁,共和招牌当然挂不长久。今之左袒孔教者罔不心怀复辟。其有不心怀复辟者更属主张不能一致贯彻之妄人也。康南海意在做大官尊孔复辟皆手段耳,此伧更不足论!其徒梁任公尝直其名曰康有为深恶之也。"①一个常识性的问题却得出了相反的结论,这不能不说是陈独秀的一个致命硬伤。然而,"新理想"以及古代典籍百分之九十九的不容"民主国家"的说法已经让我们明白了主编制造"硬伤"的苦心,他欲以世界语的转换来切断借以传承专制制度的中介。与此同时,当一个硬伤弥合了之后,一个新的硬伤裂缝出现了:"新理想"的输入难道能靠自己都不承认的"习惯未成"且还是"乌托邦"的世界语来传导吗?也难怪读者张耘在给胡适的信中将这个做法称为"思想紊乱"呢!②

再次,胡适对世界语的态度是不积极的,就是主编对白话文为正宗以及不容商榷的态度在世界语问题上也出现了缓和。这个缓和本身充分说明了陈独秀这样激进的革命家对世界语的乌托邦色彩也是非常清醒的。就白话文取代文言文的趋势和现实而言,尽管困难重重,但毕竟其可行性举手可揽。而通过世界语来促进新型意识形态的塑造,本身就是超负荷的唯意志论式幻想。一个不容忽视的事实是,《新青年》上的文学革命与世界语的提倡几乎是同步进行的。由于刚刚述说的缘故,文学革命则是由于接近现实而且是从中国自身内部的改良下手,因此有近水楼台的优先性和先行性。从此,我们也可以看到"文学"与"语言(文字)"之分分合合的胶着状态——始于分离终于合一。这个超越与回归的悖论一

---

① 钱玄同、陈独秀:《通信》,《新青年》3卷4号,1917年6月。
② 张耘、胡适:《通信·改良文学与更换文字》,《新青年》6卷3号,1919年3月。

直是伴随新文化元典运动演进的基本思想张力。当陈独秀与胡适在 1916 年就开始设计文学革命时，与之俱来的便是世界语的粉墨登场。1917 年 8 月，杂志上陶履恭、钱玄同以及陈独秀的讨论已经是满"志"风雨。而随着"文学革命实绩"的显示——白话诗文的尝试以及白话小说《狂人日记》的问世，《新青年》自 1918 年 5 月号起关于世界语的讨论便几乎湮没了文学改良的声音。在《新青年》5 卷 2 号上，曾有区声白、陶履恭（孟和）的争论以及钱玄同、陈独秀两人关于 Esperanto 的跋语。其中无政府主义者区声白的争论由此引发了作为杂志编辑的钱玄同和陈独秀的参与。针对陶孟和对无政府主义者区声白的"两端"怀疑，钱玄同在公开信的结尾也有针对性地呼吁："我因为怀了这两个意见，所以要提倡 Esperanto。声白君对于我这意见如以为然，深愿共同提倡。选学家桐城派反对新文学，我格外要振作精神去做白话文章；我们对于 Esperanto，也该用做白话文章的精神去提倡！"[①]的确如笔者所言，世界语与白话文在一个链条上构成了文学革命的两个阶段。世界语的提倡在当事人看来则是文学革命的深化。在陈独秀与钱玄同、区声白同处一个文化场域与一个思想立场之际，陈独秀最后的陈词还是要极力劝说陶孟和归依世界语的行列："Esperanto 在学术上，尚属因袭的而非创造的；在言语上，尚属人为的而非自然的；孟和先生之不满意于此语也，殆以是故；余亦云尔。弟鄙意与孟和先生微有不同者今之 Esperanto，或即无足当'世界语'之价值；而世界之将来，倘无永远保守国别之必要，则有'世界语'发生及进行之必要；以言语相通，为初民社会之一大进化；其后各民族间去小异而

---

① 区声白、陶履恭、陈独秀、钱玄同：《通信·论 Esperanto》，《新青年》5 卷 2 号，1918 年 8 月。

归大同也，语言同化乃为诸大原因之一；以此推知世界将来之去国别而归大同也虽不全以'世界语'之有无为转移，而'世界语'（非指今之 Esperanto）之流行，余确信其为利器之一，并希望孟和先生以赞同者也。"①其实陈独秀感觉到了陶孟和的观点正是对自己"人造的"进化理想的否定。这也是主编何以在跋语中力陈国别的消失、大同的到来，并以世界语为利器作为劝降根据的原因。希望归希望，世界语的讨论并不是能靠希望或幻想来完成的。

时至1918年8月，正当《新青年》大张旗鼓地为世界语张目之时，一位素与胡适之交往甚密的读者朱我农来信公然打出反对世界语的旗帜："无论那一种语言文字，只有因为文字不合语言，把文字改了的（先生所说，意大利人废拉丁文，就是好证据），断没有用文字去改语言的。如此推想，就知道私造了一种文字（这'文字'二字是假定的称谓）要世界的人拿他当作日常应用的语言，是万万做不到的。所以，Esperanto 断不能当作世界通用的语言，简直是一个无用的东西。"宏论一番之后，接着他又微观地将钱玄同和陈独秀的观点拉来予以纠正道："两先生又说'重历史的遗物而轻人造的理想，是进化之障也'，我又不以为然；两先生的意思是称各国语为历史的遗物，Esperanto 为人造的理想。不对不对！第一，我们中国的文字，诚然可以认作历史的遗物，但是英美德法诸国的语言文字，是日新月异，当世应用的？断不能认为历史的遗物。第二，语言文字是一种'公众应用的特别事物'，决不是私造的理想；如果 Esperanto 是人造的理想，那就万万不能用作语言文字了。所以陶

---

① 区声白、陶履恭、陈独秀、钱玄同：《通信·论 Esperanto》，《新青年》5卷2号，1918年8月。

先生既没有重'历史的遗物'也没有轻'人造的理想'。"①鉴于钱玄同和陈独秀立场的大同小异,朱我农将他们两人的语言合而为一了。不过,其中关于语言历史进化观念确是表达的非常明确,也与胡适的稳健观点相互呼应。看看胡适的回信就可略知一二了:"老兄这两次的来信都是极有价值的讨论,我读了非常佩服。我对于世界语和 Esperanto 两个问题,虽然不曾加入《新青年》里的讨论,但我心里是狠赞成陶孟和先生的议论的。此次读了老兄的长函,我觉得增长了许多见识,没有什么附加的意见,也没有什么可以驳回的说话。"驳都驳不倒,自然佩服。这话其实无非也是说给《新青年》其他同仁听的。自己一方面声明"不曾加入《新青年》里的讨论",另一方面又说"狠赞成陶孟和先生的议论",这则表明了自己的立场。胡适的一贯的(不只是在语言文字上)"历史进化观念"再次得以彰显:"以上五条,我非常赞成。老兄讨论这个问题的根本论点只是一个历史进化观念。语言文字的问题是不能脱离历史进化的观念可以讨论的。我觉得老兄这几段议论 Esperanto 不单是讨论,竟可以推行到一切语言文字的问题,故特别把他们提出来,请大家特别注意。"②

从最早的《文学改良刍议》到《历史的文学观念论》,再到1918年《新青年》5卷5号的《文学进化观念与戏剧改良》,胡适的新文学理论都是从本体论的角度谈文学、语言、文字包括文化的渐进、自然进化观。他可以间或在文章中谈到、认可甚至支持大同、世界语以及个人本位主义抑或社会主义等观念,但在其骨子深处是不可能长期与之为伍的。胡适实验主义的方法论以及自由主义思想使他一开始就对暴戾的无政府主义、激进的集体主义、民粹的社会主义持反感态

---

①② 朱我农、胡适:《通信·反对 Esperanto》,《新青年》5卷4号,1918年10月。

度。1919年3月15日,《新青年》读者张耘的来信可以说道出了他久藏于胸的"心忧"。一个值得注意的事实是,从张耘"常常收到"的客套中,已经可以看出胡适与这位"读者"的关系及其思想路径的默契。他说:"此报主旨似在改良文学。改良文学,今人稍具文学兴味及科学眼光者,多半赞成。惟至如何改良,则主张不一。耘不学,谬想改良应在中国文学自身以内改良,不应出此自身以外而言改良。如某君之主张用罗马拼音,某君之主张用英法文,某君之主张用世界语,均系离此自身而言改良。非改良文学也,直互换文字耳。改良文学与更换文字截为二事。为建设的革命计,吾意只应讨论改良之法。不宜涉及更换问题。《新青年》对于文学果有建设计画,似应主张其一。不应二事并提,徒乱观听,而且造成思想界一种极危险的 Anarchy。反对可也。革命可也。而毫无目的的 Anarchy 到无论在何时何事,均应视为大忌,君以为然否?"张耘在批评了世界语是"造成思想界一种极危险的 Anarchy"的倾向后,还批评了许多人的好高骛远、思想不清:"我以为今人凡轻视英法德文而极力提倡世界语者,其病因有三:曰愚、懒、妄。惟愚乃信英法德文中好书籍,世界语均有译本;惟懒乃甘取此不通捷径,无所得而不辞;惟妄乃坚信世界不久必大同,大同后必有大同语,而此大同语又必为今日之所谓世界语。三问题混合为一,颇足形容今日中国人思想紊乱情形。主张脚踏实地,做建设工夫者,对于此种愚懒妄传染病,须极力扑灭之。"① 正因为张耘的来信为胡适的观点张目,所以胡适的回信是柔中有刚:"张君这封信有许多话未免太过,但他所说的大旨,都很有讨论的价值,故登在此处,供大家讨论。""未免太过"为虚,讨论价值为实,胡适的跋语未尝不是在实施其拐弯抹角、欲擒故纵的文化经营策略。

---

① 张耘、胡适:《通信·改良文学与更换文字》,《新青年》6卷3号,1919年3月。

Anarchy,就是温和的改良主义者担心的无政府主义倾向。一个有趣的现象是,胡适不是不赞成用音标字母取代汉字,他只是不赞成那种不经实验、尝试、讨论就粗暴地直接互换的武断做法。更重要的是,他信奉的是渐进、改良、稳健的"科学"程序。就连素称稳健的胡适也坚信汉字必须废除。初到美国,他曾对不假思索就散发"废除汉字,取用字母"之传单者十分反感,但他毕竟不是死守传统的遗老遗少:理解并相信有一天拼音文字取代汉字。① 在文学改良取得基本的实绩并有稳健的发展事态后,他心中亦满怀期待:"如果因为白话文学的奠定和古文学的权威的崩溃,音标文字在那不很辽远的将来能够替代了那方块的汉字做中国四万万人的教育工具和文学工具了,那才可以说是中国文学革命的最大的收获了。"②然而,在终极意义上,胡适不会过火,而且会和其他改良的路径一样与陈独秀们发生着不同程度的冲突。世界语问题上他与陶孟和、朱我农等人为一方,陈独秀、钱玄同、刘半农等人为一方的据理力争就充分体现了两条思路的本质区别。

如上所述,与白话文为正宗的不容商榷和讨论不同,陈独秀在世界语问题上或许是接受了白话文的粗暴"干涉"的教训,或是由于胡适之的劝说与影响,他这次转向远远没有上次那样陡直,而是放慢了脚步。如果不是钱玄同如影随形、一天到晚地穷追不舍,说不定陈独秀在后来还会像胡适一样漫不经心地谈论世界语甚至只是间或"加入"呢!自从文学革命发生以后,包括诸如华文横行主编完全可以轻松决定的事情都要讨论再三,可见《新青年》是如何在履行"Democ-

---

① 胡适之:《逼上梁山——文学革命的开始》,《中国新文学大系》第1卷,《建设理论集》。

② 胡适之:《中国新文学大系》第1卷,《建设理论集·导言》。

racy"的设计了。① 必须指出,《新青年》的"同仁"意识有不愿意分裂、有意造成一条阵线向恶势力开战的意味。对此,我们将其解释成一定阶段的权宜之计未尝不可。但是最后陈独秀与胡适在《新青年》的"色彩"与南下还是北上诸问题上的撕破脸皮则不是这个原因所能解释的(另有专论)。因此《新青年》语言文学革命后期的一些做派还有待从深层次上进行思想谱系的知识考古。作为从事白话文生产的基地的《新青年》,其经营者陈独秀从一开始就有着占领平民空间、大众市场的文化民粹主义意识。②《新青年》走的是一条让经典成为时尚

---

① 文学革命正在乘胜之际,钱玄同一再敦促陈独秀要"百尺竿头"、一步到位。他一方面要求《新青年》全部启用白话,不允许文言文出现;另一方面又要求杂志实行"左行横迤"。钱玄同信中说:"我以前所说要把右行直下的汉文改用左行横迤。先生回答道'极以为然'。现在我想这个意思先生既然赞成,何妨把《新青年》从第四卷第一号起就改用横式?"针对自己的承诺而食言,陈独秀的回信则流露出一副无奈的温和相:"《新青年》改用左行横迤,弟个人的意思十分赞成。待同发行部和其他社友商量同意即可实行。但是改用白话一层,似不必勉强一致。社友中倘有绝对不能做白话文章的人即偶用文言,也可登载,尊见以为如何?"(《通信》,《新青年》3卷6号,1917年8月)从"极以为然"到推脱为"个人的意思"与"其他社友"的关系,足见其处境的尴尬。这从一个侧面说明,《新青年》的团结需要有妥协、退让、共商的精神,而陈独秀此时的尴尬也正表明了他的履行主编之道。其实,《新青年》的不同意见就是胡适的个人意思。1918年8月,胡适以"小节"为由公开否定了实行"横行"的建议(由此还可见胡适与陈独秀都是不拘"小节",一心一意营造"政治"先导意识形态的主见者,只是两人同是"Democracy"的意识形态的政治导向不同而已)。为此,钱玄同在述说了"中国文字不足以记载新事新理"的观点后,直言不讳地讲出了自己憋屈于胸的牢骚:"惟《新青年》尚未改用横行的缘故,实因同人意见对于这个问题尚未能一致。将来或者有一日改用,亦未可知。朱先生之提议,在玄同个人,则绝对赞成此说也。"(《新青年》5卷2号,1918年8月)"朱先生"就是与胡适通信的朱我农,而信中胡适与其达成文字改良观的一致,而在横行印刷上却有不同意见。为此,钱玄同在对他们的一致表示异议后,则借助朱我农的说法将胡适予以批评。其中,他将《新青年》未能改用横行的原因归咎于胡适,所谓"同人意见对于这个问题尚未能一致"的委婉不过是在说是胡适一人当道。虽说是有时会有"一人当道,万夫莫开"的局面,但钱玄同非常乐观地认为"将来或者有一日改用",而且也是针锋相对的"个人"意思。

② 英国学者吉姆·麦克盖尔(桂万先译)在《文化民粹主义》一书中这样描述了知识分子心中的民粹主义情感:"在我们心目中,人民谱写了历史,改造了历史,也改造了他们自己。在我们心目中,存在着战斗的人民,因而也存在着一个进取的'民众'概念。"(南京大学出版社2001年8月版,第14页)尽管当时陈独秀、李大钊们还没有这样的"觉悟",但是他们在法兰西情结和俄罗斯的影响下,其中他们呼唤的综合式的"第三种文明"就是这种文化民粹主义的孪生兄弟。

的大众化、市场化道路。在文言文当道的时代,他担心的是多数参与的大众化民主政治的孤立;在白话文时代,他希望新型的政治理念能够得以彻底的普及;在世界语时代(乌托邦),他不能不担心会不会前功尽弃?他的文化与政治之双重民粹主义观念会不会由此搁浅?毕竟,现在"功成名就"的白话文还没有完全被中国多数平民所切实接受。如果由此进行跨越式的发展,我们岂不走向一片荒芜的真空地带?世界语除却是一个带有幻想的至高目标,它还能提供(给民主政治理念)什么呢?对此,即使激进超过陈独秀的钱玄同也不能不承认:"即废文言而用白话,则在普通教育范围之内,断不必读什么'古文'发昏做梦的话,或可不至输入于青年之脑中;——新学问之输入,又因直用西文原书之故,而其观念当可正确矣。"①白话文尚能进行普通教育的普及,而"直用西文原书",由此进行的"观念可当正确"的新学问又当收效若何呢?所以,在这个问题上,尽管心急如焚,急欲一步到位,但还是冷静不少。钱玄同躁情四起:"我再大胆宣言道:欲使中国不亡,欲使中国民族为二十世纪文明之民族,必以废孔学,灭道教为根本之解决,而废记载孔门学说及道教妖言之汉文,尤为根本解决之根本解决。"②然而,这一附和陈独秀"根本解决之根本解决"的句式,③并没有得到陈独秀的赞许,相反倒是一盆冷水:"惟仅废中国文字乎?抑并废中国言语乎?此二者关系密切,而性质不同之问题也。各国反对废国文者,皆以破灭累世文学为最大理由。然中国文字,既难传载新事新理且为腐毒思想之巢窟,废之诚不足惜。……至于废国语之说,则益为众人所疑矣。……惟有先废汉文,且存汉语,而改用罗马

---

①② 钱玄同:《通信》,《新青年》4卷4号,1918年4月。
③ 陈独秀在《吾人最后之觉悟》等文中爱用"为吾人最后觉悟之最后觉悟"、"根本解决之根本解决"等句式。(《青年杂志》1卷6号,1916年2月)

字母书之;新名悉用原语,无取义译;静状介连助叹及普通名代诸词,限以今语;如此行之,虽稍费气力,而于便用进化,视固有之汉文,不可同日而语。"①除却在"中国文字,既难传载新事新理且为腐毒思想之巢窟,废之诚不足惜"上达成了整体性思维模式的统一,陈独秀与钱玄同在语言("言语")与文字上的分歧、在先废汉文且存汉语的程序是一步到位还是"一步一个脚印上"的不同都使得陈独秀显得有些反常。这也是陈独秀在《新青年》上可以说是唯一的一次得到胡适附和的地方。在钱玄同和陈独秀的一番对话之后,胡适有一段跋语:"独秀先生所问'仅废中国文字乎?抑并废中国言语乎?'实是根本的问题。独秀先生主张'先废汉文,且存汉语,而改用罗马字母书之'的办法,我极赞成,凡事有个进行次序。我以为中国将来应该有拼音的文字。但是文言中单音太多,决不能变成拼音文字。所以必须先用白话文字来代文言的文字;然后把白话的文字变成拼音的文字。至于将来中国的拼音字母是否即用罗马字母,这另是一个问题,我是言语学的门外汉,不配说话了。"②凡事有个进行次序,是胡适的一贯主张,而陈独秀间或为之,此为其一例。胡适"门外汉"的自谦也不过是稳妥的说法。陈独秀的暂时不温不火和胡适的不温不火还是有根本不同的。从实而论,陈独秀的革命家性情和激进做派在某种程度上还是受到了学问家胡适的牵扯和抑制的。同时,胡适学问家的性情和稳健、周全的性格又是得到了陈独秀的引导和发挥的。不然,《新青年》难成经典,陈独秀也就难以演化时尚。

话说及此,连笔者本人也与诸位一样,还是要追问究竟《新青年》上关于世界语的论争是如何收场的。据笔者的观察,《新青年》最后

---

① 陈独秀:《通信》,《新青年》4卷4号,1918年4月。
② 胡适:《通信》,《新青年》4卷4号,1918年4月。

一期讨论世界语的通信是在 1919 年 2 月 15 日出版的 6 卷 2 号上，其中有三篇涉及世界语的文章：一是热衷于世界语的钱玄同与无政府主义者黄凌霜关于《Esperanto 与现代思潮》的通信，二是黄凌霜独撰的《世界语问题》一文，三是周祜和钱玄同关于 Esperanto 的通信。至于以后《新青年》上关于语言的讨论，那都多以白话文、新文学等回归前事的形式展开继续讨论。根据《新青年》随着时代发展而讨论命题也移位变形的特点，世界语问题就此搁浅，继"易卜生专号"之后，遂被"贞操问题"、"马克思研究"、"人口问题"、"工读互助问题"、"劳动节问题"、"俄罗斯研究"等专号取而代之。而最关键的是，《新青年》5 卷 2 号上集中讨论的一次意味深长。在笔者看来，那是欲休还说的一次终结，但不知是何缘故，一直拖了近半年才结束。那次的《通信》一栏竟然有 16 人次专门就新文学和世界语展开讨论，而且都是发起者或关键人物。《新文学问题之讨论》和《论 Esperanto》都是两次出现，单单跋语就有 6 人次之多。如果说这并不是重要的议题，那么他们怎样说则至关重要。当孙国璋来信询问陈独秀作为新文学的关切者何以不置一词时，①陈独秀 8 月 6 日如此回答："诸君讨论世界语，每每出于问题自身以外，不于 Esperanto 内容价值上下评判而说闲话，闹闲气，是以鄙人不敢妄参末议也。"②闹闲气只是"不敢妄参末议"的理由之一。的确，自从《新青年》4 卷 1 号上"不另购稿"的完全同仁化以后，轮流编辑的坐庄方法让世界语的讨论已经夹杂着义气之争的成分了。胡适在 8 月 7 日紧紧跟上陈独秀的回

---

① 孙国璋来信说："独秀先生——余以六月份之《新青年》将为易卜生号，故对于通信栏之讨论，亦遂以他事暂搁。及今思之，余上次通信（载《新青年》4 卷 4 号）虽感承钱、陶（指钱玄同与陶孟和的通信讨论——引者注）两先生答书，并胡先生跋语，惟以未得先生一言，实在令吾人失望。"（《通信·论 Esperanto》，《新青年》5 卷 2 号，1918 年 8 月）

② 陈独秀：《通信·论 Esperanto》，《新青年》5 卷 2 号，1918 年 8 月。

话,他草签道:"我对于'世界语'和 Esperanto 两个问题,始终守中立的态度。但是现在孟和先生已说是'最末次之答辩',孙先生也说是'最后之答言'了。我这个中立国可以出来说一句中立话:我劝还有那几位交战团体中的人,也可以宣告这两个问题的'讨论终止'了。"①在孙国璋"最后之答言"、陶孟和"最末次之答辩"、陈独秀"不敢妄参末议"、胡适"讨论终止"之宣告后,本来可能暂告一个段落的争论可以终结,但最后的"玄同附言"似乎又带来了新的紧张:"但玄同还有一句话,几个人在《新青年》上争辩,固可不必;而对于'世界语'及 Esperanto 为学理上之讨论,仍当进行,不必讳言此问题也。"②虽然是紧张,但有陈、胡两位做主,即使再延续话题,也只能算是强弩之末了。这也是《新青年》上世界语问题逐渐终结的原因。需要进一步注意的是,陈独秀毕竟是世界语讨论的支持者,他的少说或者不说不等于没有主见和主张。事实上,他开始的提倡十分严肃,而且与钱玄同有很多共识的成分。这从他回答陶履恭(孟和)的信中可以看到他对世界语美好大同理想的向往和执著。③ 而钱玄同之所以倾力提倡,也不过是因为:"我爱我支那人的热度,自谓较今之所谓爱国诸公,尚略过之。惟其爱他,所以要替他想法,要铲除这种'昏乱'的'历史、文字、思想',不使复存于'将来子孙的心脑中',要'不长进的民族'变成了长进的民族,在二十世纪的时代,算得一个文明人。要是现在自己不去想法铲除旧文字,则这种'不长进'的'中国人种'循进化公例,必有一天要给人家'灭绝'。"④钱玄同将"历史、文字、思想"归结为"昏乱"的一体,这就是五四新文化元典在情绪上全盘反传统

---

① 胡适之:《通信·论 Esperanto》,《新青年》5 卷 2 号,1918 年 8 月。
② 钱玄同:《通信·论 Esperanto》,《新青年》5 卷 2 号,1918 年 8 月。
③ 陈独秀:《通信》,《新青年》3 卷 6 号,1917 年 8 月。
④ 钱玄同:《通信·新文学问题之讨论》,《新青年》5 卷 2 号,1918 年 8 月。

的铁证。陈独秀回答陶孟和的信也道出了一个"不敢妄参末议"者的"良心见解":"世界语之成立,非即为世界主义之实现。且世界主义未完全实现以前,世界语亦未能完全成立。然世界人类交通,无一公同语言为之互通情愫,未始非世界主义实现之一障碍。二者虽非一事,而其互为因果之点,视为同问题亦非绝无理由。"①将世界语视为世界主义的因果姊妹,自然就会有与钱玄同不二的语言诉求。只是程序和路径上稍有差异,但这并不耽误共同推进现代性演绎。钱玄同的一段话颇能代表《新青年》同仁的心声,笔者特录如下:"还有一层,同人做《新青年》的文章,不过是各本其良心见解,说几句革新铲旧的话;但是各人的大目的虽然相同,而各人所想的手段方法当然不能一致,所以彼此议论,时有异同,绝不足奇并无所设'自相矛盾'。至于玄同虽主张废灭汉文然,汉文一日未废灭即一日不可不改良。譬如一所很老很破的屋子既不可久住,自须另造新屋? 新屋未曾造成以前,居此旧屋之人自不得不将旧屋东补西修以蔽风雨? 但决不能因为旧屋既经修补,便说新屋不该另造也。"②在"旧屋"与"新屋"之间,笔者的看法是:如果画饼不能充饥,那么未免还是先吃下这块不算美味的土煎饼,等画饼成为现实后再吃也不晚。这不等于说未免不渴望画饼成为现实。只是我们人类——无论是哪一个种族的人,不可能总是活在希望或说文化的真空(既包括精神文化,也包括物质文化)中。

四、现代性与传统:历史的循环

语言文字,是知识分子安身立命之尊严的象征。也正是这个原

---

① 陈独秀:《通信》,《新青年》3卷6号,1917年8月。
② 钱玄同:《通信·新文学问题之讨论》,《新青年》5卷2号,1918年8月。

因,无论是哪一个国家或民族的知识分子对语言文字问题都十分敏感。没有语言,作为人类的我们,就找不到回家的路。在通向语言的途中,海德格尔如是说:"理性就是语言。"①尽管这是他在解释哈曼"在这一深渊上始终幽暗莫测"之语言述说时总结的,但是他关于语言的结论在笔者看来还是继洪堡特《论人类语言结构的差异及其对人类精神发展的影响》之后最为有力的论述②:"我曾把语言称为'存在之家'。语言乃是在场之庇护(Hut des Anwesens),因为在场之显露已然委诸道说之成道着的显示了。语言是存在之家,因为作为道说的语言乃是成道的方式。"③老实说,关心语言自身的本质并非笔者的专业,倒是《新青年》一代甚至几代人通过语言文字变革来跨越现代性的历史实践勾起了我的兴趣。

当"现代性的终结"、"现代性的后果"、"现代性与矛盾性"、"现代性与大屠杀"之标题纷至沓来的当口,④或许由于与20世纪世界大战的阴云相关,这些著作多出自英国学者之手,而且所说的现代性之"阴暗面"多是指20世纪军事冲突、政治上的种族歧视观念等,⑤而对民族自身内部文化开始的"断裂"关注不够。可以这样说,从语言文字出发对《新青年》启蒙与现代性的关系进行审视,乃是思想史研究的一个全新尝试。对20世纪启蒙与现代性关系的检讨,笔者已经有

---

① 海德格尔著、孙周兴译:《在通向语言的途中》,商务印书馆1997年版,第3页。
② 威廉·冯·洪堡特著、姚小平译:《论人类语言结构的差异及其对人类精神发展的影响》,商务印书馆1999年版。
③ 海德格尔著、孙周兴译:《在通向语言的途中》,商务印书馆1997年版,第229页。
④ 贾安尼·瓦蒂莫的《现代性的终结》,笔者不曾看到中译本(Gianni Vattimo, The End of Modernity, Cambridge, England: Polity, 1988),目前笔者手头上现有的论著多是中译本:《现代性与大屠杀》(鲍曼、杨渝东等译,译林出版社2002年版)、《现代性与矛盾性》(齐格蒙特·鲍曼著、邵迎生译,商务印书馆2003年版)、《现代性的后果》(安东尼·吉登斯著、田禾译,译林出版社2000年版)等。
⑤ 安东尼·吉登斯著、田禾译:《现代性的后果》,译林出版社2000年版,第8页。

一些初步成果,但从语言文字上的探讨还是属于首次。我们已经形成并认可了新文化元典启蒙运动带给我们现代文明或说现代性的观点。但究竟现代性意味着什么,从后现代历史观来看,如果单凭努力就可以将我们的偶然性转变为好运的话,那么启蒙时代的社会科学既是成功的也是失败的。阿格尼斯·赫勒可以这样描述启蒙时代的社会科学:"它们的的确确带来了自身知识,而且它们从未中止提供关于现代社会的、关于一个偶性社会的、关于众多社会中的一员——即我们的社会——的自身知识。"但齐格蒙特·鲍曼更要这样说:"然而,我们要说,如果用社会科学的抱负的那些标准来判断,这种部分成功本身就是失败。无论社会科学家做了什么,他们都没能实现自己的诺言;相反,无论是知还是不知,他们反倒实现了某些未曾许诺之事;笼统地说,他们一直是在完全提供另样东西这种虚假口实之下,带给我们一种合理的产品。"①就中国20世纪现代性的演进实际过程来看,笔者一方面不能完全用后现代性把所有"历史"都解构得一无是处的做法,但另一方面这也不是对现代性停止反思的理由。

《新青年》承载的现代性固然为20世纪中国文明的演进点燃起了激情,但站在语言文学改良的意义上谈论这个命题,总不免有些悲壮的色彩。这个悲壮是时代精神的体现,也是民族精神的弘扬,但其精神深处又充满着无法排遣的历史悲情。

中国新文学元典的诞生出自《新青年》。陈独秀们,作为主掌新文化元典《新青年》的一代思想先驱,他们将自己熟悉的工具——语言文字——做了超负荷的尽情发挥。生命有不能承受之轻,也有不能承受之重。当文学陶冶性情的作用在充满激情的启蒙者眼中化为

---

① 齐格蒙特·鲍曼著、邵迎生译:《现代性与矛盾性》,商务印书馆2003年版,第349页。

惊天动地的政治功能时:"洒一滴墨,使天地改观,山河易色者,文豪之本领也。"①当文人学士都充当了英雄好汉并担当义举时,②悲壮的文学理论会异军突起。当新文学向旧文学告别,并以"言志"与传统的"载道"划清界限时,殊不知,周作人这样被新文学领路人引为自豪和得意的作家,也会在自我新旧分离的自我标榜中走向回归之途。这正如同孙福熙评论周作人《中国新文学的源流》中所预言的那样:"周先生把历来的文学分为'载道'与'言志'两种主张,依时代而互为消张。新文学的产生重在'言志',是必然的;而将来的趋势必得于人生和社会有好处的才行,而这样又是'载道'的了。"③其实,这何止是"将来"才有,新文学诞生的那一天起就孕育于母胎之中矣。对此,胡适与周作人的弟子任访秋在事后多年也认为周先生"提出几千年来的中国文学,乃是在'言志'与'载道'两派互相消长的看法""值得商榷"。④ 近来,任访秋先生的弟子关爱和撰文同样为新旧文学之争中的"新"方辩护:"1920年,北洋政府教育部终于颁布命令,要求国民学校一二年级的国文,从本秋季起,一律改用白话。在白话文成为法定国语的同时,白话文学也取得长足的进展,新文学运动如初出夔门的长江,汹涌澎湃,一泻千里。"⑤在他们学理、观点不尽相同并步步逼近的同时,他们却在一条直线上达成共识:白话文"历史"的势不可挡与文言文"时代"的必然终结。

也许,这正是我们文化社会学对《新青年》语言文学革命反思的理由。

---

① 《李大钊文集》(上),人民出版社1984年版,第70—71页。
② 三爱(陈独秀):《黑天国》,《安徽俗话报》第12期,1905年。
③ 周作人:《中国新文学的源流》,华东师范大学出版社1995年版,第92页。
④ 任访秋:《中国新文学的渊源·自序》,河南人民出版社1986年版。
⑤ 关爱和:《二十世纪文学变革中的新旧之争》,《文学评论》2004年第4期。

第三章　启蒙的偏至(上)："内圣外王"与新文化元典思维模式的确立

如果说《新青年》作为现代中国新文化元典而搭建了一个启蒙的思想平台以及思想家表演的思想舞台，那么我们说围绕着《新青年》的一批激进主义五四同仁则是搭建了一个无意识的启蒙斜塔；同时紧紧缠绕着他们的那些现代与传统、东方与西方、新与旧命题的争论又使得他们都是在戴着镣铐跳舞。解读《新青年》从创刊号到停刊的系列文章，我们要说的是：以伦理道德为指归的现代性取向，必然导致中国式道德形而上主义的意识形态。这也是中国近现代启蒙的宿命。

一、中华文化元典精神与士人情怀

关于中华文化精神，当代哲学家、思想家、历史学家有一个共识——内圣外王之道。冯友兰先生在一篇关于中国哲学精神的文章中开篇就说："在中国哲学中，无论哪一派哪一家，都自以为讲'内圣外王之道'。"他在最后的结论中对"内圣外王之道"说得更为透彻："所以圣人，专凭其是圣人，最宜于作王。如果圣人最宜于作王，而哲学所讲的又是使人成为圣人之道，所以哲学所讲的就是内圣外王之道。"[①]这

---

① 冯友兰：《中国哲学之精神》，《新原道》，载冯友兰：《三松堂全集》第5卷，河南人民出版社1988年版，第127页。

是对"内圣外王之道"之内圣与外王逻辑关系最通俗的解释。孔子虽然不是概括这一关系的首创者,但他的论述无疑是经典的文本:"古之欲明明德于天下者,先治其国。欲治其国者,先齐其家。欲齐其家者,先修其身。欲修其身者,先正其心。欲正其心者,先诚其意。欲诚其意者,先致其知。致知在格物。物格而后知至,知至而后意诚,意诚而后心正,心正而后身修,身修而后家齐,家齐而后国治,国治而后天下平。自天子以至庶人,壹是皆以修身为本。"①无论将其归结为政治哲学还是将其说成是社会理想,孔子由"圣人"而为"圣王"的士人情结还是清晰可见的。中国传统士大夫的情怀以及后来的知识分子情结无不是这位老夫子点化的结果。

其实,在中国传统的文化元典中,不但主张入世的儒家讲内圣外王之道,就是那遁世、出世的道家与释家也九九归一。例如庄子就是最早将这个思维模式集大成者。他说:

> 天下之治方术者多矣,皆以其有为不可加矣。古之所谓道术者,果恶乎在?曰:"无乎不在。"曰:"神何由降?明何由出?"曰:"圣有所生,王有所成,皆原于一。"……其在于《诗》、《书》、《礼》、《乐》者,邹鲁之士,缙绅先生多能明之。……其数散于天下而设于中国者,百家之学时或称而道之。天下大乱,贤圣不明,道德不一,天下多得一察焉以自好。譬如耳目口鼻,皆有所明,不能相通。犹百家众技也,皆有所长,时有所用。虽然,不该不徧,一曲之士也。判天地之美,析万物之理,察古人之全,寡能备于天地之美,称神明之容。是故内圣外王之道,暗而不明,郁

---

① 《礼记·大学》。

而不发,天下之人各为其所欲焉以自为方。悲夫! 百家往而不反,必不合矣! 后世之学者,不幸不见天地之纯,古人之大体,道术将为天下裂。①

"内圣外王之道"由此而来。应该看到,从中华文化元典衍发而来的"内圣外王"哲学精神构成了传统文化的厚重心理积淀,也是中国文化史、学术史、思想史、哲学史上一个绵延不断的精神主题和主体。在中华文明几千年的发展史上,无论每一个时代的精神状态如何,内圣外王的经世理想却是士人的不变情怀。尽管从中国现代性的演进来看中华元典中的这一底蕴应该走"内圣归内圣,外王归外王"的分离道路,②但是由于中国士人的经世思维模式是在一个伦理政治环境中产生的,所以尽管经世元典有着两个基本的走向——"内圣"与"外王",但是除却在两个基本点上有着不同程度的倾斜或倚重,传统士大夫那入世、经世的情怀还是坚若磐石的。这一雷打不动的"外王"思想靠什么呢? 无非是内圣。反过来,内圣的意义或说落脚点在什么地方呢? 还是离不开事功、离不开外王。在中国历史上注重因或果无关紧要,关键是谁也不曾理性地思考过这"内外"之别。不过,鉴于这是政治思想史研究畛域中一个非常关键的命题,这里有必要指出的是,这一"内圣外王之道"颇似西方政治哲学思想史上个人与社会、自我与他者、个体与群体的对应关系。看看《论语》中的问答就可以明白一二了:"子路问君子。子曰:'修己以敬。'曰:'如斯而已乎?'曰:'修己以安人。'曰:'如斯而已乎?'曰:'修己以安百姓。修

---

① 《庄子·杂篇·天下》。
② 范亚峰:《内圣归内圣,外王归外王——自由主义与儒家传统初论》,《原道》(第7辑),贵州人民出版社 2002 年 7 月版。

己以安百姓,尧舜其犹病诸!'"①冯天瑜先生一语道破其中的政治哲学底蕴:"修己与安人、修己与安百姓相贯通。"②

"内圣外王之道"就是这样一种代代相传的体系:"中华元典的'伦理—政治'型学说体系,包括内在的认定主观伦理修养论和外在的客观的政治论这样两个彼此联系着的组成部分,前者被儒家发展为'仁'学,或'内圣'之学;后者被儒家发展为'礼'学,或'外王'之学。在孔子那里,这两个侧面还浑然统一在一个体系内,他主张'学人事'的'下学'与'达天命'的'上达'彼此系于一线,'下学而上达',不应相互割裂。"③往上追溯,还可以看到熊十力、梁启超的认同。熊十力先生这样说:"君子尊其身,而内外交修,格、致、正、诚,内修之目也。齐、治、平,外修之目也。国家天下,皆吾一身,故齐、治、平皆修身之事。小人不知其身之大而无外也,则私其七尺以为身,而内外交修之功,皆所废而弗讲,圣学亡,人道熄矣。"④熊先生是根据《大学》中以修身为本,以格物、致知、正心、诚意为内功,齐家、治国、平天下为"外功"来尝试"内外"关系的。而他的前辈,也是近代著名的启蒙思想家梁启超则更为精要的把中国政治哲学精神给抖露了出来:"'内圣外王之道'一语包举中国学术之全体,其旨归在于内足以资修养而外足以经世。"⑤练就了"足以资修养"的内功,再去外化"足以经世"的"外功",这就是新文化元典问世以前的基本思想线索。

站在启蒙思想史的视角去审视中国近代政治理念的发生与发展,近代以来尤其戊戌变法以后,无论是学问家、思想家还是政治家、革命家,他们都曾力图超越"内圣外王之道"的窠臼的制约。如同我

---

① 《论语·宪问》
②③ 冯天瑜:《中华元典精神》,上海人民出版社1994年版,第269页。
④ 熊十力:《读经示要》,台北乐天出版社1973年版,第48—49页。
⑤ 梁启超:《论语考释·庄子天下篇释义》。

们看到的那样,他们不约而同地在"内圣"与"外王"的剥离以及必要的张力上下工夫。严复的"群"与"己"的权限界定,梁启超的"个人自由"与"集体自由",孙中山的"个体自由"与"国家自由",都不同程度地涉及了这一命题。遗憾的是,他们也都殊途同归地走了一条由超越到回归的道路,最终皆以伦理上的"个人"为"永恒真理服务"、"为公众幸福不惜一死"所淹没和终结。这也正是五四一代先驱者不惜一切代价,决意跳出过去的掌心而孤注一掷的根本原因。他们采取的"取一否一"、"不塞不流"、"不止不行"的"打倒"、"决裂"激进方式实在是出于对传统根深蒂固的思想情结的嫉恨心理。凡此种种,在启蒙者和士大夫这些所谓的新旧知识分子之间,不过是名词的转换,他们有着千年一线牵的传统,那就是"铁肩担道义"和"内圣外王"的打通与转化:修身、齐家、治国、平天下。1915年9月创刊的《青年杂志》(《新青年》)就是这样应运而生的文化启蒙读本。

二、近代文化启蒙与中国古典传统

《新青年》的缔造者在总结近代以来历史先驱的启蒙经验以及个人社会实践的基础上,开始策划了一轮全新的启蒙。那么,究竟该从哪里下手呢?就社会学意义上的文化划分来看,文化有硬文化与软文化之分。按照"文化堕距"理论,当两种文化发生冲突时,最容易发生变化的是硬文化,依此类推,一个民族最难改变的当是心理积淀最厚的部分。这也是最稀软的部分,如思维方式等。[①] 尽管《新青年》的创刊者陈独秀当时并不了解这么多社会学理论,但是他对历史的观察和现实的体认却是击中了要害。

---

① 郑杭生:《社会学概论新修》,中国人民大学出版社2003年版。

就历史的经验而言,陈独秀将视野放眼到明朝中叶,并将中西文化冲突以及国人觉醒的过程分为"七期":一是明之中叶的"西教西器"时期;二是清之初世的"火器历法"时期;三是清之中世的"洋务西学"时期;四是清之末季的"康梁诸人"谋求变法时期;五是民国初元的"民主共和君主立宪之讨论"时期;六是辛亥革命以后的"共和国体"时期;而最后的第七期,也是最为关键的一个时期则是众望所归的"待吾人最后之觉悟"。陈独秀说:"此谓之第七期——民国宪法实行时代。今兹之役,可谓为新旧思潮之大激战。浅见者咸以吾人最后之觉悟期之,而不知尚难实现也。何以言之?今之所谓共和所谓立宪者,乃少数政党之主张,多数国民不见有若何切身利害之感而有所取舍也。盖多数人之觉悟,少数人可为先导,而不可为代庖。共和立宪之大业,少数人可主张,而未可实现。人类进化,恒有轨辙可寻。故予于今兹之战役,固不容怀悲观而取卑劣之消极态度,复不敢怀乐观而谓可踌躇满志也。故吾曰:此等政治根本解决问题,不得不待诸第七期吾人最后之觉悟。"①就陈独秀个人上面的历史观察和个人体认来看,他有作为启蒙思想家的几个方面的睿智:一是他认为"今兹之役"是中国自有中西文化冲突最为激烈的一次,"可谓为新旧思潮之大激战";二是他认定了国人觉悟之重要与艰难;三是他保持了一种启蒙理性的哲人态度,既反对"鲁莽的乐观"又防范"轻率的绝望",②用陈独秀的话即是,"不容怀悲观而取卑劣之消极态度,复不敢怀乐观而谓可踌躇满志"。而这里我们反思《新青年》前后启蒙与现代性的关系,根本的问题还是要问:觉悟的落脚点究竟应该怎样着陆?用伦理的价值尺度能够根除伦理中心主义的底座吗?如果我们

---

① 陈独秀:《吾人最后之觉悟》,《青年杂志》1卷6号,1916年2月。
② 汉娜·鄂兰著、林骧华译:《极权主义的起源》,时报文化出版公司1995年版,第2页。

这样以牙还牙,我们会不会落入以暴易暴的思维模式呢?

还是让我们从《新青年》之前的两个对其产生过直接影响的刊物《新民论丛》和《甲寅》说起。如同我们上面所提前预支的一样,近代以来的中国文化启蒙,如果说是在传统基础上的创造性转化的话,那么其基础则是伦理中心的泛道德主义,其创造则是用现代的新型的伦理道德来填充要反对(打倒)的陈旧的道德伦理。① 也恰恰在这里,我们看到,从传统伦理中心主义、泛道德主义走出来的知识分子万变不离其宗,总是逃脱不了历史赋予的使命,以"内圣"的修养、良知、道德作后盾勖勉自己同时也不断拔高自己走向"外王",以拯救天下的情结担负起沉重的社会责任。

胡适在20年代表述过的"只有三个杂志可以代表三个时代"并不包括《甲寅》杂志,②但笔者却以为它对《新青年》的崛起举足轻重。撇开戊戌变法之前的启蒙思想史,与我们本题相关的链接则是《新民丛报》、《甲寅》以及后来改名的《青年杂志》;再撇开胡适的成见,他至少再现了一个世人公认的历史真实:《时务报》、《新民丛报》、《民报》、《甲寅》和《新青年》曾经是戊戌变法前后在中国启蒙思想界有着重要影响的舆论刊物,《新民丛报》、《甲寅》与《青年杂志》却是影响20世纪初年的关键期刊;最后撇开胡适自我之见的"三个时代"划分,至少前两个期刊对后一个期刊的诞生起到了关键作用。

首先让我们截取20世纪初年以梁启超主笔的《新民丛报》作为具有代表性的考察个案。对于影响了几代人的梁启超来说,他是以"新民"思想起家的:"欲维新我国,当先维新我民。"戊戌变法的"时务"过去之后,梁启超由"实务"(外王、助王)转向相对纯粹的思想评

---

① 张宝明:《超越与回归:近代文化启蒙与中国古典传统》,《社会科学研究》2004年第1期。
② 胡适:《致高一涵等四人关于〈努力周刊〉的停刊信》,1923年10月9日。

论("内圣")。1902年2月8日,梁启超在日本横滨创办《新民丛报》,并以"中国之新民"的笔名发表了他振聋发聩的长篇政论文《新民说》。他极力鼓吹"新民为今日第一急务"。《新民丛报》是梁启超主编的第三种杂志,出版后好评如潮。梁启超自己就曾这样说:"自是启超复专以宣传为业,为《新民丛报》、《新小说》等诸杂志,畅其旨义,国人竞喜读之,清廷虽严禁不能遏。每一册出,内地翻刻本辄十数。二十年来学子之思想,颇蒙其影响。"①《新青年》除了与《新民丛报》的"新民说"有宣传上的共同之处外,其中隐含的启蒙逻辑——由"立人"而"立国"的思想如出一辙。我们看到无论是论"自由"、"进步"、"保守",还是论"利群"、"独立"、"奴隶",他都是从道德和伦理视角出发的。在他看来,进步、自由、利群就是道德的,而"奴隶"、"保守"、"私己"等则是不道德的。将其关于道德不道德的新旧启蒙观念予以剥离不难看出,他与严复"鼓民力"、"开民智"、"新民德"的启蒙内核前呼后应。在严复看来,"生民之大要三,而强弱存亡莫不视此。一曰血气体力之强,二曰聪明智虑之强,三曰德行仁义之强。是以西洋观化言治之家,莫不以民力民智民德三者断民种之高下。……至于发政施令之间,要其所归,皆以民之力智德三者为准的。"②梁启超企图"发明一种新道德"来改造国人。在《论私德》一文中,他特别指出正本、慎独、谨小三项。③ 在《论公德》中,他说:"道德之本体一而已,但其发表于外,则公私之名立焉。人人独善其身者谓之私德,人人相善其群者谓之公德,二者皆人生所不可缺之具也。无私德则不能立,合无量数卑污虚伪残忍愚懦之人,无以为国也;无公德则不能

---

① 梁启超:《清代学术概论》,上海古籍出版社1998年版。
② 严复:《原强》,载《严复集》,中华书局1986年版。
③ 梁启超:《论私德》,《新民丛报》1903年10月4日。

团,虽有无量数束身自好、廉谨良愿之人,仍无以为国也。"①

不难看出,无论是讲公德还是谈私德,无论是论"阳明学"还是讲道德哲学,无论是设计新理想还是建设新国家,梁启超立足的《新民丛报》都是在从道德本体上寻求突破点。一方面,他的重视个人道德方面的根本改造,与儒家传统尤其是宋明理学的修身"自得"的精神是一脉相承的;另一方面,其"私德公德本为一体"、"群己"(与严复"群己权界"相似)平衡的理念也无非是中国传统"修齐治平"理想的翻版。一个现代知识分子的良知充分表现在决意解决"兼内外"、讲"公私"上。他和严复一样,在报刊上一而再、再而三的"德智力"启蒙诉求,其实是从传统的内在道德与外在事功上的因果关系转换到了新道德与新政治的统一逻辑。梁启超所强调的"德"就是西方伦理学上的个人主义"智",就是新的科学知识、西方的民主政治思想。即是后来他一再述说的"内竞"与"外竞"中的民族主义思想,最终的落脚点还是以"新民"之健全人格的养成为平台。在梁启超那里,即使是"国性"也只能基于个体"全人格的觉悟",也只能由"个性"自由程度的积淀合成。② 在某种意义上说,一个"新内圣外王主义"的模式已经隐含着,只是到了《新青年》时期更为典型而已。

接着,让我们再来回眸一下《甲寅》这个具有划时代意义的文本。在我看来,《甲寅》的意义在于它对《青年杂志》的创刊起到了直接的催化作用,而且读者非常认可这个在辛亥革命以后、民主共和成为梦想之际杂志主办者的锐气和思想锋芒。分析这个文本的关键意义还在于,它是一个非常典型的鼓吹宪政和法治的政治哲学刊物。它在时间上介于《新民丛报》和《青年杂志》之间,在创刊宗旨上也与相对

---

① 梁启超:《论公德》,《新民丛报》1902年3月10日。
② 梁启超:《中国道德之大原》,载《国性与民德——梁启超文选》,上海远东出版社1995年版,第127页。

纯粹的两个思想文化刊物有所区别。

1914年5月10日,《甲寅》在日本东京创刊。如果说《新民丛报》是戊戌变法失败后流亡东瀛的知识分子的心声,那么,《甲寅》则是二次革命失败后知识分子思想的钟磬。时代背景十分简单,支持二次革命的进步人士无论在党还是非党都在通缉、追捕之列。当《中华民国临时约法》被演变为"袁记约法"后,在某种意义上,《甲寅》就是一份反对袁世凯称帝独裁的宣言文本。以章士钊为主笔,李大钊、高一涵、陈独秀为助理的《甲寅》曾经是空谷足音,其政论以"朴实说理"见长,在平静、冷静的娓娓道来中透射着思想的魅力,非一般漫骂、攻讦类报刊所能比拟。一位名为王醒侬的读者曾写信给《青年杂志》赞誉说:"甲寅说理精辟,其真直为当世独一无偶。昔被查禁,今出版与否,尚不可知? 甲寅续出,甲寅之真直固在,独惜吾辈青年,失此慈母也。继续之任,不得不望于大志负之。"① 把《甲寅》比作哺育青年的慈母,不可不谓其情真意切。这里我们关心的是,就是这样一个以严格理性说理的刊物,其思想主旨又在什么地方呢?

章士钊,一个谙熟社会政治哲学的启蒙学者,他最为拿手的是对政治模式和本质的分析判断。他对专制的批判以及对共和、民主、法治、宪政的提倡,无不是在阐述法理政治的观念。国家是什么? 政府是什么? 宪法和它们的关系又如何? 政治的本质又是什么? 这里都是《甲寅》的主编也是主笔论证的焦点。面对近现代之交的中国,章士钊走的是一条与《新民丛报》和《新青年》重点探讨的由"立人"而"立国"的政治逻辑不同的路径,虽然他清楚"民"与"国"的关系,但是他更愿意在"立国"本体论上下工夫。在近代以办杂志闻名的三位启蒙思想家梁启超、章士钊、陈独秀中,章士钊的法治启蒙精神和立国

---

① 王醒侬:《通信》,《新青年》2卷2号,1916年10月。

理念则抓住了根本。相对而言,他的道德启蒙和伦理中心色彩要比其他两位淡薄些。他在《自觉》中曾对传统的"国家与君主之观念全然未明"源于"隆礼义"进行过剖析,也对伦理至上进行过说理性批判。请看:"公尔忘私之说者也……伦理心理之间,有至难解决之问题,一位之梗。国之废兴存亡,亘数千年,中间命世之英,无虑数百,知言之圣,亦亦且迭兴,类皆略心理潜滋之势,而崇伦理矜持之义,举世习焉而不敢以为非。既不敢以为非,而又无法通其欲,公私不得其平,弛张一无所当,而国家根本问题,坐是无由了处,而真正之和平幸福,举冥冥堕坏于名分经制诗书礼义之中。"①这样的国民不觉悟,固然令人心急如焚。但是章士钊在《甲寅》中却时转笔锋,他在"人是政治之动物"和"人是伦理之动物"两个同为正确推理的判断中选择了前者。章士钊在创刊号上开宗明义,他这样解释政本:"为政有本,本何在?曰在有容。何谓有容?曰不好恶异。"②进一步说,这就是章士钊一贯倡导的"调和立国论"的核心。针对辛亥革命以后最激进和最保守的敌对,也是对一次又一次流血、镇压的痛心,章士钊立意要改变政治上只有对抗、抵恶、"抵力"的格局。他说:"抑调和者两让之谓也。前言吾国共和,不能筑于调和之上,有两原则之梗焉,一曰大权总揽主义,一曰共和建设主义,是宜双方并议,而讲其所为调融和合之方。"③道德至上,是一种新形而上的范畴;调和论的政治观念则是一种形而下的实践观。与梁启超等启蒙思想家的作为相比,章士钊的操作性历历可见。不过,正是这位远离抽象的朴实说理的决意实践操作者在法政理念的启蒙上还是要求诸道德的制衡。章士钊的"两让"也蕴涵着传统文化中"忍"(隐忍)、"容"(有容乃大)、"让"(谦

---

① 章士钊:《自觉》,《甲寅》1卷3号,1914年7月。
② 章士钊:《政本》,《甲寅》1卷1号,1914年5月。
③ 章士钊:《调和立国论》,《甲寅》1卷4号,1914年11月。

让)等道德因素。他在《政治与社会》中的一段话颇能说明问题:"愚闻调和生于相抵,成于相让,无抵力不足以言调和,无让德不足以言调和。"①始于"抵力",成于"让德",而且最终是"抵力"与"调和"相互统一。究其实质,"让德"是一种内在的涵养;"抵力"则一种外在的张力。这仿佛又回到了我们上文所说的"内圣"与"外王"的统一思维模式。固然,我们也可以说章士钊在一定程度上也有传统的影响因子作祟,但这里还有两点值得注意:一是传统的"内圣外王"是一种因果关系,而具有现代性的"调和论"的"抵力"和"让德"之间不存在必然的因果关系;二是传统的"内圣外王"先"内圣"然后才能"外王",但现代的"调和论"则是先有"抵力"再有"让德"。因此,我们可以说《甲寅》在"内圣"上回归传统道路,而在"外王"上却面向西方的法治理念。关键在于,它在走向现代性的道路上以政治实践的"下"压倒了具有传统抽象性的"上"。正是在这个意义上说,《新青年》曾经受到过两个杂志具有的两种传统的影响:一是道德启蒙,一是法治启蒙。如果两者"并立而竞进",②应该说如"舟车之两轮",相得益彰;否则,只要以传统的模式来"旧瓶装新酒",我们所谓的那神圣的启蒙很快就会在偏执中走向自己的反面甚至掉进自己设置的陷阱。

三、《新青年》:在《新民丛报》与《甲寅》之间

本来,从传承关系来看,本部分应该是"之后"而非"之间"。但从《新青年》文本自身的状况来看,作为启蒙文本提供给我们的"吊诡"比"觉悟"还多;而且这个吊诡在我看来,介于两个杂志之间,而且是

---

① 章士钊:《政治与社会》,《甲寅》2卷6号,1915年6月。
② 陈独秀:《答俞颂华》,《新青年》3卷1号,1917年3月。

在传承和借鉴两个杂志各自显著思想特征时生成的。

《新民丛报》对《新青年》的影响主要表现在两个方面:第一是对"新"的国民的诉求,无论是"民"还是"青年",它们都是主笔所要塑造的、带有强烈工具色彩、为外在事功所需要的"觉悟型"人才;第二是它们对启蒙的逻辑都有一个"人"与"国"的设计。在两位主笔看来,个人新人格相加,会导致一个新型国家的诞生。其实,这两个侧面又是一而二、二而一的事情。《新青年》和《新民丛报》的一个共同主旨是:救国必须从伦理道德上解决问题。它们更重视"内圣"——从伦理思想、道德文化启蒙的视角出发回应现实。回眸历史,他们打造的"新民""新青年"诸君无非就是新型"圣人"。以两位主编的口吻来看,他们的舆论导向总是以指点江山、激扬文字的气势出现。启蒙思想家的角色使他们不约而同地设计了"国民性"改造的方案。撇开国民性能不能改造不论,他们的改造总是以国民素质太低而告终。在中断的同时也就把超负荷的历史使命自然移交给了下一代。

梁启超认为:"苟有新民,何患无新制度,无新政府,无新国家。"①陈独秀则反复强调:"集人成国,个人之人格高,斯国家之人格亦高;个人之权巩固,斯国家之权亦巩固。"②具体到逻辑关系,梁启超认为:"政府之与人民,犹寒暑表之与空气也。"③带着辛亥革命的教训,陈独秀也深沉起来:"人民程度与政治之进化,乃互为因果,未可徒责一方也。多数人民程度去共和过远,则共和政体固万无成立之理由。"④在两代先驱看来,一个国家政治文明的实现必须让多数国民都觉悟起来、热心政治,至少不能让国民"以为干预政治,非分内

---

① 梁启超:《论新民为今日中国第一急务》,《新民丛报》1902年2月8日。
② 陈独秀:《一九一六年》,《青年杂志》1卷5号,1916年1月。
③ 梁启超:《论公德》,《新民丛报》1902年3月10日。
④ 陈独秀:《答常乃德》,《新青年》3卷6号,1917年4月。

之事;国政变迁,悉委诸政府及党人之手;自身取中立态度,若观对岸之火"。① 于是,一个以伦理觉悟包办价值观念、政治热情取代个性独立的启蒙时代已经到来。通过个人自觉、醒悟、觉悟来实现政治理想是梁启超和陈独秀所领衔的20世纪初两次启蒙运动的共同特点。我们看到,梁启超在《新民说》中不只一次地强调"民德、民智、民力",而且对严复的"鼓民力"、"开民智"、"新民德"做了调整,将"德"置于文化启蒙的首位。《新民丛报》的《释新民之义》说:"民德、民智、民力,实为政治、学术、技艺之大原。"②这就为《新青年》"德智体"的思想基线埋下了伏笔。③ 尽管陈独秀认为三者难为伯仲,但他对"德育"的器重还是有目共睹的。

的确,梁启超的道德关怀足以用伦理的"群"将政治意义上的"己"打得落花流水。在《新民说》中,他对"公德"与"私德"的言说不遗余力,而且其道德注解仍然更偏向于"利群"。《新青年》创刊宣言"以辅导青年修养为天职"已经将其伦理中心主义思想暴露无遗。

《新民丛报》对《新青年》的影响,在很大程度上是思想性的、间接的,这个间接是说"新民"和"新青年"属于两代人,而不像"甲寅"一族和"新青年"基本属于同代人。所谓思想性是指内容、思维的衔接,而非直接在形式、栏目、人员等关系上发生对接,《甲寅》对《新青年》的影响属于后者。陈独秀曾这样说述《新民丛报》主笔对自己的影响:"(读)梁任公之文章,始恍然于域外之政教学术,粲然可观,茅塞顿开,觉昨非而今是。吾辈今日得稍有世界知识。其源泉乃康梁二先生之赐。是二先生维新觉世之功。吾国近代文明史所应大书特书者

---

① 陈独秀:《吾人最后之觉悟》,《青年杂志》1卷6号,1916年2月。
② 梁启超:《释新民之义》,《新民丛报》1902年2月8日。
③ 陈独秀:《答程师葛》,载《陈独秀文章选编》(上),三联书店1984年版。

矣。厥后,任公先生且学且教。贡献于国人者不少。"①胡适无论是在上海公学,还是在美国留学都是梁启超的忠实追随者。他曾颇有感慨地回忆说自己"受了梁先生无穷的恩惠":"梁任公为吾国革命第一大的功臣……去年武汉革命,所以能一举而全国各大学响应者,民族思想入人已深,故势如破竹耳。使无梁氏之笔,虽有百十孙中山黄克强,岂能成功如此之速耶!"②对思想舆论之力的认同使他很快与同乡陈独秀一拍即合。为此学界有人这样评述《新民丛报》与《新青年》的前后承继关系说:"从戊戌变法以后,直至五四运动,这二十年间,梁氏始终站在中国思想界最高地位。他的事业当然远不及孙中山之伟大,但其在思想上之成就,无有一人可以比拟;尤以光绪二十六年办《新民丛报》起,至辛亥革命的十年间,是梁启超的黄金时代。当时适当科举程序改变,一班应考的秀才童生,骤然失了向来的揣摩工具,《新民丛报》就变成了他们的'小题文库''三山合稿',政府尽管禁止,国内却是畅销无滞,梁氏遂成了全国青年知识分子崇拜的偶像。他的主要著作《新民说》,成了新时代的圣经,他的《中国魂》,成了知识分子与青年必读之经典,梁氏在中国思想界的权威,直至五四运动时,才由陈仲甫阵起而接替。"③众所周知,《新民丛报》和《新青年》都是以反孔为中心的启蒙杂志,也正是在这个意义上我们可以进一步确认《新青年》是接受了《新民丛报》的"内圣"思想路径。

就《甲寅》的情况看,我们可以找到其中很多"直接对接"的成分。首先,就《新青年》主笔和撰稿同仁的分布情况看,几乎是原班人马。除章士钊外,李大钊、陈独秀、胡适、易白沙、高一涵、张东荪、李剑农、

---

① 陈独秀:《驳康有为致总统总理书》,《新青年》2卷2号,1916年10月。
② 胡适:《胡适日记全编》,安徽教育出版社2001年版。
③ 陈端志:《五四运动之史小的评价》,《民国丛书》(第3编第65册),上海书店1994年版,第170—171页。

他们分别是前后两个杂志的骨干。其次,两个杂志除却作者是直接的位移或说"跳槽",就是杂志的栏目设置也非常相像。"时评"、"政论"、"诗"、"通信"、"译介"等。不过,《甲寅》虽然非孔、论德,但其重点却是在国体、政体、宪政的操作层面上做文章。《新青年》上发表的一系列诸如《宪法与孔教》、《孔子之道与现代生活》等文章显然具有《甲寅》遗风。对此,我们还可以从《新青年》上的"编读往来"中窥见一斑。贵阳一青年读者在来信中说:"惟甲寅多输入政法之常识,阐明正确之学理,青年辈受惠匪细。然近以国体问题,竟被查禁。而一般爱读该志者之脑海中,殆为饷源中绝(边远省份之人久未读该志矣),饥饿特甚,良可惜也。今幸大志出版,而前之爱读《甲寅》者,忽有久旱逢甘霖之快感,谓大志实代甲寅而作也。"①安徽省立第三中学学生余元浚也写信慷慨陈词说:"前秋桐先生之甲寅出版、仆尝购而读之、奉为圭臬,以为中华民国之言论界中首当为屈一指。不谓出仅十册、而秋桐先生遽以国事故、不克分身及此、仆当时为不欢者累月。然不料继甲寅而起者,乃有先生之新青年。新青年仆于今岁始得而读之,乃知为青年杂志之改名。但不识彼时先生亦主任该志否。若然,则仆弃此不读,而终日为无谓之欷嘘,仆之运亦诚啬矣。先生之言论风采,曾于甲寅见其一斑,其为一般人士所公认者,似不劳仆再为赞誉。"②由此可见《甲寅》与《新青年》的风格与传承关系在读者心目中的认可程度。如上所述,《甲寅》已经在"内圣外王"道路上有所超越,《新青年》上陈独秀们对孔教的批判,对传统旧文化、旧伦理、旧文学、旧道德的否定,尤其是对民主、宪法、共和思想的倡导也正是在前者启迪下的继续打造。尤其是对社会现实问题、对目前政治问

---

① 贵阳读者:《通信》,《新青年》2卷1号,1916年9月。
② 余元浚:《通信》,《新青年》3卷3号,1917年5月。

题等"问题意识"的突出,譬如国体问题、"爱国还是不爱"问题、"政党政治还是庶民政治"问题、"和平议会"问题等等,这些都是对《甲寅》"平民政治"、"国家与责任"、"国家与我"、"说宪"等问题的延续和发展。不过有一点需要特别说明,无论是《新民丛报》中的梁启超主倡的"调和"精神,还是《甲寅》中的章士钊主导的"调和立国论",《新青年》很是不愿就范。陈独秀完全是以不容调和的精神气质主导《新青年》,因此在"民主"、"法治"、"宪政"的概念下掩盖的却是一种极端、偏执、不破不立、"不塞不流"、"不止不行"的一元论传统思维模式。这也是他在"新青年"、"新文化"、"新道德"、"新社会"等一系列"新"字招牌下仍然走向传统窠臼——"内圣外王主义"的心理条件。①

四、在"政治的觉悟"与"伦理的觉悟"之间

要避免学术论证的隔靴搔痒,就必须深入到文化元典这一文本

---

① 众所周知,李大钊是从《甲寅》位移到《新青年》的撰稿中坚。就李大钊的"调和"思想而言,他不仅在文化创新方案上如此,在政治立国方案上也是如此。其在《新青年》上发表的《青年与老人》一文就充分体现了他思想的一贯性和连续性。该文总结说:"吾国现代之老人,以其于青年时代既无相当之修养,一臻耄耋之年,辄皆呻吟展转于病榻之间,投足举手,尚待青年之扶持,其知力之固陋亦几不识今日之世界为汉唐何代。青年而欲与之协力,与之调和,殊为至难。吾人惟有怜之惜之,以奉养之,此外无所希望于彼等。吾惟盼吾新中国之新青年,速起而耸起双肩,负起再造国家民族之责任。即由青年以迄耄老,一息尚存,勿怠其努力,勿荒其修养。期于青年时代为一好青年,即老人时代为一好老人。勿令后之青年怜惜今之青年,亦如今之青年怜惜今之老人也。"就李大钊的思想言论自身的价值而言,在今天看来完全是文化与政治文明进程中必然的历史选择。但作为主撰、主编、主导的陈独秀还是要"画蛇添足"地评议道:"李君此文,引弥尔、古里天森二氏言,以明社会所能进步保守之量,义极精确;劝戒青年不可轻蔑老人,愚亦以为有至理。惟吾青年对于李君之教言,不得不有二种感想:其一则吾国社会,自古保守之量过于进步,今之立言者,其轻重宜慎所择。其一则此时国人之年龄与知力为反比例,倘由知力之深浅而判崇卑,则吾国之老人,当敬礼少壮。愚甚望现时诸老人其勿误会李君立论之旨,真自以为于社会文明之进步已有何德何崇、何功应报也。值之李君,以为然否?"(李大钊:《青年与老人》,《新青年》3卷2号,1917年4月1日)

的创刊宗旨上去。《新青年》的创刊号乃为其前身《青年杂志》。正如我们看到的那样,《新青年》一开始就存在着政治与伦理的吊诡。

1915年9月15日,《青年杂志》由群益书社套红印行。前3期连登《社告》,头版头条头句便是:"国势陵夷,道衰学弊。后来责任,端在青年。本志之作,益欲与青年诸君商榷将来所以修身治国之道。"在《社告》之后的首文《敬告青年》中也是一种营造青年精神气质的口吻。他开门见山道:"窃以少年老成,中国称人之语也;年长而勿衰(Keep young while growing old),英美人相助之辞也。此亦东西民族涉想不同现象趋异之一端欤?青年如初春,如朝日,如百卉之萌动,如利刃之新发于硎,人生最可宝贵之时期也。青年之于社会,犹新鲜活泼细胞之在人身。新陈代谢陈腐朽败者,无时不在天然淘汰之途。与新鲜活泼者,以空间之位置及时间之生命。人身遵新陈代谢之道,则健康;陈腐朽败之细胞充塞人身,则人身死;社会遵新陈代谢之道,则隆盛;陈腐朽败之分子充塞社会,则社会亡。"① 不难看出,"新青年"要的是青年的气质,切勿以"少年老成"自居;代替"老青年"(老气横秋之年龄上青年)的应该是"利刃断铁,快刀理麻,决不作牵就依违之想";与"陈腐朽败"决裂的青年则要以"新鲜活泼"的精神状态激活。这个精神状态的激活又是靠什么条件呢?主编列举了在他看来具有是非观念的"六义"。其中,"自主的"、"进步的"、"进取的"、"世界的"、"实利的"、"科学的"是道德的,与这六项对立的"奴隶的"、"保守的"、"隐退的"、"锁国的"、"虚文的"、"想像的"则是不道德的。即使是非伦理的价值观念也被列入了伦理道德的行列,因此《新青年》自一开始就打上了非常浓厚的道德伦理烙印。对此,我们还可以从《敬告青年》中首款关于"自主的而非奴隶的"诠释中找到答案:"解

---

① 陈独秀:《敬告青年》,《青年杂志》1卷1号,1915年9月。

放云者,脱离夫奴隶之羁绊,以完其自主自由之人格之谓也。我有手足,自谋温饱;我有口舌,自陈好恶;我有心思,自崇所信;绝不认他人之越俎,亦不应主我而奴他人。盖自认为独立自主之人格以上,一切操行,一切权利,一切信仰,唯有听命各自固有之知能,断无盲从隶属他人之理。非然者,忠孝节义,奴隶之道德也;德国大哲尼采(Nietzche)别道德为二类:有独立心而勇敢者,曰贵族道德(Morality of Noble);谦逊而服从者,曰奴隶道德(Morality of Slave)。轻刑薄赋,奴隶之幸福也;称颂功德,奴隶之文章也;拜爵赐第,奴隶之光荣也;丰碑高墓,奴隶之纪念物也。以其是非荣辱,听命他人,不以自身为本位,则个人独立平等之人格,消灭无存,其一切善恶行为,势不能诉之自身意志而课以功过;谓之奴隶,谁曰不宜? 立德立功,首当辨此。"①

我们知道,《甲寅》的创刊也是在"国势陵夷,道衰学弊"背景下发生的。这从陈独秀写给主编的信中可以看出端倪:"得手书,知暂缓欧洲之行,从事月刊,此举亦大佳。但不识能否持久耳? 国政巨变,视去年今日,不啻相隔五六世纪。"②这个国势也就是二次革命失败后的国势,袁世凯窃国、违反"约法"的国势。如果说1914年"袁记新约法"尤其是修正的大总统选举法公布后,是文字形式上的终身制独裁,那么到了1915年8月,当袁世凯精心筹划成立了筹安会后,以"公民代表"名义出现的请愿舆论工具则是复辟帝制的身体力行。为了使得"君主立宪"合法化,杨度、孙毓筠、严复、刘师培、李燮和、胡瑛所谓的"六君子"全心全意鼓吹造势。《君宪救国论》、《君政复古论》就是他们的力作。与此同时,袁世凯当局又抬出两个洋顾问为自己的主张树碑立传:一个是政治顾问、美国人古德诺博士,一个是法律顾问、日本人有

---

① 陈独秀:《敬告青年》,《青年杂志》1卷1号,1915年9月。
② CC生:《生机》,《甲寅》1卷2号,1914年6月。

贺长雄博士。一时间,中国宜立宪不宜共和的舆论宣传甚嚣尘上。陈独秀就是在这样的历史环境下创办《新青年》并紧紧围绕"人民程度"、"吾人觉悟"、"辅导青年"对症下药的。

换句话说,《新青年》的出现具有很强的现实针对性,大有"以其人之道还治其人之身"的味道。袁世凯为了达到称帝的目的,欲立孔教为国教,《新青年》就要将其解构为陈词滥调;袁世凯以国民程度太低无法实行共和为由称帝,《新青年》就以唤醒国民觉悟为鹄的;袁世凯以陈旧的思想麻痹、愚昧国民,《新青年》就以"本志以平易之文,说高尚之理"。① 从现代性出发梳理传统要比从传统出发梳理现代性更有感染力和号召力,这也是《新青年》何以在读者中引起反响的根本原因。当时,在湖北陆军第二预备学校的青年学生叶挺读了《新青年》激动不已。他写信称赞《新青年》说:

> 空谷足音,遥聆若渴。明灯黑室,觉岸延丰。足下之孤诣,略见于甲寅。渴慕綦岁。呜呼,国之不亡,端在吾人一念之觉悟耳。足下创行青年杂志,首以提倡道德为旨,欲障此狂波,拯斯溺世,感甚感甚。第仆中衷多怀。窃以君乎不贵苟同之义,欲有所商榷焉。道德根本之基,果何如耶。觉悟耳。无觉悟之心,虽道德,其行其言皆伪君子乡愿之流亚也。今吾群之颓丧,正伪君子乡愿之流,扬波扶流,致一世胥溺。是非不辨,黑白淆混,贪贼猷法,皱簧诪张,尽灭天良,日逐兽欲,而能逃出坑堑者实难其俦。有心人哀而药之,究循何道耶。仆敢信独步单方,惟觉悟二字。除此二字,别无良药。此二字实吾败群之返魂丹也。陈白沙曰:"人争一个觉。才觉便我大而物小,物尽而我无尽。夫无尽者微尘六合,瞬

---

① 《社告》,《青年杂志》1卷1号,1915年9月。

息千古,生不知爱,死不知恶。"其所谓觉,即佛氏之解脱。千古贤圣,莫不由此中产出。阳明先生以致良知为教旨,力振末世。其致良知三字,亦必于觉悟而后立。举世间一切之道德悫纤,亦必于觉悟而后立。无觉悟,无解脱,其所行皆伪也,皆不真也。陈白沙禽兽说曰:"人具七尺之躯,除了以心此理,便无可贵。浑是一包脓血里一大块骨头,饥能食,渴能饮,能着衣服,能行淫欲,贫贱而思富贵,富贵而贪权势,忿而争,忧而悲,穷则滥,乐则淫,凡百所为,一信血气,老死而后已。则命之曰禽兽可也。"其所谓心所谓理,即良心,即公理,即觉悟也。曾文正公曰,不为圣贤,便为禽兽。世以其言为过当。仆以良心评判,实为至正不易之理。然何以为圣贤为禽兽,亦在觉悟与否而已。陈白沙赠彭惠安别言曰:"忘我而我大。不求胜物而物莫能挠。孟子曰,我善养吾浩然之气,山林朝市一也,死生常变一也,富贵贫贱威武一也,而无以动其心,是名曰自得。自得者,不累于外物,不累于耳目,不累及造次颠沛。鸢飞鱼跃,其机在我。知此者谓之善学,不知此者虽学无益也。"其所谓自得,亦必由觉悟中做出,非徒颂圣人之言,模圣之行,便能见道,便号为君子也。又曰:"为学须从静中养出端倪。"所谓端倪,亦即觉悟也。王阳明先生以知行合一之说训人,最切衰世之病,其精警之语有曰:"本心之明是知,不欺本心之明是行。"然何以能不欺,亦在觉悟。孔子曰:"朝闻道,夕死可矣。"其所谓道,即由觉悟中得来。朝闻而夕死无憾之道,即一切解脱,超然物相。惟人有我相证明,一心一丝不滞也。以上赘撼陈言,于觉悟真谛之义,究未尽晰,以下再略述之。①

叶挺感慨良多,他与《新青年》及其主撰同声共气,专析道德觉悟

---

① 叶挺:《通信》,《新青年》2卷6号,1917年2月。

以及良心在国家、社会中的重要性,历数孔子、孟子、王阳明、陈白沙一代又一代大儒的思想境界,让主撰陈独秀为之动情,礼贤下士地写了公开信以示认同:"尊意以觉悟为道德之基,阳明之旨也。此说仆不非之。足下颇疑宇宙之迹,非科学所能解释。是犹囿于今日科学之境界,未达将来科学之进化,必万亿倍于今日耳。足下对于宇宙人生之怀疑,不欲依耶、佛以解,不欲依哲学说以解,不欲以怀疑故,遂放弃现世之价值与责任,而力求觉悟于自身,是正确之思想也,是邻于科学者也。足下其无疑于吾言乎。"①

在《新青年》杂志上,这类的编读往来之互动很多,但像这样共鸣的内容却很少。其实,不只在创刊号的《社告》里有"商榷将来所以修身治国之道"的开宗明义,就是在一些自编自导的双簧或编读互动中也一再把自己以道德、伦理、"内圣"的主业挑明。陈独秀在回答一位名为王庸工的读者来信中说:"盖改造青年之思想,辅导青年之修养,为本志之天职。批评时政,非其旨也。国人思想倘未有根本之觉悟,直无非难执政之理由。"②主编在这里不但强调了《新青年》的宗旨,而且对"读者"于现实的诘问做了委婉的回答。③ 虽然主编绕了个弯

---

① 陈独秀:《通信》,《新青年》2卷6号,1917年2月。
② 陈独秀:《通信》,《青年杂志》1卷1号,1915年9月。
③ 读者"王庸工"在来信中说:"别后闻在沪主持青年杂志,必有崇论闳议,唤醒青年。惟近有惊人之事,则北京杨度诸人发起筹安会,讨论国体问题是也。以共和国之人民,讨论共和国体之是否适当,其违法多事,姑且不论,倘讨论之结果,国体竟至变更,则何以答友邦承认民国之好意,何以慰清帝逊位之心,何以处今总统迭次向国民之宣誓,更可惧者,此邦官民,对于吾国国体变更,莫不欣欣然有喜色,口中虽不以为然,心中则以此为彼国取得利益莫大之机会,几如欧战发生时同一度态。此诚令吾人不寒而栗者也。望大志着论警告国人,勿为宵小所误。国民幸甚、国家幸甚。"要知道,《青年杂志》刚刚创刊是不会有什么所谓读者来信的,所以主编用了"别后闻"的口气。在笔者看来,陈独秀是故意在借口表白,所谓的王庸工也不一定确凿。笔者在这里之所以大段摘引原文,实在是觉得这一"往来"的对话对解读《新青年》文本非常关键。从陈独秀对"国体变更"的回应来看,陈独秀关于谈与不谈政治的悖论也可以得到进一步的解释(《通信》,《青年杂志》1卷1号,1915年9月)。

子说自己不感兴趣,但还是有着自己的主见的:"按筹安会诸人所持国体变更之理由:一曰,共和国家,不若君宪国之易致富强。使此理而果真也,则西班牙、意大利之富强,应驾法、美而上。予觉诸人主张君宪,犹属过崇欧化。不若辜鸿铭之劝欧人毁坏宪章,改奉中国孔子春秋尊王之教,更觉切中时弊也。一曰,按诸中国历史国情,前此未有民主,今之共和,仓卒定之,未经国民之讨论也。窃以事物变更,必有其朔,亦未闻何国之共和,乃国民从容讨论之所改定也。一曰,人民程度,不适共和,欲救中国,厥惟君宪。立宪非君主不可,君主非立宪亦不可。窃以立宪政治,非易业也。人民程度,果堪立宪,而谓之不适共和,诚所不解。救中国非君主不可,谨闻命矣。公等皇皇,当不逾三月。惟'非立宪不可'五字,望杨度勿忘今日之言。一曰,国人迷信共和,当以葡萄牙、墨西哥及南美诸邦为前车之鉴。不知南美诸共和国,均有蒸蒸日上之势,其国民之自由幸福,犹在西班牙、土耳其、日本之上。即葡萄牙、墨西哥之国力民智,亦岂吾国所可望尘,竟引以为戒,不虑葡、墨人之窃国力民智,亦岂吾国所可望尘,竟引以为戒,不虑葡、墨人之窃笑也耶! 一曰,共和国元首改选,易至争夺酿乱,不若君位确定之长享太平也。呜呼! 诸人多通相斫书者,试展卷稽之,其争夺杀戮之惨,有以加之否邪? 筹安会诸人所持上列之理由,均未能令人满足。诸人而欲行其志也,必别寻他项之理由,或不必待理由之讨论,亦无不可。尊欲本志着论非之,则雅非所愿。"①在对"人民程度"、"历史国情"、"立宪政治"、"筹安会诸人"一一出示了红牌后,陈独秀的"雅非所愿"多少有些牵强。"非"是指非难时政,"愿"则是修身、治国。这里,一个从传统中走来的带有浓郁忧患意识的知识分子出现在我们面前。

---

① 陈独秀:《通信》,《青年杂志》1卷1号,1915年9月。

主笔把国民道德品质和国家的强弱挂在了一起。他忧的是国民素质真的会淘汰一个民族和国家。于是他把寄托自己理想设计的骰子掷在了伦理觉悟上。那篇著名的《吾人最后之觉悟》说:"自西洋文明输入吾国,最初促吾人之觉悟者为学术,相形见绌,举国所知矣;其次为政治,年来政象所证明,已有不克守缺抱残之势。继今以往,国人所怀疑莫决者,当为伦理问题。此而不能觉悟,则前之所谓觉悟者,非彻底之觉悟,盖犹在惝恍迷离之境。吾敢断言曰,伦理的觉悟,为吾人最后觉悟之最后觉悟。"①必须看到,在这孤注一掷的背后,还有着很不情愿的内在悖论。毕竟,《新青年》的初衷是换个视角关心政治。陈独秀叙述的第七期"觉悟"为"吾人最后之觉悟"中有两个层面:一是"政治的觉悟",二是"伦理的觉悟"。他说:"今兹之役,可谓为新旧思潮之大激战。浅见者咸以吾人最后之觉悟期之,而不知尚难实现也。何以言之?今之所谓共和,所谓立宪者,乃少数政党之主张,多数国民不见有若何切身利害之感而有所取舍也。盖多数人之觉悟,少数人可为先导,而不可为代庖。共和立宪之大业,少数人可主张,而未可实现。人类进化恒有轨辙可寻,故予于今兹之战役,固不容怀悲观而取卑劣之消极态度,复不敢怀乐观而谓可踌躇满志也。故吾曰:此等政治根本解决问题,不得不待诸第七期吾人最后之觉悟。"②尽管两难,《新青年》的主笔还将"伦理的觉悟"视为压轴戏:"吾人最后觉悟之最后觉悟。"准确地说,伦理的觉悟与政治的觉悟在陈独秀那里是"吾人最后之觉悟"之一个问题的两个方面,如同一枚硬币的正反一样:只不过,一显一隐,一表一里而已。以往学术界关于《新青年》谈与不谈政治的症结之所以难以解开,就是因为没有找到陈独秀是怎样的一种新伦理与新

---

① 陈独秀:《吾人最后之觉悟》,《青年杂志》1卷6号,1916年2月。
② 陈独秀:《吾人最后之觉悟》,《青年杂志》1卷6号,1916年2月。

政治互为表里的结合模式之思想瓶颈。

五、伦理的政治化与政治的伦理化

关于《新青年》"谈不谈政治"的研究，一度曾经是研究五四新文化运动的焦点和热点。过去，很长一段时间，学术界同仁包括本人在内都从不同视角对这个悖论式的问题作过尝试性的探索，但总括起来不外乎这样几个观点。一是对"是什么"的表层分析。鉴于《新青年》有"批评时政，非其旨也"的自我表白，还有"青年修养，亦不在讨论政治"的补白，[①]很容易让研究者走入误区：仿佛《新青年》真是故意埋藏自己的深沉动机。[②] 二是对《新青年》"为什么"不去遵守诺言而要谈政治。鉴于有胡适的回忆在场："在民国六年，大家办《新青年》的时候，本有一个理想，就是二十年不谈政治，二十年离开政治，而从教育思想文化等等，非政治的因子上建设政治基础。"[③]所以有研究者认为尽管胡适极力反对谈政治，但陈独秀有明晰的政治情怀。[④] 这个论证的缺陷在于：它无法解释胡适与陈独秀有着鲜明的政治共识问题。我们看到，陈独秀如此表白自己的大政治观："本志社员中有多数人向来主张绝口不谈政治，我偶然发点关于政治的议论，他们都不以为然。但我终不肯取消我的意见……换句话说，就是：你谈政治也罢，不谈政治也罢，除非逃在深山人迹绝对不到的地

---

① 陈独秀：《通信》，《新青年》3卷5号，1917年7月。
② 王晓明：《一个杂志和一个"社团"》，《上海文学》1993年第4期。
③ 胡适：《陈独秀与文学革命》，转引自《陈独秀评论选》（下册），河南人民出版社1982年版。
④ 陈平原：《〈新青年〉研究》（下），《中国现代文学研究丛刊》2003年第1期。

方,政治总会寻着你的;但我们要认真了解政治底价值是什么,决不是争权夺利的勾当可以冒牌的。"①胡适也曾对"不谈政治"的命题有如此体认:"但是不容易做得到,因为我们虽抱定不谈政治的主张,政治却逼得我们不得不去谈它。"②三是认为《新青年》更愿意从深层次上谈政治,不是一般意义上谈论政治。持这种观点的研究者也是从文本材料出发的。譬如主编陈独秀就说过:"本志同人及读者,往往不以我谈政治为然。有人说:我辈青年,重在修养学识,从根本上改造社会,何必谈甚么政治呢? 有人说:本志曾宣言志在辅导青年,不议时政,现在何必谈甚么政治惹出事来呢? 呀呀! 这些话却都说错了。我以为谈政治的人当分为三种:一种是做官的,政治是他的职业;他所谈的多半是政治中琐碎行政问题,与我辈青年所谈的政治不同。一种是官场以外他种职业的人,凡是有参政权的国民,一切政治问题、行政问题,都应该谈谈。一种是修学时代之青年,行政问题,本可以不去理会;至于政治问题,往往关于国家民族根本的存亡,怎应该装聋推哑呢?"③这一前后矛盾的话该如何解释呢? 对此,笔者曾经作过这样的"不谈政治为虚,谈政治是实"的结论。④ 现在看来,这并不是一个切中肯綮的论述。当然,这是一个极具挑战性的话题。

要知道,即使是主编自己在当时就很难自圆其说,所以他只好说曾经表白过的"不谈政治"是不谈哪一种政治,现在谈的是这样一种政治。下面这段话是进一步的自我圆场:"我现在所谈的政

---

① 陈独秀:《谈政治》,《新青年》8卷1号,1920年9月。
② 胡适:《陈独秀与文学革命》,转引自《陈独秀评论选》(下册),河南人民出版社1982年版。
③ 陈独秀:《今日中国之政治问题》,《新青年》5卷1号,1918年7月。
④ 张宝明:《"不谈政治的悖说"(1914—1919):对陈独秀"五四"政治心态的求解》,《学术界》1995年第2期。

治,不是普通政治问题,更不是行政问题,乃是关系国家民族根本存亡的政治根本问题。此种根本问题,国人倘无彻底的觉悟,急谋改革,则其它政治问题,必至永远纷扰,国亡种灭而后已!国人其速醒!"笔锋一转,人家所谈的"不是普通政治","不是行政问题",而是"关系国家民族根本存亡的政治根本问题",是大政方针。究竟这个根本的、不普通的政治是个什么政治呢?陈独秀将"根本性"的"大政"与"彻底的觉悟"联系在了一起。原来,《新青年》随着陈独秀的指挥棒再次将文化传统中"内圣外王"思维模式搬到了新文化元典的舞台上,只不过传统的是"伦理的政治化",而现代则是"政治的伦理化"。究其实质,这并没有什么本质不同,是一而二、二而一的事情。主编对传统中国的思想实质颇有见地:"伦理思想,影响于政治,各国皆然,吾华尤甚。儒者三纲之说,为吾伦理政治之大原,共贯同条,莫可偏废。三纲之根本义,阶级制度是也。所谓名教,所谓礼教,皆以拥护此别尊卑、明贵贱之制度者也。近世西洋之道德政治,乃以自由、平等、独立之说为大原,与阶级制度极端相反。此东西文明之一大分水岭也。"① 在"东西文明之一大分水岭"之间,他选择了西方的价值观念。值得注意的是,尽管他清楚意识到伦理政治在传统中国的危害,但他对西方的道德政治却没有给予丝毫的提防。在反对阶级制度的同时,竟然把西方的道德政治作为武器予以坦然使用。"自由平等独立之说"本来是西方社会价值观念中的政治哲学理念,但陈独秀却将其作为道德政治的"大原"予以推崇。撇开"道德政治"是"道德政治"还是"道德、政治"的断句,无论是前者还是后者,其中的新型伦理政治的模式都无法逃避。就"近世西洋之道德政治,乃以自由平等独立之说为大

---

① 陈独秀:《吾人最后之觉悟》,《青年杂志》1卷6号,1916年2月。

原"这个判断句来判断,不论怎样组合,伦理和政治之间暧昧、纠缠的情形昭然若揭。从这个思想史角度理解《新青年》与20世纪中国现代性的演进也许更能抓住这一精神事件的根本。

伦理的政治化与政治的伦理化的过程意味着无论是道德启蒙还是政治启蒙,无论是文化革命还是伦理革命,它们都在进行着无声或有声的政治现代性之和平或流血的演变。在这一点上,陈独秀在文化、政治、军事等方面的灵活切换极具典型意义。① 然而,单单注意到历史表象的切换还不能算把握住事件的脉搏,关键还在于解剖历史表象背后的真相。事实上,我们率先从主编陈独秀的精神气质上解读他领衔的《新青年》就是这样一个思路。

陈独秀,一个清季秀才,对中国传统文化有深切的体认。唯其如此,他才有了解构千年伦理中心的道德形而上主义的冲刺。伦理中心主义,造就了"内圣外王"的哲学精神传统;道德形而上主义又是"内圣外王"政治哲学的结果。其实,早在《新青年》之前,陈独秀个人和他的启蒙导师都在无形中演绎着"解铃系铃"的"新内圣外王"思维。1904年,陈独秀就曾在安徽芜湖创办过《安徽俗话报》,他以"三爱"为笔名,用通俗话文字写作了大量启蒙性宣传文字。文章开篇便说:"古之教者,教以人伦,后世记诵词章之习起,而先王之教亡。"陈独秀的解释则是:"先生这几句话的意思,是说古时候教人的道理,是要教人去实行那忠孝节义,才算是尽了人伦,才算是一个人。后来教人的法子,是专门教人抱着几本古书,闭了眼睛乱念,并不知道讲究书里所说的道理。教学生照样去做,照这个样子,就是书念的极多,又记的极熟,到底有什么用处呢?""人才如何能发达呢?"陈独秀沿着"心学"大师的思路发挥道:"天

---

① 王晓明:《一个杂志和一个"社团"》,《上海文学》1993年第4期。

地闲〔间〕无论何事,都是能自由才能发达,勉强压制,才是有害无益。自由发达,才是他自己真发达,勉强压制,就是他能够照你的话去做,也合机器一般,不过是听人调动罢了。"怎样发达才是"有用的国民"呢?"今教童子,惟当以孝弟忠信礼义廉耻为专务。这几句话,是先生教人的大主义,和后世专门教人念书做文章的,大不相同。孝是孝敬父母,弟是爱敬弟兄,忠是尽忠报国,信是心口如一不肯欺人,礼是遇事有礼不侵害他人,义是待人公道自守本分,廉是不取非义之财,耻是真心学好不做不如人的事。做童子的时候,便专门把这些道理教训他,根基培稳,长大成人,自然是有用的国民了。"①没有什么再比这个印证更能证明陈独秀对伦理道德在社会进步中的作用的膜拜了。

十年之后,《新青年》开辟了一个新的时代。它以个性解放为核心的教育思想无不指向道德教育、伦理觉悟的圭臬。其实,不但梁启超、严复对伦理政治有着化不开的情结,就是康有为、谭嗣同、章太炎等一代先驱也总是跳不出过去的掌心。鉴于这里只是为了论证近现代启蒙的特征而且是专为《新青年》而设,所以仅以康有为启蒙思想为例。这位思想大师在同化西方政治价值理念方面有着惊人的武断力量。以后"新青年派"对自由、平等、独立、博爱、人格、人权的伦理化、道德化俨然如出一辙。只是,戊戌变法的思想启蒙大师和五四新文化运动的思想启蒙大师打了个反差,但是在精神实质上却并无二致。康有为于辛亥革命后还坚信:"法国经千年封建压制之余,学者乃倡始人道之义,博爱平等自由之说……以为新道德焉……人道之义,乃吾《中庸》、《孟子》之浅说……乃今得人道二字,奉为舶来之新

---

① 三爱(陈独秀):《王阳明先生训蒙大意的解释》,《安徽俗话报》(第14期),1904年10月23日。

道德品,而以为中国所无也,真所谓家有文轩,而宝人之敝舻也。"[1]康有为将西方近代人道主义自由、平等、博爱的内容注入了传统。《新青年》时期,陈独秀有着和康有为截然不同的看法:"愚以为三纲说不徒非宋儒所伪造,且应为孔教之根本教义……此等别尊卑、明贵贱之阶级制度,乃宗法社会封建时代所同然,正不必以此为儒家之罪,更不必讳为原始孔教之所无。愚且以为儒教经汉宋两代之进化,明定纲常之条目,始成一有完全统系之伦理学说,斯乃孔教之特色,中国独有之文明也。若夫温、良、恭、俭、让、信、义、廉、耻诸德,乃为世界实践道德家所同遵,未可自矜特异,独标一宗者也。"[2]一正一反,一个自觉一个非自觉,一个有意识一个无意识,但殊途同归,最终他们都不约而同地走向了道德至上并包治一切的伦理中心主义道路。这也是我们下面论证《新青年》新内圣外王主义的思想基线。

---

[1] 康有为:《以孔教为国教配天议》,《康有为政论集》(下),中华书局1981年版,第844—845页。
[2] 陈独秀:《宪法与孔教》,《新青年》2卷3号,1916年11月。

第四章 启蒙的偏至(中)：
陈独秀领衔的新文化元典
与"内圣外王"的再现

毛泽东在《新民主主义论》中对五四运动有段家喻户晓的论述："五四运动所进行的文化革命则是彻底地反对封建文化的运动,自有中国历史以来,还没有过这样伟大而彻底的文化革命。当时以反对旧道德提倡新道德、反对旧文学提倡新文学,为文化革命的两大旗帜,立下了伟大的功劳。"①必须指出的是,毛泽东的"五四运动"也就是指的以《新青年》为阵地的五四新文化运动。另外,这一部分我们重点论说"新道德","新文学"我们将另行安排专论。鉴于陈独秀是众所公认、位居榜首的擂主,所以我们将首先论述领衔者的新道德主义。同时需要说明的是,这里将道德与伦理相提并论并不代表两者没有区别。事实上,伦理多指传统中的人际关系规范,而道德多指现代的具有普世性的人文关怀。鉴于五四新文化运动前后的思想界对此没有严格的界定,所以这里也不特将两者区分。

一、超越与回归："新青年"时代的思想症候

陈独秀对伦理的重视是从传统伦理对专制政治的制约之体认开

---

① 《毛泽东选集》第2卷,人民出版社1953年版,第660页。

始的。中国的政治文化说穿了就是一种地地道道的伦理政治文化。在陈独秀看来,即使引进了西方的民主、共和、法治、宪政等政治观念,若是与之连带的伦理道德思想没有更新,那将仍是纸上谈兵,所谓的新政治、新社会、新国家也是形同虚设。同样是出自《吾人最后之觉悟》的那篇文字的表述颇能说明旨意:"吾人果欲于政治上采用共和立宪制,复欲于伦理上保守纲常阶级制,以收新旧调和之效,自家冲撞,此绝对不可能之事。盖共和立宪制,以独立、平等、自由为原则,与纲常阶级制为绝对不可相容之物,存其一必废其一。倘于政治否认专制,于家族社会仍保守旧有之特权,则法律上权利平等、经济上独立生产之原则,破坏无余,焉有并行之余地?"① 陈独秀的这种思路就是胡适批评的"懒"的毛病。他更愿意以一条龙的方式、以一刀切的思维、以一揽子解决问题的方法进行所谓的现代性演进。将伦理、道德、文化、政治、经济一锅煮的笼统主义、整体主义模式拿来运用,无疑又是传统思维的翻版。这也就是我们所说的新一轮的伦理政治模式:新内圣外王主义。

主编对这种模式的回归比每一位同仁都执著。其实陈独秀追求超越的性情也比其前代以及同时代人来得急躁和猛烈,他以一位现代公共知识分子的身份与历史和现实抗争。首先他具有传统知识分子的深沉忧患意识,面对中国在世界现代性中的差距他忧心如焚。针对"国粹派"和顽固派的保守主张,他这样描述自己的心境:"以为欧洲夷学,不及中国圣人之道……欧洲人之进步,一日千里,吾人捷足追之,犹恐不及,奈何自画?"② 在这之前,陈独秀在《袁世凯复活》一文中也是忧心忡忡。他感喟道:"呜呼!欧洲自力抗自由新思潮之

---

① 陈独秀:《吾人最后之觉悟》,《青年杂志》1卷6号,1916年2月。
② 陈独秀:《学术与国粹》,《新青年》4卷3号,1918年4月。

梅特涅失败以来,文明进化,一日千里。吾人狂奔追之,犹恐不及。乃袁世凯以特别国情之说,阻之五年,不使前进,国人不惜流血以除此障碍矣;不图袁世凯二世,又以国粹礼教之说,阻吾前进,且强曳之逆向后行。国人将何以处之? 法律上之平等人权,伦理上之独立人格,学术上之破除迷信、思想自由,此三者为欧美文明进化之根本原因,而皆为尊重国粹国情之袁世凯一世、二世所不许。长此暗黑,其何以求适二十世纪之生存?"[1]全球意识与超越情怀暴露无遗,颇有鲁迅被"开除球籍"的忧虑。为此他一心一意寻求走向现代的捷径。陈独秀反传统、反潮流、反调和、反保守,立足点不停地转移,但唯有对现代性的追寻不曾改变:政治的现代化。也恰恰在这里,他以一位公共知识分子的眼光启蒙新的青年。他呼唤、呐喊为我所用也就是为国所用的新型知识分子出现。这类知识分子率先道德觉悟、人格独立、修养独到。主编在《抵抗力》一文中为自己心目中"新青年"做了画像,其实也是夫子自道:"自社会言之:群众意识,每喜从同;恶德污流,惰力甚大;往往滔天罪恶,视为其群道德之精华。非有先觉哲人,力抗群言,独标异见,则社会莫由进化。自道德言之:人秉自然,贪残成性,即有好善利群之知识,而无抵抗实行之毅力,亦将随波逐流,莫由自拔;矧食色根诸天性,强言不欲,非伪即痴。然纵之失当,每为青年堕落之源。……审是人生行径,无时无事,不在剧烈战斗之中,一旦丧失其抵抗力,降服而已,灭亡而已,生存且不保,遑云进化! 盖失其精神之抵抗力,已无人格之可言;失其身体之抵抗力,求为走肉行尸,且不可得也!"[2]"先觉哲人,力抗群言,独标异见",这就是现代知识分子的使命。在陈独秀的担当意识里,只有具有"抵抗力",才

---

[1] 陈独秀:《袁世凯复活》,《新青年》2卷4号,1916年12月。
[2] 陈独秀:《抵抗力》,《青年杂志》1卷3号,1915年11月。

会有新的人格。在《新青年》启蒙者的世界里,一切都与道德牵挂在了一起。不但"抵抗力"是道德人格,就是幸福观、人生观、文学观、科学观无不与道德伦理携手。总之,大道德伦理观囊括了一切文化、政治甚至经济因子。

应该看到,伦理思想和道德观念是中国传统文化中积淀最厚的精神内核,而且它在中国文化传统中一直处于至尊至高的地位。历代统治阶级历来都将其作为随身携带的护身符,自己也都是"内圣"过了的成熟"圣人"。对此,王沪宁有一段精当的概述:"中国古代封建政治文化传递了两千多年,大体不变,成了封建政治体系和政治生活牢固的精神支柱和文化土壤。其中一个深刻的原因就是中国封建社会有一套传递这种儒教政统观念的机制。从秦汉起,封建皇朝就建立起了选试、察举、射策、博士弟子等制度。从魏晋南北朝和隋朝起,就产生了政治社会化的正式机构——学校。唐、宋、元、明、清政治社会化机制在世界上也可名列前茅。明、清通过乡试、会试、殿试等机制将大批社会有识之士纳入传统儒教文化的社会化过程。这些考试均以《论语》、《中庸》、《孟子》、《大学》、《易》、《书》、《诗》、《春秋》、《礼记》等四书五经为准则,形成了封建政治文化自动社会化的过程。"[①]正是在这样的机制下我们看到,伦理道德在中国传统中是最为深入人心的一剂精神注射液。它构成了文化最深沉的部分,也成为中国人心灵或说精神世界里最稀软的部位。事实上,无论是在客观世界还是在人类生命肌体上,这一部分是最难以改变的成分。启蒙的任务总是难以终结的原因就在这里。国民性(伦理之觉悟)难以改造,而衡量启蒙成就的准则又在伦理觉悟,这就是《新青年》启蒙先驱者给自己出的一道启蒙难题。

---

① 王沪宁:《比较政治分析》,上海人民出版社 1987 年版,第 189 页。

我们已经习惯于对"知难行难"称赞有加,这是对其人格魅力、精神状态、心理勇气的道德肯定。但这种"知难行难"究竟在文化建设和政治文明进步上是否有借鉴意义还是值得商榷的。作为判断现代性演进的价值观念,一般而言,社会进步应该是先易后难。由于陈独秀有着急于求成的心理,所以他的选择带有明显的"知难行难"特色。我们可以钦佩他的道德勇气与淑世豪情,但对他"捷足追之"、直奔主题和难题的思想方法却是不敢苟同的。激进主义的最大特点在于其超越意识和淑世情怀,赶超前者、后来居上构成了它们的共同特点。其实,思想史上的问题往往在于欲速则不达。愈是走捷径、愈是求超越,便愈是要从头再来。换句话说,往往会落入自我设计的陷阱,即回归到原点。在中国近现代思想史上,超越与回归如同一对孪生的姊妹一般形影不离、胶着颉颃。

二、现代与传统:陈独秀领衔的启蒙潮流

毕竟,陈独秀"知难行难"了。众所周知,《新青年》是周旋于传统与现代化之间并力求迅速切换的一个精神文本。翻阅《新青年》杂志不难发现,其开始两卷还是以现代性的建构为主要内容。譬如《敬告青年》、《法兰西人与近世文明》、《今日之教育方针》、《抵抗力》、《东西民族根本思想之差异》、《吾人最后之觉悟》、《新青年》、《当代两大科学家之思想》、《我之爱国主义》等皆是立足于现代性的介绍和导引。主张什么、反对什么,了然分明。这前两卷应该基本上还保持了《甲寅》的风格和基调——"立"与"如何立"是中心;但自2卷6号开始,《新青年》的解构意识明显增强,它立意要"破",逻辑很简单:不破不立。

从3卷1号起,主编在首先认准道德的"纲举目张"意义后,便开

始了道德本体论与时代论的讨论。他在一次关于道德问题的讨论中发表演讲说:"欲讨论道德问题,必先明道德之概念若何？然后立论始有范围。原夫道德观念之成立,由于人类有探索真理之心,道德之于真理,犹木之于本,水之于源也。宗教、法律与道德,三者皆出于真理。宗教以信仰为基础,法律以权力为运用,而有信仰所不能范,权力所不能及,则道德尚焉。"①这里,道德真理意识与至高位置显而易见。为此,他在《新青年》的通信栏目里多次回答读者提出的道德问题并展开讨论,其中讨论最多的就是道德的时代性与道德的必然性问题。在回答淮山逸民的道德质疑中,他说:"尊论旧道德不适今世,愚所赞同。惟将道德本身根本否认之,愚所不敢苟同者也。盖道德之为物,应随社会为变迁,随时代为新旧,乃进化的而非一成不变的,此古代道德所以不适于今之世也。然谓今之社会,无需道德,道德乃野蛮半开化时代之名词,而非文明大进时代之所有物,诚愚所不解。野蛮半开化时代,有野蛮半开化时代之道德(如封建时代之忠孝节义等是);文明大进时代,有文明大进时代之道德(如平等博爱公共心等是)……愚固深信道德为人类之最高精神作用,维持群益之最大利器,顺进化之潮流,革故更新之则可,根本取消之则不可也。"②在论证了道德的时代性后,陈独秀进一步述说中国传统旧道德的精神核心所在乃孔教或说儒教。当时读者傅桂馨来信对其极端否认孔教偏激态度表示质疑:"孔子之教义,虽多不适于今之时势,然其消极道德之信条,如礼让廉耻等,颇足以针砭今日之颓俗,吾人固当拳拳服膺,并以此自励励人者也。质之先生,必有卓识宏论,以飨我辈男女青年也。"即使如此他仍然丝毫不作让步:"儒者作伪干禄,实为吾华民德

---

① 常乃德:《记陈独秀君演说词》,《新青年》3卷3号,1917年5月。
② 陈独秀:《通信》,《新青年》3卷1号,1917年3月。

堕落之源泉。宗法社会之奴隶道德,病在分别尊卑,课卑者以片面之义务,于是君虐臣,父虐子,姑虐媳,夫虐妻,主虐奴,长虐幼。社会上种种之不道德,种种罪恶,施之者以为当然之权利,受之者皆服从于奴隶道德下而莫之能违,弱者多衔怨以殁世,弱者则激而倒行逆施矣。以此种道德,支配今日之社会,维系今日之人心,欲其不浇漓堕落也。是扬汤止沸耳,岂但南辕北辙而已哉!"①

在认定孔教是传统伦理政治的精神支柱后,他更进一步发表了看似深刻但非常偏激的议论。在回答佩剑青年关于"窃以斯世文学不必革命、孔教不必排斥"的来信中,他以记者身份论道:

> 记者非谓孔教一无可取,惟以其根本的伦理道德,适与欧化背道而驰,势难并行不悖。吾人倘以新输入之欧化为是,则不得不以旧有之孔教为非;倘以旧有之孔教为是,则不得不以新输入之欧化为非。新旧之间,绝无调和两存之余地。吾人只得任取其一。记者倘以孔教为是,当然非难欧化,而以顽固守旧者自居,决不恌恌作"伪"欺人,里旧表新,自相矛盾也。②

不只是偏激的议论,而且还是煞费苦心的设计。这里不存在创造性的转换,而是要进行道德大换血。不是价值甄别,更不是敞开讨论,而是以强势的启蒙话语压倒不同声音,从而来一次釜底抽薪的根本解决。这个根本问题的解决就是陈独秀一贯坚持并自鸣得意的大政治观,其基本思路就是要铲除伦理政治的根基伦理。不容"调和"、"任取其一"的截然是非观念也是全方位移植的整体主义解决方法。陈独秀的多管齐下每每流于笔端:

---

①② 陈独秀:《通信》,《新青年》3卷1号,1917年3月。

> 孔教之精华曰礼教，为吾国伦理政治之根本。其存废为吾国早当解决之问题，应在国体宪法问题解决之先。今日讨论及此，已觉甚晚。吾国人既已纷纷讨论，予亦不得不附以赘言。……吾人倘以为中国之法，孔子之道，足以组织吾之国家，支配吾之社会，使适于今日竞争世界之生存，则不徒共和宪法为可废，凡十余年来之变法维新，流血革命，设国会，改法律，（民国以前所行之大清律，无一条非孔子之道。）及一切新政治、新教育，无一非多事，且无一非谬误，应悉废罢，仍守旧法，以免滥费吾人之财力。万一不安本分，妄欲建设西洋式之新国家，组织西洋式之新社会，以求适今世之生存，则根本问题，不可不首先输入西洋式社会国家之基础，所谓平等人权之新信仰，对于与此新社会、新国家、新信仰不可相容之孔教，不可不有彻底之觉悟，猛勇之决心，否则不塞不流，不止不行！①

陈独秀先是论述"输入"西方新社会的基础，然后便从立足于建构的《宪法与孔教》转为立足于解构的《孔子之道与现代生活》。后者主要是从"打倒"的必要性和重要性上下工夫。

从早先的"输入"到后来的"抽空"，陈独秀认为如果充塞国民大脑的旧伦理旧道德不根除，西方的新信仰就难以见效，因此他反复述说封建伦理代言人孔子的不合时宜："孔子生长封建时代，所提倡之道德，封建时代之道德也；所垂示之礼教，即生活状态，封建时代之礼教，封建时代之生活状态也；所主张之政治，封建时代之政治也。封建时代之道德、礼教、生活、政治，所心营目注，其范围不越少数君主

---

① 陈独秀：《宪法与孔教》，《新青年》2卷3号，1916年11月。

贵族之权利与名誉,于多数国民之幸福无与焉。"① 根除了与封建专制相依为命的旧伦理,便可以移植与西方新政治相互支持的伦理道德。这同样是陈独秀为民主共和所开拓的路径,也是为医治国体病根所开列的处方。他在北京神州学会所作的演讲中说:

> 如今要巩固共和,非先将国民脑子里所有反对共和的旧思想,一一洗刷干净不可。因为民主共和的国家组织、社会制度、伦理观念,和君主专制的国家组织、社会制度、伦理观念全然相反,一个是重在平等精神,一个是重在尊卑阶级,万万不能调和的。若是一面要行共和政治,一面又要保存君主时代的旧思想,那是万万不成。而且此种"脚踏两只船"的办法,必至非驴非马,既不共和,又不专制,国家无组织,社会无制度,一塌糊涂而后已!②

在演讲结束时他又重复主题说:"这腐旧思想布满国中,所以我们要诚心巩固共和国体,非将这班反对共和的伦理文学等等旧思想,完全洗刷得干干净净不可。否则不但共和政治不能进行,就是这块共和招牌,也是挂不住的。"③ 陈独秀:《旧思想与国体问题》,《新青年》3卷3号,1917年5月。

然而,一个社会要转型不可能像《新青年》同仁设想的那样一蹴而就。必须看到,文化和政治文明的更新不可能是抽刀断水式的立竿见影。陈独秀的这种伦理革命、文化革命的方略往往会南辕北辙。五四新文化运动导致的道德真空几乎让一个民族窒息(至少是缺氧)

---

① 陈独秀:《孔子之道与现代生活》,《新青年》2卷4号,1916年12月。
②③ 陈独秀:《旧思想与国体问题》,《新青年》3卷3号,1917年5月。

了一个世纪。在旧的伦理让国人出现信任危机、旧的道德让国人屡屡失范,而新的道德准则没有确立、新的伦理仍然是纸上谈兵时,一个社会的危机以及由此招致的现代性陷阱必然纷至沓来。更为关键的是,一个现代性的社会不可能扎根于一张传统文化苍白的典籍上,一个现代化的国家也不可能建立在一堆杂乱无章的废墟上。把反传统或说堵塞传统作为启蒙的首要使命,这构成了中国启蒙的一个突出的异化特点,同时也是一个致命的误区。传统,过去几度曾是现代性的天敌,这是昔日现代化先驱的启蒙迷思。而今天文明是要打通现代性和传统之间的沟壑,而且要搭建一条过去与未来之间的桥梁。传统和现代,从来就不是只有对立的两个思想的终端。这正如著名社会学家爱德华·希尔斯所说:"摆在我们面前的人类成就常激起我们的感激之情;无数我们所认识或不认识的个人克尽职守,为了其社会、家园、教会和国家而历尽生存的灾难和灾变,并作出了不懈的努力,他们则常常令我们肃然起敬;这些情感都要求我们对我们面前的传统应耐心。"①当反传统已经成为现代知识分子的反省课题时,再去打道德形而上主义的主意无疑是一件出力不讨好的事情。

三、求同与存异:同仁之间的思想互助

论述一段思想史,固然离不开其领衔人物,但其中的舆论合力之形成绝非一人所能胜任。因此,对围绕《新青年》写作的同仁进行考察就是不可或缺的一环。

论及道德为先、伦理至上的《新青年》杂志,首先让笔者想到的是他们的"求同":把伦理道德一维作为排解其他一切疑难杂症的起点。

---

① 爱德华·希尔斯:《论传统》,上海人民出版社1991年版,第439页。

除陈独秀外,李大钊、高一涵、吴虞、易白沙、杨昌济、蔡元培等也都是关心伦理政治哲学的大手笔,而且以上所列举的都是《新青年》前两卷发稿频率很高的主要作者。在反传统、反孔教、反纲常这条线上,他们在《新青年》这块阵地上达成了以下几点共识。

首先,他们共同认定以孔教为核心的传统伦理道德不再适应20世纪的现实。如果追溯陈独秀的孔子"时代论",其源头应该是李大钊的《孔子与宪法》的表述:"孔子之道,施于今日之社会为不适于生存","孔子者,数千年前之残骸枯骨也。宪法者,现代国民之血气精神也。以数千年前之残骸枯骨,入于现代国民之血气精神的结晶之宪法,则其宪法将为陈腐死人之宪法,非我辈生人之宪法也……孔子者,历代帝王专制之护符也;宪法者,现代国民自由之证券也。专制不能容于自由,则孔子不当存于宪法。"① 这时的李大钊一边为《甲寅》写稿,一边加盟《新青年》。这时陈独秀与李大钊、高一涵、吴虞、易白沙、杨昌济、蔡元培、高砚石、唐俟(鲁迅)都对伦理道德问题发表过见解。高一涵在《青年杂志》创刊号上连载的文章《共和国家与青年之自觉》长篇大论,执意深究道德的因势利导:"道德者本诸学理,应诸时势,根诸人心,乃因时转移之物,而非一成不变者也。道德而不适时势之用,则须从根本改造之,无所惜也。"② 易白沙的文章更是直奔主题:"中国二千余年尊孔之大秘密,既揭破无余,然后推论孔子以何因缘被彼野心家所利用,甘作滑稽之傀儡,是不能不归咎孔子之自身矣。"③ 在这篇论文中,作者不但将孔子倡导的道德伦理与封建帝王的护身符挂钩,而且还一一剖析了孔子的自身问题。吴虞这位被胡适称为"只手打倒孔家店"的老英雄,没有丝毫的缓解与调和,诸

---

① 李大钊:《孔子与宪法》,《甲寅》,1917年1月。
② 高一涵:《共和国家与青年之自觉》,《新青年》1卷1号,1915年9月。
③ 易白沙:《孔子平议》,《青年杂志》1卷6号,1916年2月。

如《读荀子书后》、《礼论》、《儒家主张阶级制度之害》、《儒家大同之义本于老子说》、《家族制度为专制主义之根据论》、《吃人与礼教》都是抨击礼教的性情之作；尤其是《吃人与礼教》一文，更是与鲁迅的《狂人日记》一样振聋发聩。他比鲁迅更为直接地呐喊道："到了如今，我们应该觉悟！我们不是为君主而生的！不是为圣贤而生的！也不是为纲常礼教而生的！甚么'文节公'呀、'忠烈公'呀，都是那些吃人的人设的圈套，来诳骗我们的！我们如今应该明白了！吃人的就是讲礼教的！讲礼教的就是吃人的呀！"①这些声音与陈独秀本人以及通信栏目中常乃德、佩剑青年、刘竞夫、俞颂华、张护兰、淮山逸民等爱读《新青年》的读者相配合，构成了思想史上现代性演进的主旋律。

其次，《新青年》同仁对伦理道德问题解决的当务之急有充分的共识。在《青年杂志》的创刊号上，汪叔潜的《新旧问题》不但将伦理列为解决"新旧问题"之首，而且也对不可调和、不能兼容充分表达了自己的见解："今日之弊，固在新旧之旗帜，未能鲜明。而其原因则在新旧之观念与界说未能明了。夫新旧乃比较之词，本无标准，吾国人之惝恍未有定见者，正以无所标准，导其趣舍之途耳。今为之界说曰：所谓新者无他，即外来之西洋文化也；所谓旧者无他，即中国固有之文化也。如是，则首当争辩者，西洋文化与中国文化，根本上是否可以兼容。欲解决此问，又当先知西洋之伦理与中国之伦理是否相似。"②伦理是解决一切社会问题、政治问题、信仰问题的前提和基础，而且要解决就必须彻底，为此作者进一步阐述说："二者根本相违，绝无调和折衷之余地。今日所当决定者，处此列族竞存时代，究竟新者与吾相适，抑旧者与吾相适。如以为新者适也，则旧者在所排

---

① 吴虞：《吃人与礼教》，《新青年》6卷6号，1919年11月。
② 汪叔潜：《新旧问题》，《青年杂志》1卷1号，1915年1月。

除。如以为旧者适也,则新者在所废弃。旧者不根本打破,则新者绝对不能发生。"逻辑思维非常明晰,与我们上文论述的道德时代性、伦理的抽刀断水换血法同气相求。这里,从《新青年》针对或者说器重青年的文字看,同仁们还隐含着一种心思:新青年就应该有新道德。换言之,时代亟须的"新青年"应该"新"在伦理思想、道德诉求上。陶履恭如是说:"然则吾人苟有所不满于今之社会,移风易俗,化弊为良,其责任端在吾各人之身。吾人之行为举动,凡有影响于吾以外之人者,莫非多少有移化社会之势力。故必慎必戒,谨恪将事,以期无负于人,无罪于社会,然后更进而抉社会之弊害,除社会之积毒。兹数语者,绝似老生常谭,尽人能道之。然吾谓必明乎新道德之性质者,乃足以语此;必明乎新道德之势力者,乃能深信此语而不疑;必履行新道德者,乃能识此语之真价值。"①同是《新青年》元老的高一涵针对青年现状同样将"国家之前途"寄托在道德锻造上:"欲民之强,强吾青年其可也。强之之道奈何?曰导正其志趣也,曰培养其道德也,曰发扬其精神也。顾精神之发扬,道德之培养,志趣之导正。"高一涵指出,培养青年道德障碍首先还是在根深蒂固的家族伦理道德。②

在《新青年》那里,笔者最为在意的还是同仁们最大的共识:对道德本质的认识——寻求人格的自觉、独立、自主、互助,简单地说就是:反对奴隶道德,追求自利利他。认真解读,还是一个内圣与外王的关系问题。针对这个问题,我们不妨将主编陈独秀和他认可的同仁的共识作必要的分析,看看五四一代道德与思想文化先驱认定的新道德究竟是什么。我们将其综合起来笼统地看,《新青年》上宣传的新道德就是与以三纲为中心的旧道德处于完全对立的地位的崇尚

---

① 陶履恭:《新青年之新道德》,《新青年》4卷2号,1918年2月。
② 高语罕:《青年与国家之前途》,《青年杂志》1卷5号,1916年1月。

人权的道德信仰。它以修身、安身、立命为原则,尤其突出个人的自由权利、完善"独立自主之人格"、①塑造具有"平等人权之新信仰"的人生哲学。② 1917年4月,记者在《答I.T.M》关于社会道德的咨询中比较完整地说出了《新青年》杂志的新道德观:"吾人今日所应尊行之真理,即在废弃此不平等不道德之尊抑,而以个人人格之自觉及人群利害互助之自觉为新道德、为真道德。"③

让我们从头讨论《新青年》同仁的道德设计。《青年杂志》创刊号上的"新陈代谢"观念就是新旧道德、新旧伦理、新旧文学、新旧思想、新旧国体的代谢。在西方的伦理道德观念的刺激下,陈独秀提出了精神救国,尤其是道德救国的概念:"一国之民,精神上,物质上,如此退化,如此堕落,即人不我伐,亦有何颜面,有何权利,生存于世界?一国之民德,民力,在水平线以上者,一时遭逢独夫强敌,国家濒于危亡,得献身为国之烈士而救之,足济于难;若其国之民德,民力,在水平线以下者,则自侮自伐,其招致强敌独夫也,如磁石之引针,其国家无时不在灭亡之数,其亡自亡也,其灭自灭也;即幸不遭逢强敌独夫,而其国之不幸,乃在遭逢强敌独夫以上,反以遭逢强敌独夫,促其觉悟,为国之大幸。"④在德智体之间,他不但将德育置于首位,而且将"智识"置于后卫,体育与德育构成了他心目中"新青年"文武双全的格斗士。⑤ 主编还有自我演绎的逻辑:"欲图根本之救亡,所需乎国民性质行为之改善,视所需乎为国献身之烈士,其量尤广,其势尤迫。故我之爱国

---

① 陈独秀:《一九一六年》,《青年杂志》1卷5号,1916年1月。
② 陈独秀:《宪法与孔教》,《新青年》2卷3号,1916年11月。
③ 陈独秀:《答I.T.M》,载《陈独秀文章选编》(上卷),三联书店1984年版,第204页。
④ 陈独秀:《我之爱国主义》,《新青年》2卷2号,1916年10月。
⑤ 张宝明:《试论"五四"新文化运动时期的尚武倾向》,《河南师大学报》2000年第6期。

主义,不在为国捐躯,而在笃行自好之士,为国家惜名誉,为国家弭乱源,为国家增实力。我爱国诸青年乎! 为国捐躯之烈士,固吾人所服膺,所崇拜,会当其时,愿诸君决然为之,无所审顾;然此种爱国行为,乃一时的而非持续的,乃治标的而非治本的。"① 这个国民性就是道德性质的转换。它不但是道德救国救亡的典型,也是传统的"修身、齐家、治国、平天下"之内圣外王典型。② 作者甚至罗列出了道德的家谱:勤、俭、廉、洁、诚、信。不过陈独秀在很多文章综合同时也表达了这样一个信念:这些都是老生常谈之道德,不足以作为旧道德不可全部废弃的凭据,更不是道德的精神要义,只是各种道德谱系中共同的基本底线。③ 在《调和论与旧道德》一文中,他多次论及潜存于人类本能的善、恶两种道德。他说:"譬如人类本能上,有侵略、独占、利己、忌妒、争杀、虚伪、欺诈等等恶德,也没有人能不承认是实在如此,然断乎没有人肯主张应该如此。惰性也是人类本能上一种恶德,是人类文明进化上一种障碍。新旧杂糅、调和缓进的现象,正是这种恶德、这种障碍造成的。所以新旧调和只可说是由人类惰性上自然发生的一种不幸的现象,不可说是社会进化上一种应该如此的道理。若是助纣为虐,把他当做指导社会应该如此的一种主义主张,那便误尽苍生了。"④ 恶德与善德对应,为此陈独秀将人类本能中的道德本能挖潜到心灵深处:"因为道德是能上光明方面的相爱、互助、同情心、利他心、公共心等道德不容易发达,乃是因为受了本能上黑暗方面的虚伪、忌妒、侵夺、争杀、独占心、利己心、私有心等不道德难以减少的牵制。……中国人的虚伪(丧礼最甚)、利己、缺乏公共心、平等

---

① 陈独秀:《我之爱国主义》,《新青年》2卷2号,1916年10月。
② 高语罕:《青年与国家之前途》,《青年杂志》1卷5号,1916年1月。
③ 陈独秀:《我之爱国主义》,《新青年》2卷2号,1916年10月。
④ 陈独秀:《调和论与旧道德》,《新青年》7卷1号,1919年12月。

观,就是这三样旧道德助长成功的;中国人分裂的生活(男女最甚)、偏枯的现象(君对于臣的绝对权,政府官吏对于人民的绝对权,父母对于子女的绝对权,夫对于妻、男对于女的绝对权,主人对于奴婢的绝对权),一方无理压制,一方盲目服从的社会,也都是这三样道德教训出来的;中国历史上、现社会上种种悲惨不安的状态,也都是这三样道德在那里作怪。"①用善德压抑甚至根除恶德,从而开发出"富于同情心、利他心、相爱互助全社会公同生活的理想","开发那公有、互助、富于同情心、利他心的新道德"。②陈独秀:《调和论与旧道德》,《新青年》7卷1号,1919年12月。绕着这样一个道德命题,至少有三个方面的吊诡需要反思和辨析:一是"善德"与"恶德"吊诡问题;二是"独立自主之人格"、"互助"、"公共心"中隐含的("自觉"、"独立"、"自主"、"互助")个性化和社会化的辩证问题;三是"自利利他"与"个人"、"社会"或者说"内圣外王"的关系问题。

首先,我们要辨析的是道德的两重性问题。就《新青年》所反映的道德至上观念而论,其实它并没有这两重辩证。本来,道德就是道德,而与道德相违背的应该是不道德或说反道德,但陈独秀却把它作为一个"恶德"予以讨论。当《新青年》读者质疑全盘反对传统道德的做法并不以传统道德中也有合理成分作为论据时,陈独秀说那些都是人类的共享资源,即使将它们全盘倒掉,也无伤大雅。因为我们立意建构的新道德会与生俱来,③所以在道德更新问题上便采取了取

---

①② 陈独秀:《调和论与旧道德》,《新青年》7卷1号,1919年12月。
③ 读者傅桂馨给《新青年》曾写信辨明孔教的历史性和时代性之关系:"然其消极道德之信条,如礼让廉耻等,颇足以针砭今日之颓俗,吾人固当拳拳服膺,并以此自励励人者也。质之先生,必有卓识宏论,以饷我辈男女青年也。"陈独秀声色俱厉地回绝道:"廉耻等消极道德,非孔教所专有。礼为宗法社会奴隶道德之根本作用。让之为德,不善解释之,亦流弊滋大。"见《通信》,《新青年》3卷1号,1917年3月。

一去一、不可调和的态度。① 解决了这个疑问,当他面对"先生"总是侵略"学生"、西方总是以强凌弱的现实诘问以及读者提出西洋的新道德也有阴暗面时,他便以超越东方与西方的常规思维相搪塞:"人类本能上光明方面的相爱、互助、同情心、利他心、公共心等道德不容易发达,乃是因为受了本能上黑暗方面的虚伪、忌妒、侵夺、争杀、独占心、利己心、私有心等不道德难以减少的牵制。这是人类普通的现象,各民族都是一样,却不限于东洋、西洋。我们希望道德革新,正是因为中国和西洋的旧道德观念都不彻底。不但不彻底,而且有助长人类本能上不道德的黑暗方面的部分,所以东西洋自古到今的历史,每页都写满了社会上、政治上悲惨不安的状态,我们不懂得旧道德的功劳在那里。我们主张的新道德,正是要彻底发达人类本能上光明方面,彻底消灭本能上黑暗方面,来救济全社会悲惨不安的状态,旧道德是我们不能满足的了。现社会上种种悲惨不安的状态,也都是这三样道德在那里作怪。"②原来,这个超越本身并没有现成的落脚点,万般无奈只好将说理的地方安排在道德自身的夹缝中——道德两重性之间。

  以人类的本能为中介,陈独秀把光明的一面定义为善德,将黑暗的一面划归为恶德。善德具有"相爱、互助、同情心、利他心、公共心"等属性,恶德拥有"虚伪、忌妒、侵夺、争杀、独占心、利己心、私有心"等属性,而善德不发达的原因则是因为恶德的牵制或说压抑。于是,

---

① 读者佩剑青年写信为辨明道德的时代性和相对性质问陈独秀:"若夫挟持今日欧西之思想文化,而痛诋数千年前之孔教(如贵杂志关于孔子种种论说),若今世当务之急,必先去孔教者,某不敏,诚不知用意安在。夫道有升降,政由俗革,不可强令人以行古道,世界文化,愈演愈异,又乌可由今之道,而斥古人? 取长去短,可也;一笔抹杀之,不可也。孔教非绝对的不良也。矧国于天地,必有与立,各国提倡邦教,奈何先生弃孔子耶?"陈独秀还是断然以"吾人只得任取其一"回绝。见《通信》,《新青年》3卷1号,1917年3月。
② 陈独秀:《调和论与旧道德》,《新青年》7卷1号,1919年12月。

《新青年》的使命就是要挖潜或激活人类本能上潜存的善德因子。但是,陈独秀并没有回答为什么恶德能够牵制善德的问题。显然,这是思想史上更为深层次的一个学术命题。暂时撇开旧道德与新道德需要创造性转换的连续性问题,我们需要追问的是——人类的本能是要消灭还是要张扬或防范?容易回答:对善的一面,自然要张扬;对恶的一面,自然要防范。但是这与我们常说的20世纪"改造国民性"话题息息相关的另一个命题出现了:就道德的本能部分看,我们人类能够完全"彻底消灭本能上黑暗方面",以"彻底发达人类本能上光明方面"吗?既然西方与东方国民性都有消极、黑暗成分,何以单单改造中国国民性?进一步说,国民性能够改造吗?如果不能承认中西方都有善德与恶德的两重性,那么我们就没有彻底消灭旧道德、完全引进新道德的理由。在某种意义上,超越时空、跨进新时代的道德观念只能寄托在由乌托邦或意识形态领衔的理想王国里。

其次,我们要说的道德理念中新道德、真道德的歧义吊诡。《新青年》主导的道德倾向蕴涵着两个既分庭抗礼又相互依赖的两重性:一方面是具有张扬个性特点的独立、自主、自我化和人格化等要求,另一方面是具有外化特征的互助、博爱、公共心和利他心等情感因素。问题是怎样将其圆融、整合、平衡、和谐统一在一起营造良好的运行机制。这也是中外思想史上共同面临的命题:个性自由与共性互助的平衡问题。

一部中国近现代思想史,离不开对北京大学精神与《新青年》思想谱系的描述。就北大精神而论,陈寅恪先生的名言"独立之精神、自由之思想"不但成为对北大精神的概括,而且也是中国近现代思想史说不完、道不尽的主题。回到"独立之精神、自由之思想"的原题,笔者以为这个精神缺少了人类自由精神的另一半:健全的自由观念应该是个人的充分发展与社会的健康发展之间的和谐统一。而就是在这个不够健全的偏颇中,即使是"独立之精神、自由之思想"这一半也还是没有能够得到健全的发展。

反思20世纪中国思想史,"独立之精神"张扬有余而"自由之思想"营养不良。两相比较,前者土壤肥沃,后者先天不足。"独立之精神"不只是现代思想先驱的鹄的,它在我们的文化传统中也不乏丰厚的精神资源:一方面,高风亮节的士大夫可以为之作证;另一方面,身体力行的志士又可以为之佐证。博大精深的《周易》为我们后人提供了追求刚健自强这一取之不尽、用之不竭的思想资源,在《乾》卦中,乾是天,天就是刚、是健、是高明、是博大。刚健是天的本质,也是天道的本性。唯其如此,才能"终日乾乾,夕惕若厉"。《易传·象》概括《乾》卦的主旨说:"天行健,君子以自强不息。"我们看到,孟子一生都在围绕刚健之气塑造自我的修养和气质。当告子问他什么是他所长时,孟子曰:"我知言,我善养吾浩然之气。"告子曰:"敢问何谓浩然之气?"孟子曰:"难言也。其为气也,至大至刚,以直养而无害,则塞于天地之间。"① 孟子不但发挥了《周易》刚健的传统,也光大了孔子的人格理想、人格修养、人格精神。这也是他何以如此这般打造"大丈夫"榜样的缘故。孟子期冀的皇室是有德者的位置。而这个"德"不但要"仁"而且要"刚":"居天下之广居,立天下之正位,行天下之大道,得志,与民由之;不得志,独行其道。富贵不能淫,贫贱不能移,威武不能屈,此之谓大丈夫!"② 而说到"自由之思想",这不能不说是我们传统中的稀缺资源。除却从文化传统里可以打捞出"中庸之道"作为自由思想的替补,我们的传统里"可供挖潜的自由资源实在是门可

---

① 《孟子·公孙丑上》。
② 《孟子·滕文公下》。

罗雀"。① 所谓思想自由,无非是历代统治者"作秀"的工具。一旦触及现实,每每会遭到沉重的打击。不要说秦始皇的焚书坑儒已经是远离文明的文字狱,就是近代的历史现实就足以证明了"思想之自由"的残酷了。

也恰恰在这里,我们看到,启蒙的主战场往往与"思想之自由"的中心无缘。无论是"改造国民性"思潮还是革新道德,最终都会以人格道德理想的"内圣"作为中心压倒"思想之自由"的价值理性。

"独立之精神"的张扬在《新青年》上的写照无处不在。所谓的独立就是人的独立,所谓的自觉也是人的自觉,所谓的个性更是人的个性。这一切最后都落脚在了人格上。五四新文化运动时期所谓的"人的发现"、"人的觉醒"、"人日"、"人国"等以人为本的主义无不是先以人的独立为前提的。《新青年》同仁无时无刻不在强调独立做"人"、个人本位、自我意识在思想解放、国家现代化上的作用。就在新文化运动高潮即将到来之时,作为主笔的钱玄同于1919年1月3日在就要出版的《新青年》上于陈大齐的《"恭贺新禧"》中"附记"道:"就中国而论,这日是国民做'人'的第一日;就世界而论,这日是人类全体中有四万万人脱离奴籍,独立做'人'的一个纪念日。"这不是《新青年》同仁一时的心血来潮,而是他们一贯的精神诉求。② 李大钊的《"五一"May Day 运动史》中对"要以自由独立的意气"的情有独钟

---

① 不错,我们有"吾意久怀忿,汝岂得自由?"(《孔雀东南飞》)唐代诗人白居易的《苦热》诗也有言曰:"始惭当此日,得作自由身。"柳宗元的失意也曾有这样的"神来之笔":"破额山前碧玉流,骚人遥驻木兰舟。春风无限潇湘意,欲采苹花不自由。"凡此种种,诗歌的惬意还是充满了"妾意",无法与正宗的"独立"之道相提并论。说到这,不是很让我们对这个已经选定的命题失望吗?的确如此,不过"山穷水复疑无路,柳暗花明又一村"的古典境界还是给了我们一点黎明前的微光:中庸之道至少是我目前所能在传统文化资源里打捞到的最接近或说最具有"自由主义"精神气质的思想资源。见拙作《儒家传统与中国自由主义的前景——从"中庸"的视角出发》,《原道》,贵州人民出版社2000年版。

② 陈大齐:《"恭贺新禧"》,《新青年》6卷1号,1919年1月。

不正反映了《新青年》同仁的共同心志吗?① 《青年杂志》创刊号之所以对"德意志之国民性"顶礼膜拜,原因无非是:"以个人主义,著闻于世,故富于独立自尊之心。而为我心之强盛,主张自己权利,不肯丝毫放过。"② 专栏作者李亦民在《世界说苑》中论及的德国以外的国民性,诸如法国、英国等无不是以独立、个人、人格、尊严为主旨的。其他主要作者如李大钊、胡适等对尊严、人格的培养也是煞费苦心。胡适在《藏晖室札记》这个长篇累牍的"札记"中开篇便以此道作为主题思想:"盖人类进化,全赖个人之自益。思想之进化,则有独立思想者之功也。政治之进化,则维新革命者之功也。若人人为他人之故,而自遏其思想言行之独立自由,则人类万无进化之日矣。弥尔之群己权界论倡此说最力,伊伯生之名剧曰'玩物之家'者,亦写此意也。"③ 当《新青年》还叫《青年杂志》时,《抵抗力》、《一九一六年》、《青年之敌》等文章中就接二连三地把"新青年"人格独立、自我尊严、个性自由等问题做了通体的梳理。

这里,有两个思想史上的现象值得注意:一是我们已经涉及的伦理至上、道德泛化问题,二是由此造成的个性化、自我化、人格化的修身养性的"关门主义"。这两个问题虽然可以分开说,但他们却是一个问题的两个方面。上文我们已经谈到,在很多文章中,《新青年》同仁众口一词:"个人本位。"陈独秀、高一涵、胡适、鲁迅等在《新青年》前期尤为显著。④ 对此,我们从陈独秀"力抗群言"、"先觉哲人"以及个人

---

① 李大钊:《"五一"May Day 运动史》,《新青年》7 卷 6 号,1920 年 5 月。
② 李亦民:《德意志之国民性》,《青年杂志》1 卷 1 号,1915 年 9 月。
③ 胡适:《藏晖室札记》,《新青年》4 卷 2 号,1918 年 2 月。
④ 陈独秀的"个人本位"、胡适的"为我主义"、鲁迅的"个人的大我"、高一涵的"自由意志"等在《东西民族根本思想之差异》、《随感录》、《易卜生主义》、《共和国家与青年之自觉》等文中历历在目。鉴于下面我们还要论及这一"个人本位"与"社会"关系的平衡,因此这里避繁就简。

"人格"与"国格"的表述中已可见分晓。以十分典型的《一九一六年》为例,主编的文字可算是伦理激情化的标准文本:

> 自吾国言之,吾国人对此一九一六年,尤应有特别之感情,绝伦之希望。盖吾人自有史以讫一九一五年,于政治,于社会,于道德,于学术,所造之罪孽,所蒙之羞辱,虽倾江汉不可浣也。当此除旧布新之际,理应从头忏悔,改过自新。一九一五年与一九一六年间,在历史上画一鸿沟之界:自开辟以讫一九一五年,皆以古代史目之。从前种种事,至一九一六年死;以后种种事,自一九一六年生。吾人首当一新其心血,以新人格,以新国家,以新社会,以新家庭,以新民族。必迫民族更新,吾人之愿始偿,吾人始有与皙族周旋之价值,吾人始有食息此大地一隅之资格。尊重个人独立自主之人格,勿为他人之附属品。以一物附属一物,或以一物附属一人而为其所有,其物为无意识者也。若有意识之人间,各有其意识,斯各有其独立自主之权。若以一人而附属一人,即丧其自由自尊之人格,立沦于被征服之女子、奴隶、捕虏、家畜之地位。此白晳人种所以兢兢于独立自主之人格,平等自由之人权也。集人成国,个人之人格高,斯国家之人格亦高;个人之权巩固,斯国家之权亦巩固。而吾国自古相传之道德政治,胥反乎是。儒者三纲之说,为一切道德政治之大原。君为臣纲,则民于君为附属品,而无独立自主之人格矣。父为子纲,则子于父为附属品,而无独立自主之人格矣。夫为妻纲,则妻于夫为附属品,而无独立自主之人格矣。率天下之男女,为臣,为子,为妻,而不见有一独立自主之人者,三纲之说为之也。缘此而生金科玉律之道德名词,曰忠,曰孝,曰节,皆非推己及人之主人道德,而为以己属人之奴隶道德也。人间百行,皆以自我为中心,

此而丧失,他何足言?奴隶道德者,即丧失此中心,一切操行,悉非义由己起,附属他人以为功过者也。自负为一九一六年之男女青年,其各奋斗以脱离此附属品之地位,以恢复独立自主之人格!①

从上文不难发现,在主编的心灵深处,新伦理造就的新人格已经囊括了新国家、新社会、新家庭、新民族等意向。新伦理寄托于新人格,而新人格又辐射到国家、民族、社会、家庭上。这样,"独立之精神"被演绎为新伦理道德主义,"自由之思想"被伦理道德团团包围。最终"自由之思想"只好让位于"独立之精神"。所谓的个性化、自我化、人格化的修身养性的"关门主义",就是在自我极度膨胀的情形中关起门来将"自由之思想"窒息。

这个时期的《新青年》是只顾"内圣"不顾"外化"的启蒙理论家居多,尽管他们当时也具有"外化"倾向,但是在启蒙家与革命家之间,前期还是以前者的身份为主。于是,这就引出了我们需要重点讨论的命题:既然主笔以及同仁已经认识到"集人成国"的道理,那么单单以个人人格和修养取胜就能够使得"国家之人格亦高"、"国家之权亦巩固"吗?换句话说,作为国家、民族、社会的个人究竟与这个整体是何种意义上的关系呢?或者说,个人在社会中究竟该处于何种位置和角色呢?当然,《新青年》的启蒙思想者不可能将自我与社会截然分开。我们所谓的"关门"也无非是相对于传统的"内圣外王"的双向互动。而新"内圣外王"与传统"内圣外王"的区别就在于:一个是伦理的政治化,一个是政治的伦理化;一个是内圣与外王同时进行、相得益彰,一个是先"内圣"后"外王"、外王让位于内圣。

---

① 陈独秀:《一九一六年》,《青年杂志》1卷5号,1916年1月。

笔者指出这个悖论的意义在于：个性自由与共性互助的平衡问题需要研究思想史的学者进一步反思。近现代以来的中国思想史不是陷入张扬个性特点的独立、自主、自我化和人格化的泥淖无法自拔，就是一味走互助、博爱、公共心和利他心的道路而无能为"立"。无论是前期以个人本位主义作为"内圣"的依托，还是后期以社会本位主义作为"外化"的平台，中国20世纪思想史的左右摇摆之自我言说基本上属于"语无伦次"一类。

第五章 启蒙的偏至(下):新文化元典与"内圣外王"的演绎

关于《新青年》的思维定势问题,我一直认为它存在一个泛化模式:往往希望通过一个自己认定的理念去解决一切问题。这个整体主义、完全主义、彻底主义解决方案在本质上属于中国传统固有的。对于近现代思想先驱来讲,谁找到可以一应俱全并立竿见影甚至一劳永逸的万能钥匙,谁就是真理的拥有者。为此,我们看到,他们一旦找到一些虽然具有片面真理性或说局部真理性的东西,便会孤注一掷,极力把它鼓吹为普适性的、不可一世的永恒真理。

也正是由于这个缘故,不但在自己认定的真理标准和内容上会有所泛化,甚至会摇摆不定以至于从一头偏执到另一头。伦理道德的泛化只是我们选取的一个观测点,随着对《新青年》文本研究的深入,譬如唯民主义、唯科学主义、个人本位主义、社会本位主义以及其他所谓的纷至沓来的主义都会有自己的代言人。

这里,我们论述的是道德至上、伦理中心主义。

一、"内圣外王"的意义及其局限性

就这个思维模式的真实情况而言,作为《新青年》主编的陈独秀显然有着将个人本位主义伦理化的色彩。伴随着这一政治哲学价值理念的伦理化,幸福观、人生观、政治观、历史观甚至经济观都打上了伦理道德的色彩。一言以蔽之,从伦理道德视角出发谈论社会现代化的发展和人类文明的进步,构成了《新青年》一代人自觉不自觉的历史选择。

现代心理学有一个"集体无意识"的概念,它的意思是说传统思维已经作为一种无形的精神资源,进入该社会成员的心灵世界。就"内圣外王"这一思维模式来说,可以用"集体无意识"来解释这一现象。① 对于"内圣外王"的传统哲学精神而言,"内圣"与"外王"可以作为一个双向互动的过程来看,我们在知道家喻户晓的"学而优则仕"的同时,还应该知道在这句话之前还有"仕而优则学"的警句。② 这样,"内圣外王"在传统文化中就不是两个截然分离的阶段,它具有不可分割性。我们很少在中华文化典籍里看到圣贤们单独谈论"内圣"或"外王"的片断。时至近现代,中国知识分子的忧患意识决定了他们的文化抉择。新"内圣外王"正是启蒙先哲面对现实所能作出的直接反应,而且,它们之间还有可比的地方。

应该看到,传统的"内圣外王"与西方文化冲击下生成的新"内圣外王"主义有一脉相承的部分,也有不同之处。共同之处就是我们已经指出的,"内圣"是"外王"不可或缺的一个至关重要的环节。同之处则是:一个在天人不二、知行合一、道器不二中求秩序,把宇宙秩序看成道德秩序;一个是把先"内圣"后"外王"作为两个终端。前者的问题在于"内圣"必须"外王";后者的困境在于要么"内圣",要么"外王",而且会在偏执中走向自我设计的陷阱。范亚峰在论述自由主义与儒家传统时曾经指出:"内圣外王问题与西方政治哲学的核心问

---

① 荣格:《集体无意识的原型》,《荣格文集》,改革出版社1997年版,第57页。
② 这是孔子的学生子夏的一句话:"仕而优则学,学而优则仕。"语出《论语·子张》。这就把"知"与"行"、学与仕看成了一个问题的两个侧面。它们互为表里、互补相得。

题——个人与社会关系——可互相参照。"①应该说,这是一个不错的想法。就 20 世纪思想史的现实观察而言,个人与社会的关系问题一直是思想启蒙先驱没有处理好的问题,而且很多思想史的辨难都可以在个人与社会的关系中找到答案。其实,将"内圣外王"关系换算为"个人与社会"的关系也缺乏确实能反映中国近现代思想的现实,可恰恰不能忽略的是,"内圣外王"从伦理道德的泛化视角容易理解和"打通"。如果从思想史角度来观察,还是应该严格区分内圣外王及个人与社会的关系,否则我们又会不自觉地踏进了思想史的误区。

在此,我们也要对"内圣外王"做个简单的辨析。这个思维模式的历史意义是无法抹杀的。问题是,难道在 20 世纪即使在现实中就一无是处吗? 对这个的回答很快就联系到知识分子是什么、应该干什么和如何干的问题。其实,知识分子,无论是传统的还是现代的,他们有共同的职责与操守。我们无法卸载本来就属于我们的使命。譬如《易经》里的刚毅、刚健之气的营造以及孟子心仪的"大丈夫"气概,难道这样的"内圣"不可取吗? 内圣终究要外化,只有这样才能对社会有益,问题是如何外化、什么情况下外化。内圣外王的意义就在于,它把知识分子的使命固化,在民族、国家、社会问题上时刻充满忧患意识,对国事、天下事一刻也不能放松懈怠。也正是因为有了这样的信仰,每当我们中华民族处于危急关头时,都会涌现出一批又一批杀身成仁的仁人志士。这种"外王"精神无可厚非、适得其所。最具激进意义的陈独秀在此尽管对传统的"内圣外王"有所警惕,但他还是离不开对其精神实质的充分利用:"人生在世,究竟为的甚么? 究竟应该怎样? 这两句话实在难回答的很。我们若是不能回答这两句

---

① 范亚峰:《内圣归内圣,外王归外王——自由主义与儒家传统初论》,《原道》,贵州人民出版社 2002 年版。

话,糊糊涂涂过了一生,岂不是太无意识吗?"① 这是陈独秀在《人生真义》中开头的一句表白。在这篇文章中,他还谈到了以孔子和孟子主导的精神传统所述说的道理:"象那孔、孟一流人物,专以正心、修身、齐家、治国、平天下,做一大道德家大政治家,为人生最大的目的。"究竟这个道理如何?作为 20 世纪的现代人应该如何处理个人与社会的关系呢?

就陈独秀的诠释看,他对传统哲学精神"内圣外王"的问题还是有着清晰的头脑的:"孔孟所说的正心、修身、齐家、治国、平天下,只算是人生一种行为和事业,不能包括人生全体的真义。吾人若是专门牺牲自己,利益他人,乃是为他人而生,不是为自己而生,决非个人生存的根本理由;墨子的思想,也未免太偏了。杨朱和尼采的主张,虽然说破了人生的真相;但照此极端做去,这组织复杂的文明社会,又如何行得过去呢?人生一世,安命知足,事事听其自然,不去强求,自然是快活的很。但是这种快活的幸福,高等动物反不如下等动物,文明社会反不如野蛮社会;我们中国人受了老庄的教训,所以退化到这等地步。科学家说人死没有灵魂,生时一切苦乐善恶,都为物质界自然法则所支配,这几句话到难以驳他。但是我们个人虽是必死的,全民族是不容易死的,全人类更是不容易死的了。全民族全人类所创的文明事业,留在世界上,写在历史上,传到后代,这不是我们死后联续的记忆和知觉吗?"② 客观地说,陈独秀对孔孟之道、杨朱理论的评述富于理性思考。孔孟"内圣外王"之道的问题不在于是否该"内圣",应该不应该"外王",而是应该有怎样的"内圣"。传统的哲学精神主要在于没有自我、缺乏个性、失去个人。在只有责任和义务的社

---

①② 陈独秀:《人生真义》,《新青年》4 卷 2 号,1918 年 2 月。

会里,个人的生气、独立和尊严全被抹去。在这样的社会里,即使个人想为社会提供极大化的福祉也只能是纸上谈兵,毕竟没有权力和自由的个人不可能有充分发挥自己的个性和能力。"杨朱和尼采的主张"也不能令陈独秀满意,原因是它只有"内圣",即使换算为现代内容的"内圣"还是不能接受。既不能走极端"唯我主义"(专门利己)的道路,也不能走完全"外王"的"牺牲自己、利益他人"(毫不利己)道路,这个"真义"的真实底蕴便是个人与社会互动的道路:"人生在世,个人是生灭无常的,社会是真实存在的;社会的文明幸福,是个人造成的,也是个人应该享受的;社会是个人集成的,除去个人,便没有社会,所以个人的意志和快乐,是应该尊重的;社会是个人的总寿命,社会解散,个人死后便没有联续的记忆和知觉,所以社会的组织和秩序,是应该尊重的;执行意志,满足欲望,自食色以至道德的名誉,都是欲望,是个人生存的根本理由,始终不变的。此处可以说'天不变,道亦不变';一切宗教、法律、道德、政治,不过是维持社会不得已的方法,非个人所以乐生的原意,可以随着时势变更的;人生幸福,是人生自身出力造成的,非是上帝所赐,也不是听其自然所能成就的。若是上帝所赐,何以厚于今人而薄于古人?若是听其自然所能成就,何以世界各民族的幸福不能够一样呢;个人之在社会,好象细胞之在人身;生灭无常,新陈代谢,本是理所当然,丝毫不足恐怖,要享幸福,莫怕痛苦。现在个人的痛苦,有时可以造成未来个人的幸福。譬如有主义的战争所流的血,往往洗去人类或民族的污点。极大的瘟疫,往往促成科学的发达。"①总而言之,"个人生存的时候,当努力造成幸福,享受幸福;并且留在社会上,后来的个人也能够享受。递相授受,以至无穷。"以上几条都是对个人与社会关系相当理性的点拨,也是

---

① 陈独秀:《人生真义》,《新青年》4卷2号,1918年2月。

对传统"内圣外王"精神的补正和发展。

我们不否认陈独秀等找到了传统文化"内圣外王"问题的答案,为此他在《新青年》初期一心一意要走个人本位的道路。然而,如同传统的"内圣外王"没有处理好"内圣"与"外王"的关系一样,《新青年》在精神气质上除却《人生真义》谈出了人生真义,纵观《新青年》杂志的其他很多同类文章,他们在个人与社会的关系上往往不是偏于这一端就是陷于另一端。在1919年前后一年半载的"平衡"可以说是昙花一现,并没有给中国现代思想史留下更多的精神遗产。从前期的个人本位主义到后期的社会本位主义,一部《新青年》杂志从同仁时期到"同志"时期的历史就是一部整个20世纪中国的思想史之浓缩。

二、陈独秀与尼采:个人化时代的精神个案

在《新青年》初期的思想启蒙阶段,对个人独立、人格觉悟、个性解放的孤注一掷使得他们难以兼顾博爱、利他、互助。在他们看来,文化启蒙主义就是要打破常规,和传统"势不两立",于是反传统、反主流、反社会成为一股强大的思想潮流。传统主张群体意识,新文化运动就主张个人意识,传统主张"克己",现代启蒙就要"超人"。那种特立独行、"力抗群言"、"世界上最孤立的人就是最有力的人"等判断写就了以人为本的意识。鉴于孟子的"大丈夫"属于传统的东西,恐怕有碍于对传统进行全盘彻底的否定,于是尼采成为个人主义启蒙武器的首选。究其根源,尼采学说中的"超人"形象更有助于个性的张扬,"偶像破坏"理论援用起来更为得心应手。尼采进化思想的中心即是"与其互相牵连,不如互相遗弃"。与梁启超"利群"思想不同,陈独秀信奉的就是这种"独标异见"的哲学。他希望先觉哲人应运而生,由此带动社会进化发展。他说:"自社会言之,群众意识,每喜从

同;恶德污流,惰力甚大;往往滔天罪恶,视为其群道德之精华。非有先觉哲人,力抗群言,独标异见,则社会莫由进化。"①可以看出,两代启蒙思想家之间形成了鲜明的对比:针对尼采"与其互相牵连,不如互相遗弃"自我化倾向,梁启超颇有微词;而陈独秀对那位一路叫喊着"上帝死了"、自我完全负责、独自走向未来的尼采却是心仪已久。尼采对道德的意见也是反对博爱、利他,②这种"超人"主张正好符合《新青年》同仁"破坏偶像"的精神诉求。陈独秀在《偶像破坏论》中的道白显然是受到了尼采的影响:"天地间鬼神的存在,倘不能确实证明,一切宗教,都是一种骗人的偶像:阿弥陀佛是骗人的;耶和华上帝也是骗人的;玉皇大帝也是骗人的;一切宗教家所尊重的崇拜的神佛仙鬼,都是无用的骗人的偶像,都应该破坏!"③从陈独秀后来对宗教态度的转变来看,他有着梁启超式的"两头不到岸"的思想过渡特征。关于这一点,我们从他对尼采的态度上也可略见一斑。为了在某一个时段解决一个问题,他们往往不惜饮鸩止渴。在《新青年》上陈独秀和他的同仁一样,对尼采的态度在短暂的时间里走过了一个从"超人"到"狂人"的过程。

我们在《青年杂志》上看到的首篇提及尼采的是主编的《敬告青年》一文。当时陈独秀在极力呐喊"自主的而非奴隶的"道德观念。他说:"德国大哲尼采(Nietzsche)别道德为二类:有独立心而勇敢者曰贵族道德(Morality of Noble),谦逊而服从者曰奴隶道德(Morality of Slave)。轻刑薄赋,奴隶之幸福也;称颂功德,奴隶之文章也;拜爵赐第,奴隶之光荣也;丰碑高墓,奴隶之纪念物也。以其是非荣

---

① 陈独秀:《抵抗力》,《青年杂志》1卷3号,1915年11月。
② 罗森:《启蒙的面具·前言》,辽宁教育出版社2003年版。
③ 陈独秀:《偶像破坏论》,《新青年》5卷2号,1918年8月。

辱,听命他人,不以自身为本位,则个人独立平等之人格,消灭无存,其一切善恶行为,势不能诉之自身意志而课以功过;谓之奴隶,谁曰不宜？立德立功,首当辨此。"①贵族道德与奴隶道德的划分,立德立功的辩难非常明确地表达了陈独秀对尼采道德观念的肯定和欣赏。毋庸讳言,在独立、自主、自我化和人格化与互助、博爱、公共心和利他心之间,他倾向于前一个系列。

同是在《青年杂志》创刊号上,我们看到的第二篇提及尼采的文章是《法兰西人与近世文明》。在对近代文明法兰西人赐予的三大文明"人权说"、"生物进化论"、"社会主义"作出至高评价后,陈独秀在文章结尾应用了尼采的语录作为权威的理论依据:"此近世三大文明,皆法兰西人之赐。世界而无法兰西,今日之黑暗不识仍居何等。……德之大哲尼采曰:吾德人勿胜而骄,彼法兰西人历世创造之天才,实视汝因袭之文明而战胜也。"②敬仰之情必然会有亦步亦趋的理论果实。就在1915年12月15日的《青年杂志》上,陈独秀为"个人本位主义"说理时再度抬出了尼采:"西洋民族,自古迄今,彻头彻尾,个人主义之民族也。英、美如此,法、德亦何独不然! 尼采如此,康德亦何独不然？举一切伦理,道德,政治,法律,社会之所向往,国家之所祈求,拥护个人之自由权利与幸福而已。"③尼采、康德的道德观也是文明人生的幸福观。

正如我们在《新青年》中看到的那样,陈独秀的尼采观有一个发展变化过程。在《青年杂志》改名为《新青年》的首卷上,陈独秀在论述几位著名科学家的道德意见时已经对尼采的观念有所顾及,甚至有说不出口的感觉。为了引证自己的观点也只好将尼采的道德意见

---

① 陈独秀:《敬告青年》,《青年杂志》1卷1号,1915年9月。
② 陈独秀:《法兰西人与近世文明》,《青年杂志》1卷1号,1915年9月。
③ 陈独秀:《东西民族根本思想之差异》,《青年杂志》1卷4号,1915年12月。

予以缓解:"梅氏眼中之博爱利他主义,不过为应时之道德,非绝对不可离之真理。其破坏博爱利他主义之根底,视尼采为尤甚。盖尼采目博爱利他为不道德之恶劣行为,意过偏激,不合情理,使人未能释然。梅氏之解释个人主义,亦不似尼采猖披过当,令人怀疑也。"①从中我们已经可以看到他对尼采过于激进的警惕和批评。作为一种思想启蒙的武器,尼采可以为我所用,但作为一种人类文明的道德成果,陈独秀则认为不够理性。

其实,主编对尼采思想的警惕是从一开始就有的,只是为了"独标异见",在他找不到立论材料的情况下拿尼采抵挡一阵罢了。在《新青年》杂志上,我们常常能看到主编为了引导读者,往往把本来不属于自己一类的观点穿凿进去。虽然《新青年》主张"真理愈辩愈明"②,希望有更多的人持论不一,但是一旦和主编的指导思想有冲突,主编总是要做点手脚。前面提到的陈独秀在李大钊《青年与老人》一文后的"附注"即是典型的一例。总之,主编要按照自己设计的思想路线图发展。蔡元培先生为此就曾对陈独秀有意附会自己的观点提出过批评,而且蔡元培的点拨对陈独秀更深刻认识尼采起到了一定的作用。③ 作为"新青年派"成员之一的蔡元培就尼采思想直面

---

① 陈独秀:《当代二大科学家之思想》,《新青年》2卷1号,1916年9月。

② 陈独秀在《答陈恨我》的信中表达过这一思想:"本志出版半载,持论多与时俗相左,然亦罕受驳论,此本志之不幸,亦社会之不幸。盖以真理愈辩而愈明也。"《新青年》2卷1号,1916年9月)

③ 《新青年》2卷5号刊登了《蔡孑民先生在信教自由会之演说》,这是一个"记者"记录的演讲词。正如演讲者来信批评的那样:"不意近日在政学会及信教自由〈会〉之演说,乃为贵杂志所转载,势必稍稍引起读者之注意。其中大违鄙人本意之点,不能不有所辨正。爰陈其概于下,幸揭载之。"陈独秀也是心知肚明,很快回信说:"本志前卷五号,转录日报所载先生演说,未能亲叩雅义至多讹误,死罪死罪。今幸先生赐函辨正,读之且愧且喜。记者前论,以不贵苟同之故。对于先生左袒宗教之言,颇怀异议,今诵赐书,遂尔冰释。甚愿今后宗教家,以虚心研求真理为归,慎勿假托名宿之言,欺弄昏稚。特此敬复孑民先生,并告天下。"《新青年》3卷1号,1917年3月1日)

向主编表达过自己的意见:"'在昔学者曾发明世界进化之理'至'有强存弱亡自然淘汰之语'。本意谓法之拉马尔克,英之达尔文,发明世界进化之理。达氏虽有自然淘汰优胜劣败之说,然亦就生物界之现象而假定之。初未尝用以推断一切之事物。自尼采以此义为世界进化之惟一条件,而悬为道德之标准,于是竞强汰弱之义大行,而产出德国之军国主义。"①将尼采与军国主义联系起来,陈独秀思想的警钟从此长鸣,而且这也是他走向社会本位主义的根本原因。

就在回答蔡元培质问的同时,同期同卷上还有回答淮山逸民关于道德存在与否的问题:"指斥旧道德之最趋极端者,莫如德国之尼采,然彼固悍然承认残忍嗜杀、自利自尊为道德。道其所道,德其所德,是非乃别一问题。然彼亦未尝否认道德本身名词之存在,固彰彰明也。"②意思是说,诸如尼采这样对旧道德采取极端的态度还没有否定道德的必要性! 不过,陈独秀已经在蔡元培的点拨下提出了对尼采"悍然承认残忍嗜杀"的质疑。1917年3月前后似乎是陈主编对尼采评价的转折点。他在3月17日的一次演讲中也把自己先前的观点做了梳理。他说:"欧洲之文明,本有二原,一为欧洲古代遗传之文明,即希腊罗马之文明也;一为中世纪吸收外来之文明,即耶稣教之文明也。此二文明为欧洲文明之源泉。凡百学术,悉出于是。道德学说,亦不能外之。个人主义,乃希腊罗马遗传之思想,至近今而大昌。一变为达尔文之物竞学说,再变为尼采之超人论,三变为德意志之军国主义,皆此思想之递说也。社会主义,乃耶稣教文明,输入之思想,亦至近今而大昌。俄国之托尔斯泰,即力唱此学说,和之者甚众。与尼采之超人论,成对抗之势。逆料战事告终,道德学说,

---

① 蔡元培:《通信》,《新青年》3卷1号,1917年3月。
② 陈独秀:《通信》,《新青年》3卷1号,1917年3月。

必生一大变动,则解决此二思潮之期不远矣。"①其中不但有对尼采学说过时感的流露,更有与蔡元培通信中的思想痕迹。

当然,由于启蒙的需要,陈独秀对尼采这个思想资源还是不愿意轻易放弃的。尽管对这位哲人有所警觉,但他还是频频回首。真正对尼采发生改变的是他在1918年初发表的《人生真义》一文。这篇文章前后两次提到尼采,这也是很多学者在见首不见尾的情况下容易误解陈独秀思想演变的原因。第一次原文如下:"又象那德国人尼采也是主张尊重个人的意志,发挥个人的天才,成功一个大艺术家、大事业家,叫做寻常人以上的'超人',才算是人生目的;甚么仁义道德,都是骗人的说话。"这是在列举中外道德观念时的一个精神个案例子,尽管有关于"仁义道德,都是骗人的说话"的义愤,但在本质上并非陈独秀的价值取向,只是转达尼采的个人道德观。而下面对各种道德观念的代表人物的评价才是思想的底牌。他把尼采和杨朱的自私自利捏在一起评论说:"杨朱和尼采的主张,虽然说破了人生的真相;但照此极端做去,这组织复杂的文明社会,又如何行得过去呢?"②看似一个小的转折复句,但在这"虽然"和"但"背后却是对尼采的基本原则的放弃。有人根据陈独秀的第一段表述就断定他是一贯器重尼采的主张,这则是没有系统解读主编思想脉络的判断。③之后,陈独秀看重的只有尼采的"重新估定一切价值"。④ 即使在30年代抗战爆发后陈独秀仍然认同尼采这话的道理。⑤

---

① 常乃德:《记陈独秀君演讲辞》,《新青年》3卷3号,1917年5月。
② 陈独秀:《人生真义》,《新青年》4卷2号,1918年2月。
③ 成芳:《尼采在中国》,南京出版社1993年版,第25页。
④ 胡适:《新思潮的意义》,《新青年》7卷1号,1919年12月。
⑤ 在《孔子与中国》中,他开篇便引用尼采的话说:"尼采说得对:'经评定价值始有价值;不评定价值,则此存之有壳果,将空无所有'。"参见陈独秀:《孔子与中国》,《陈独秀著作选》第3卷,上海人民出版社1993年版。

饶有趣味的是,陈独秀在放弃尼采的"超人"精神后几乎来了个根本的反转。他很快倾斜到另一方面:苦心经营博爱、互助、同情、公共心。当然,这种超越之后的回归非常方便,因为我们传统中也能找到"恻隐之心"的标本。于是,西方的人本主义被演绎为"悲天悯人"人道主义、民本主义、社会主义。尤其是经过"巴黎和会"这一场"觉悟",陈独秀更是将公理与强权的关系道破:"我们不可不承认尼采 Nietzsche、斯特勒 Stior 诸人的强力唯我主义有不可磨灭的价值。一个人一民族若没有自卫的强力,单只望公理昌明,仰仗人家饶恕和帮助的恩惠才能生存;这是何等卑弱无耻不能自立的奴才!"[①]无论是正话反说还是愤激之词,陈独秀这时对尼采的态度已经不是顶礼膜拜。时代在变化,他需要强力,强力绝对不是尼采和希特勒式的金力主义、军国主义。这正如他在《新青年》宣言中所说的:"我们相信世界上的军国主义和金力主义,已经造了无穷罪恶,现在是应该抛弃的了。"[②]强力哪里寻找?是群众的合力,是国民的众多,是集体运动的到来。

基于这样的思想逻辑,陈独秀自己也开始重新评估自己过去的价值观念。他在1920年初撰写的一篇关于基督教的文章中这样论及尼采:"我以为基督教是爱的宗教,我们一天不学尼采反对人类相爱,便一天不能说基督教已经从根本崩坏了。基督教底根本教义只是信与爱,别的都是枝叶。"[③]这里不但表明了对尼采态度的根本转变,而且也对培养"爱"的宗教情怀发生了兴趣。这与他先前对宗教的批评形成了鲜明对照:"天地间鬼神的存在,倘不能

---

① 陈独秀:《山东问题与国民觉悟:对外对内两种彻底的觉悟》,《每周评论》第23号,1919年5月26日。
② 《"新青年"宣言》,《新青年》7卷1号,1919年12月。
③ 陈独秀:《基督教与中国人》,《新青年》7卷3号,1920年2月。

确实证明,一切宗教,都是一种骗人的偶像:阿弥陀佛是骗人的;耶和华上帝也是骗人的;玉皇大帝也是骗人的;一切宗教家所尊重的崇拜的神佛仙鬼,都是无用的骗人的偶像,都应该破坏!"①对尼采的态度也转变了,这是作者从注重唯意志论的个人的自尊、自爱到大众化的博爱、互助倾向的转型。他说:"耶稣不曾为救国而来,是为救全人类底永远生命而来;……他(指政客——引者注)大骂无产社会是'将来之隐患','大乱之道',他忘记了基督教是穷人底福音,耶稣是穷人底朋友。"②从倡导贵族道德、精英意识、独标异见、超人情怀到宣传爱的福音、无产社会、穷人救济,陈独秀从尼采到耶稣的信仰转变是自救意识与救星意识的转换,由此陈独秀从个人到社会本位的倾斜不可逆转。

陈独秀这个不可逆转不只是自我思考的结果,它更有现实的国际背景。众所周知,无论是个人主义还是社会主义,无论是资本主义还是马克思主义,它们都是西方文明的产物。他之所以能更早地看到个人主义和社会主义的颉颃胶着,最根本的是他对现实的关注与思考。上面引述过的文字已经能够说明他对未来走势的观察:"欧洲之文明,本有二原,一为欧洲古代遗传之文明,即希腊罗马之文明也;一为中世纪吸收外来之文明,即耶稣教之文明也。此二文明为欧洲文明之源泉。凡百学术,悉出于是。道德学说,亦不能外之。个人主义,乃希腊罗马遗传之思想,至近今而大昌。……社会主义,乃耶稣教文明,输入之思想,亦至近今而大昌。俄国之托尔斯泰,即力唱此学说,和之者甚众。与尼采之超人论,成对抗之势。逆料战事告终,道德学说,必生一大变动,则解决此二思潮之期不远矣。"③这个引述

---

① 陈独秀:《偶像破坏论》,《新青年》5卷2号,1918年8月。
② 陈独秀:《基督教与中国人》,《新青年》7卷3号,1920年2月。
③ 常乃德:《记陈独秀君演讲辞》,《新青年》3卷3号,1917年5月。

也许稍嫌累赘,但它的重要意义却是不可忽视的。尤其是当陈独秀在基督教的博爱、互助、平等中找到了与社会主义的道德同感后,形成"对抗之势"的两种道德思潮必将打破短暂的平衡状态。

三、"人生真义":"自利利他"平衡机制的再度倾斜

中国近现代文化失范以及秩序的丧失不能不使纯粹个人主义者重新考虑价值走向。个人(自我、个体)可以一味大于社会(群体、国家、家族)的自我化行为使得启蒙先驱已经感到了新的尴尬。新的尴尬是"个人太自由"的尴尬,而弥补这个尴尬的恰恰是要将"个人太自由"那翘起的尾巴往下压。这也就是调整责任与权利的问题,令其始料未及的是,陈独秀主导的《新青年》最后还有更为尴尬的尴尬。对介于两个尴尬之间的一个短暂平衡的思想史命题,笔者曾经在论文《"个性的自由与共性的互助"》中论及。① 在某种意义上,这正是思想史个人与社会关系的互补,但是在中国 20 世纪初那样一个动荡的岁月里,知识分子不可能一味地做守恒的旁观者。从思想启蒙的个人超越和政治启蒙的群体回归,它是一个历史的必然。

关于个人与社会关系,也就是自利与利他的关系(还是"内圣"与"外王"的关系),笔者会单独行文进行具体的讨论。这里,笔者关心的是:《新青年》同仁从自利(个人化)到自利利他再到专门利他(社会化)的转换依据是什么?如果说伦理道德关怀同样是它们转换的逻辑依据,那么这个依据究竟是怎样发挥作用的呢?

这一切,都是伦理道德的杠杆在起作用。

---

① 张宝明:《"个性的自由与共性的互助"》,《河南社会科学》1998 年第 1 期。

回顾 20 世纪初年,资本主义的思潮和社会主义的思潮在中国知识界都有反应,为何他们对颇有好感的社会主义敬而远之,而对资产阶级的"个性自由"如此看重呢？启蒙者同样是根据社会现实与理想之间的关系来选择的。与梁启超认为社会主义理想过于高远一样,陈独秀在《新青年》创刊号上回答读者提问时就反复说明了这一点。不是不向往社会主义,也不是说它不好。就他们的赶超意识来说,完全是急不可待。

回眸《新青年》杂志,它第一次提及社会主义是在陈独秀发表于创刊号上的《法兰西人与近世文明》。他对法兰西人创造的人权说、生物进化论、社会主义三大文明表示推崇备至的同时,这样解释社会主义说:"近世文明之发生也,欧罗巴旧社会之制度,破坏无余,所存者私有财产制耳。此制虽传之自古,自竞争人权之说兴,机械资本之用广,其害遂演而日深:政治之不平等,一变而为社会之不平等;君主贵族之压制,一变而为资本家之压制:此近世文明之缺点,无容讳言者也。欲去此不平等与压制,继政治革命而谋社会革命者,社会主义是也。可谓之反对近世文明之欧罗巴最近文明。其说始于法兰西革命时,有巴布夫(Babeuf)者,主张废弃所有权,行财产共有制(La communaute des biens)。其说未为当世所重。十九世纪之初,此主义复盛兴于法兰西。圣西孟(Saint-Simon)及傅里耶(Fonrier),其最著称者也。彼等所主张者,以国家或社会,为财产所有主,人各从其才能以事事,各称其劳力以获报酬,排斥违背人道之私有权,而建设一新社会也。其后数十年,德意志之拉萨尔(Lassalle)及马克斯(Karl Marx),承法人之师说,发挥而光大之,资本与劳力之争愈烈,社会革命之声愈高。欧洲社会,岌岌不可终日。财产私有制虽不克因之遽废,然各国之执政及富豪,恍然于贫富之度过差,决非社会之福;于是谋资本劳力之调和,保护工人,限制兼并,所谓社会政策是也。晚近经济学说,莫不以生产分配,相提并论。继此以往,贫民生计,或以昭苏。此人类之幸福,受赐于法兰西人者又其一也。"①虽然只有短短的几句话,但他提出的问题却都是第一次。马克斯、政治革命、社会革命是第一次提及,诸如贫富差距、贫民生计、私有制都是第一次论及。不过,需要说明的是,陈独秀的推崇也只是限于推崇,他至少当时对社会主义没抱多大奢望,这从他回答一封读者来信可见一二。一位名为褚葆衡的读者在2卷5号的《通信》上询问道:"近代文明之真谛,最新之思潮,仆以为当推社会主义。此种学说,为政府及资本家专横之反应,大足为我人研究资料。我国于此种主义,输入未久,鼓吹乏人,故信仰者寡,是以强权者势愈甚,而平民乃愈陷火水之中。贵报素主输入世界新理,独于斯类学说,乃未多觏,足下如以社会主义实可为救世之良药,则阐扬之责,端在贵报矣。仆愿如此。不识足下以为如何?"很长的一封读者来信,却被陈主编一笔勾销:"社会主义,理想甚高,学派亦甚复杂。惟是说之兴,中国似可缓于欧洲。因产业未兴,兼并未盛行也。"②这样的回信在陈独秀的书信往来中非常少见,这主要还是因为他对此无暇顾及。对此,我们还可以从他回答李杰的信中窥见一斑。读者李杰已经看到只有破坏、缺乏建设的遗漏,因此建议要有让国人在道德上有所依附的东西:"连读贵志,于辟孔一门,多所论列,俾我青年恍然于数千年来弱国弱种之大本,而思有以驱除之。至理名言,钦佩无既。但鄙意以为一方面辟孔,一方面须提倡古人言论学说之有益于现代,而与孔子相反者,作为破坏后之建设,使国人有所遵循,视尤为当务之急。按古人学说之最合于现代者,莫庄墨若,墨子兼爱,适合于近世所谓社会主义,而为大同之基础。"陈独秀同样闭口不谈古代伦理与当今社会主义的关系,只说:"墨民兼爱,庄子在宥,许行并耕,此三者诚人类最高之理

---

① 陈独秀:《法兰西人与近世文明》,《青年杂志》1卷1号,1915年9月。
② 褚葆衡、陈独秀:《通信》,《新青年》2卷5号,1917年1月。

想,而吾国之国粹也。奈均为孔孟所不容何?"① 而后来陈独秀追随社会主义正是运用了这些古代的伦理资源。

初期的《新青年》之所以与社会主义保持一定的距离,问题的关键还在于他对个性的痴迷,这个痴迷又有作为"当代二大科学家之思想"之一的梅特尼廓图廓甫作后盾。在对梅氏的"道德意见"表示格外尊重的同时,他对梅氏的对"理想甚高"的社会主义的批评也推崇不已。众所周知,尼采是陈独秀援用的得力思想资源,但当尼采的道德观与梅氏发生冲突时,陈独秀是这样征引梅氏的:"无论若何社会主义,均不能完全解决社会之生活问题,与夫个人之自由保障。惟人智之进步,乃足使人人之财产自然趋于平均。盖人有智识,深明多藏之害,当然弃其有余。自来生活奢侈者寿命多促,其事至愚。履人生之常道,以简朴严正为生者,往往得最大之幸福。明乎此则富者尚质素之生活,贫者自日趋于顺境。但遗产私有之习惯,未必为根本必无之事。进化非急激而行者,必由种种之努力及新智识之加增,乃有济也。新生产之社会学,导先路者当为其姊生物学。据生物学之所教,凡组织愈复杂者,其个体之意识愈发达,乃至有个体不甘为团体牺牲之患。惟劣等动物,若粘菌,若管状水母等,其个性全然没却于团体之中,然其所牺牲者乃极少。此等动物绝无自个意识故也。营社会生活之羽虫,居劣等动物与人类之中间,有明了之自个意识者,惟人类而已。故为社会组织之便利计,未可强人以牺牲,敢断言曰:人类社会生活之组织,当以个性之研究为第一义。"② 原来,"以个性之研究为第一义"也是他暂时不愿接近社会主义的一个重要道德指数。

最先标志着要从"以个性之研究为第一义"之道德转向的应数陈

---

① 李杰、陈独秀:《通信》,《新青年》2卷5号,1917年5月。
② 陈独秀:《当代二大科学家之思想》,《新青年》2卷1号,1916年9月。

独秀在一次会议上的演讲。他这时已经开始要研究个人主义("个性")与社会主义("利他")之间的关系:"道德之概念既明,乃可进而考求道德学说之派别。现今道德学说之在欧西,最要者有二派。其一为个人主义之自利派,其二为社会主义之利他派。此二派互为雄长于道德学说界中。自于吾国旧日三纲五伦之道德,则既非利己,又非利人。既非个人,又非社会,乃封建时代以家族主义为根据之奴隶道德也。此种道德之在今日,已无讨论之价值。其或有恋恋不舍者,奴性未除,不敢以国民自居者耳。若泰西二派之学说,则上知利根之士,犹迟回不决于此二者之间,是真吾人所应研究者也。"[1]既不是"以个性之研究为第一义",也不是专门研究利他的社会化,这标志着《新青年》在个人与社会之间的社会转型。

鉴于陈独秀的转型就是《新青年》的转型,而且在《新青年》上也只有他和李大钊对社会主义最感兴趣,因此我们的考察将重点放在这两位主笔的文字上。

陈独秀、李大钊的"自利利他"伦理观尽管表述有别,但他们却是用理性的态度道出了"内圣"与"外王"的平衡关系。"内图个性之发展,外图贡献于其群"是陈独秀在《新青年》中对"新青年"的要求;[2]"个性的自由与共性的互助"是李大钊在《新青年》的姊妹刊物《新潮》上发表的对理想社会道德境界的感言。[3] 虽然他在这个平衡关系上比陈独秀的时间要早,但是真正有平衡思路的过渡段还是在1919年前后一个较长的时间里。

深藏心底的社会主义情怀拉动了他们利他("外王")、互助、贡献的杠杆,而这个社会主义情怀又来自他们对道德理想王国的憧憬。

---

[1] 常乃德:《记陈独秀君演讲辞》,《新青年》3卷3号,1917年5月。
[2] 陈独秀:《新青年》,《新青年》2卷1号,1916年9月。
[3] 李大钊:《联治主义与世界组织》,《新潮》1卷2号,1919年2月。

《新青年》前期讨论和撰写的对象如人力车夫、女子贞节大都是社会底层的弱势群体,包括胡适在内的这样具有绅士风情的海归派也都力倡研究这样具体的社会问题,而不是纸上空谈的"主义"。因此,尽管他们一方面呐喊用进化论的观点、用"超人"的态度对弱者不予同情,主张优胜劣汰。但是在他们内心深处,自利而不利他的伦理观念终究会受到谴责,尤其是自我的良知谴责。

1918年,正当陈独秀还在讲解其"人生真义"的幸福观,即个人的内圣外王与社会的关系时,李大钊捷足先登,以一篇《Bolshevism 的胜利》揭开了现代性进程中社会化的序幕。他在文章中不但触及了社会革命等问题,而且将"大群众"的社会意识提上重要日程。更为关键的是,他对以个人主义为哲学基础的资本主义的否定以及以社群主义为基础的社会主义的向往历历在目。他说:"像这般滔滔滚滚的潮流,实非现在资本家的政府所能防遏得住的。因为廿世纪的群众运动,是合世界人类全体为一大群众。这大群众里边的每一个人一部分人的暗示模仿,集中而成一种伟大不可抗的社会力。这种世界的社会力,在人间一有动荡,世界各处都有风靡云涌山鸣谷应的样子。在这世界的群众运动的中间,历史上残余的东西,——什么皇帝咧,贵族咧,军阀咧,官僚咧,军国主义咧,资本主义咧,——凡可以障阻这新运动的进路的,必挟雷霆万钧的力量摧拉他们。他们遇见这种不可当的潮流,都像枯黄的树叶遇见凛冽的秋风一般,一个一个的飞落在地。由今以后,到处所见的,都是 Bolshevism 战胜的旗。到处所闻的,都是 Bolshevism 的凯歌的声。人道的警钟响了!自由的曙光现了!试看将来的环球,必是赤旗的世界!"①将阶级倾向导引到"无产阶级的庶民",将共产党的宗旨发布为平民主义的"人道的

---

① 李大钊:《Bolshevism 的胜利》,《新青年》5 卷 5 号,1918 年 11 月。

警钟",该文与同卷同号上的《庶民的胜利》一起营造新型的道德理想主义。

李大钊、陈独秀都坚信互助论是作为社会主义实行的哲学基础。李大钊的表述相当透彻:"一切形式的社会主义的根萌,都纯粹是伦理的。协合与友谊,就是人类社会生活的普遍法则……这基础就是协和、友谊、互助、博爱的精神,就是把家族的精神推及于四海,推及于人类全体生活的精神。"①这里的伦理道德已经不是一般意义上的道德,而是一种用诸激活民意或民力的人化甚至神化的"生命"现象。在李大钊看来,如果这种伦理道德不与民众结合起来,那它就是一个没有着落的虚设。所以他说:"我们今日所需要的道德……乃是人的道德、美化的道德、实用的道德、大同的道德、互助的道德、创造的道德!"②究竟是什么一种道德呢?原来,他讲的是普遍的、动力的、实践的道德,一言以蔽之,是要转换成有能量的道德。先哲并非不知道,靠一个两个人的道德并不足以解决问题,那只能是"独善其身"的自我设计。于是,将道德"普度",辐射到人人身上就可以在强大的民意中实现自我的意志。

对一直看重协力、调和的李大钊来说,这个转变又是本应如是的"自然"逻辑。但对陈独秀来说,由信仰优胜劣汰的进化论以及"超人"的哲学过渡到认同互助,这个转化并不是一件轻松的事情。我们看到,在有相同心理基础的前提下,在同仁李大钊敏锐的嗅觉下,陈独秀做了相应的"过河卒"。《新青年》的新宣言比起创刊时的宗旨代表了新时代的共识:"我们理想的新时代新社会,是诚实的、进步的、

---

① 守常:《阶级竞争与互助》,《每周评论》第29号,1919年7月6日。
② 李大钊:《物质变动与道德变动》,《新潮》2卷2号,1919年12月。

积极的、自由的、平等的、创造的、美的、善的、和平的、相爱互助的、劳动而愉快的、全社会幸福的。希望那虚伪的、保守的、消极的、束缚的、阶级的、因袭的、丑的、恶的、战争的、轧轹不安的、懒惰而烦闷的、少数幸福的现象,渐渐减少,至于消灭。"①这里的相爱互助一款足以说明新型道德理想的诞生。② 从此,陈独秀开发互助、同情、公共心新道德的理念蔓延开来。

在这个转变过程中,值得一提的是主张兼容并包但又不自觉偏向"新青年派"的北京大学校长蔡元培。作为《新青年》主要作者之一,他在《欧战与哲学》中对互助思想的倾力无疑促进了陈独秀、李大钊从伦理上的个人主义到社会主义的转型。蔡元培是一位对无政府主义有着深厚感情的自由思想者。这里,他列举了尼采(Nietsche)的强权主义、托尔斯泰(Tolstoy)的无抵抗主义、克罗巴金(Kropotkin)的互助主义。最后他在三位无政府主义者的学说中圈定了克罗巴金(即克鲁泡特金)。至于对克罗巴金情有独钟的原因,极具号召力的蔡元培是这样解释的:

> 互助主义,是进化论的一条公例。在达尔文的进化论中,本兼有竞存与互助两条假定义。但他所列的证据,是竞存一方面较多。继达氏的学者,遂多说互竞的必要。如前举尼氏的学说,

---

① 《本志宣言》,《新青年》7卷1号,1919年12月。
② 陈独秀在《新青年》初期也曾经述说过"互助"在人类文明史上的作用。他在答读者李平关于《互助》一书的信中说:"《互助》不独为克氏生平杰作,与达尔文之书同为人类不刊之典。达氏书言万物由竞争而进,不适者自处于天然淘汰(Natural Selection)之境。克氏书言人类进步,由于互助,不由于竞争,号为与达氏异趣。鄙意以为人类之进化,竞争与互助,二者不可缺一,犹车之两轮,鸟之双翼,其目的仍不外自我之生存与进步,特其间境地有差别,界限有广狭耳。克、达二氏各见真理之一面,合二氏之书,始足说明万物始终进化之理。"(《通信》,《青年杂志》1卷2号,1919年10月)虽然将"竞争"与"互助"说成是"各见真理之一面",但当时却是偏袒前者,而新宣言则偏袒后者。

就是专以互竞为进化条件的。……照此看来,欧战的结果,就使我们对于尼氏托氏克氏三种哲学,很容易辨别了。至于互助的我国旧哲学中,与尼氏相类的,止有列子的杨朱篇,但并非杨氏"为我"的本意(拙作《中国伦理学史》中曾辩过的)。托氏主义,道家儒家均有道及的。如曾子说的"犯而不校",孟子说的三"自反",老子说的"三宝",是很相近的。人人都说我们民族的积弱,都是中了这种学说毒,也是"持之有故"。我们尚不到全体信仰精神世界的程度。止"可用各尊所闻"之例罢了。条件;如孟子说的"多助之至,天下顺之。寡助之至,亲戚畔之","不通功易事,则农有余粟女有余布。"普通不常说的"家不和,被邻欺","群策群力","众擎易举"都是很对的。此后就望大家照这主义进行,自不愁不进化了。①

当陈独秀和李大钊都在自利和利他、竞争与互助天平之间难以把握之际,蔡元培为互助主义呐喊助威,无疑起了推波助澜的作用。蔡元培列举了三种具有无政府主义倾向的学说,最后是互助主义。这从他的论述中可以看出极端个人主义与极端社会主义的异曲同工或说本质的相通。就北京大学的校长、教务处长、图书馆长三人的哲学信仰来看,他们都有程度不同的无政府主义信念,只是李大钊、陈独秀很快从无政府主义的纯粹哲学理念中走出,转而执意履行具有实践性的政治模式而已。

李大钊《我的马克思主义观》等文章的出现,已经充分表明《新青年》引领的时代潮流势不可挡。这个思潮就是以与时俱进的马克思主义哲学为指导的社会主义。当时,理论论据是与空想社会

---

① 蔡元培:《欧战与哲学》,《新青年》5卷5号,1918年11月。

主义、无政府主义打通的互助主义、博爱主义以及传统的利他主义、利群主义;事实论据是法国倡导的暴力主义、俄国革命"炮制"的苏维埃政府。为此,李大钊这位政治嗅觉十分敏感的现代知识分子继《庶民的胜利》、《Bolshevism 的胜利》之后,不失时机地推出了《我的马克思主义观》。他这样解释马克思主义观伦理观与经济观的互动:

> 有许多人所以深病"马克思主义"的原故,都因为他的学说全把伦理的观念抹煞一切;他那阶级竞争说,尤足以使人头痛。但他并不排斥这个人高尚的愿望;他不过认定单是全体分子最普通的伦理特质的平均所反映的道德态度,不自加影响于那经济上利害相同自觉的团体行动。我们看在这建立于阶级对立的经济构造的社会,那社会主义伦理的观念,就是互助博爱的理想实在一天也没有消灭,只因有阶级竞争的经济现象,天天在那里破坏,所以总不能实现。但这一段历史,马氏已把他划入人类历史的前史;断定他将与这最后的敌对形式的生产方法,并那最后的阶级竞争一齐告终。而马氏所理想的人类真正历史,也就从此开始。马氏所谓真正历史,就是互助的历史,没有阶级竞争的历史。近来哲学上有一种新理想主义出现,可以修正马氏的唯物论,而救其偏蔽。各国社会主义者,也都有注重于伦理的运动,人道的运动的倾向;这也未必不是社会改造的曙光,人类真正历史的前兆。我们于此,可以断定在这经济构造建立于阶级对立的时期,这互助的理想,伦理的观念,也未曾有过一日消灭,不过因他常为经济构造所毁灭,终至不能实现。这是马氏学说中所含的真理。到了经济构造建立于人类互助的时期,这伦理的观念可以不至如从前为经济构造所

毁灭。可是当这过渡时代，伦理的感化，人道的运动，应该倍加努力，以图划除人类在前史中所受的恶习染，所养的恶性质；不可单靠物质的变更。①

在李氏眼里，他人对马克思主义观有很多误解，而真正理解马克思主义的人是不会放弃其精华的"互助的理想、伦理的观念"的。他在最后的述说构成了他毅然接受马克思主义的心理基础："我们主张以人道主义，改造人类精神；同时以社会主义，改造经济组织。不改造经济组织，单求改造人类精神，必致没有效果。不改造人类精神，单等改造经济组织也怕不能成功。我们主张物心两面的改造，灵肉一致的改造。"②李大钊：《我的马克思主义观》，《新青年》6卷6号，1919年5月。后来他一再述说互助的道德理想，并以此作为自我立论的哲学铺垫：人间社会的生活基础"就是协合、友谊、互助、博爱的精神。就是把家族的精神推及于四海，推及于人类全体的生活的精神"。他所主张的"物心两面的改造，灵肉一致的改造"可以归结为："人类不是争斗着、掠夺着生活的，总应该是互助着、友爱着生活的。阶级的竞争，快要息了。互助的光明，快要现了。"③

必须指出，这种转变不是李大钊一人的敏感。早在1917年春，高一涵就有《一九一七年豫想之革命》的革命"豫想"，陈独秀的《俄罗斯革命与我国民之觉悟》更是咄咄逼人，其他诸如《欧战以后的政治》（陶履恭）、《欧战与哲学》（蔡元培）、《新村的精神》（周作人）、《马克思的唯物史观》（渊泉）等都已经把《新青年》的氛围烘托得热气腾腾了。

---

①② 李大钊：《我的马克思主义观》，《新青年》6卷6号，1919年5月。
③ 守常：《阶级竞争与互助》，《每周评论》第29号，1919年7月6日。

四、从人伦伦理到政党伦理

这里论述的人伦伦理包含着两层意思:一是传统伦理中的关系伦理,二是与传统息息相关但又打上西方博爱烙印的人道伦理。而政党伦理就是在既对传统伦理进行批判又在此基础上的创造性转换。

古代以血缘为轴心的社会结构决定了传统总是把家作为最基本的秩序单位,于是国人的思维方式也习惯于"天下一家"、"四海之内皆兄弟"。大同理想一直是传统中国人的至高道德境界。人与宇宙的和谐,与天地的协调,人际关系本身的和谐,成为中国哲学精神的主导。就人伦伦理观而言,儒家以仁的精神来协调人伦关系。"仁者爱人"、"为仁由己"、"推己及人"表达了一种相濡以沫、和睦相处的理想世界观。这种人伦伦理导致了中华民族与西方世界在思想上的根本差异。《新青年》派思想启蒙先驱同时反省过这个问题。扩大一点说,东方文化派的梁漱溟、杜亚泉等也都专门撰写过论文。李大钊的《东西文明根本之异点》、陈独秀的《东西民族根本思想之差异》等都是这方面的经典之作。他们基本上是站在伦理道德的视角来审视文化精神的。

与梁漱溟、杜亚泉站在保守主义的立场不同,陈独秀的《东西民族根本思想之差异》显然是站在反传统的激进主义立场来阐述东西文明的差异的。请看作者对中西文化差异分出的层次:(一)西洋民族以战争为本位;东洋民族以安息为本位。(二)西洋民族以个人为本位;东洋民族以家族为本位。(三)西洋民族以法治为本位,以实利为本位;东洋民族以感情为本位,以虚文为本位。① 在这三个鲜明的

---

① 陈独秀:《东西民族根本思想之差异》,《青年杂志》1卷4号,1915年12月。

比较之后,作者还有更为精细的论证。

在中国古代文献的记载中,以强欺弱、以大制小、仗富压贫的兼并与霸权思想是要排斥的。当冉有、季路把"季氏将有事于颛臾"的事情禀报给老夫子后,孔子说:"君子疾夫舍曰欲之而必为之辞。丘也闻,有国有家者,不患寡而患不均,不患贫而患不安。盖均无贫,和无寡,安无倾。夫如是,故远人不服,则修文德以来之;既来之,则安之。今由与求也,相夫子,远人不服,而不能来也;邦分崩离析,而不能守也;而谋动干戈于邦内。吾恐季氏之忧,不在颛臾,而在萧墙之内也。"① 这段话不但说明了孔子的道义精神,而且也直观解释了孔子的"内圣外王"路径。我们还可以从墨家的"非攻"中找到中华民族是一个爱好和平的民族的元典依据。当墨子听说公输盘为楚造云梯攻打宋国的事情后,"日夜不休,行十日十夜而至于郢,见公输盘",三言两语就抓住了关键,说服了公输盘。墨子曰:"吾从北方,闻子为梯,将以攻宋。宋何罪之有?荆国有余于地而不足于民,杀所不足而争所有余,不可谓智;宋无罪而攻之,不可谓仁;知而不争,不可谓忠;争而不得,不可谓强;义不杀少而杀众,不可谓知类。"②

中国传统文化的"文战"、"柔武",目的是"不战而胜,不攻而得,甲兵不劳而天下服"。对此陈独秀是持批评态度的,他甚至将一个热爱和平的民族说成了无耻之极,连尚武、霸道的军国主义者也不如。他说:"儒者不尚力争,何况于战?老氏之教,不尚贤,使民不争,以佳兵为不祥之器;故中土自西汉以来,黩武穷兵,国之大戒,佛徒去杀,益堕健斗之风。世或称中国民族安息于地上,犹太民族安息于天国,印度民族安息于涅槃,安息为东洋诸民族一贯之精神。斯说也,吾无

---

① 《论语·季氏》。
② 《墨子·公输》。

以易之。"在对东方民族的安息精神进行一番数落之后,他开始膜拜西方世界的健斗精神:"若西洋诸民族,好战健斗,根诸天性,成为风俗。自古宗教之战,政治之战,商业之战,欧罗巴之全部文明史,无一字非鲜血所书。英吉利人以鲜血取得世界之霸权,德意志人以鲜血造成今日之荣誉。若比利时,若塞尔维亚,以小抗大,以鲜血争自由,吾料其人之国终不沦亡。其力抗艰难之气骨,东洋民族或目为狂易;但能肖其万一,爱平和尚安息雍容文雅之劣等东洋民族,何至处于今日之被征服地位?"结论只有一个:"西洋民族性,恶侮辱,宁斗死;东洋民族性,恶斗死,宁忍辱。民族而具如斯卑劣无耻之根性,尚有何等颜面,高谈礼教文明而不羞愧!"①

在中国传统缺乏法治的背景下,颂扬王道乐土、鄙弃霸权事功的精神应该说具有一定的时代性。即使在今天看来,也有一定的人类普适价值。"发仁施政以王天下"的和平观念,化解怨恨、拒绝武力的安民思维,虽然这种"以德平治天下"理论具有浓厚道德性的政治哲学也充满悖论,但若是与从王道与霸道的视角分析比较,"新青年派"的新型道德观也不见得就比过去高明。当然,我们也可以原谅或说理解陈独秀为首的"新青年派"心忧如焚的急切心情,他们在国势式微的现实下欲以强权精神抗强权,但是这种启蒙现代性的诉求本身就充满着伤痕累累的悖论。以德治、仁治取胜的王道和以武力、强权取胜的霸道其实是一而二、二而一的事情。

关于个人本位与家族本位的比较,陈独秀的价值取向在我们论述相关命题时已有触及。这里需要进一步说明的是,个人本位是看得见、摸得着的具体无形的人文关怀,而"家族本位"则是看不见、摸不着的抽象、缥缈甚至可以说是虚无的口惠。在这里,陈独秀在对传

---

① 陈独秀:《东西民族根本思想之差异》,《青年杂志》1卷4号,1915年12月。

统劣根性批判的同时,寻找的是借鉴西方的超越之路:

> 东洋民族,自游牧社会,进而为宗法社会,至今无以异焉;自酋长政治,进而为封建政治,至今亦无以异焉。宗法社会,以家族为本位,而个人无权利,一家之人,听命家长。诗曰:"君之宗之。"礼曰:"有余则归之宗,不足则资之宗。"宗法社会尊家长,重阶级,故教孝;宗法社会之政治,郊庙典礼,国之大经,国家组织,一如家族,尊元首,重阶级,故教忠。忠教者,宗法社会封建时代之道德,半开化东洋民族一贯之精神也。自古忠教美谈,未尝无可泣可歌之事,然律以今日文明社会之组织,宗法制度之恶果,盖有四焉:一曰损坏个人独立自尊之人格;一曰窒碍个人意思之自由;一曰剥夺个人法律上平等之权利;(如尊长卑幼同罪异罚之类。)一曰养成依赖性戕贼个人之生产力。东洋民族社会中种种卑劣不法惨酷衰微之象,皆以此四者为之因。欲转善因,是在以个人本位主义,易家族本位主义。①

《新青年》早期提倡人人参与的国民政治时代,这个超越具有划时代的意义,但事情往往不如启蒙者想像得如此简单,陈独秀、李大钊在反党派意识时否定回归:执意要走结党的道路又是以党群意识为理论基础的。尽管当时他们是打着反传统的旗号进行的,但传统的群体伦理意识还是为他们的回归做了坚实的铺垫。

重义轻利是我们的传统特色,义利之辩是儒家文化的核心。孔

---

① 陈独秀:《东西民族根本思想之差异》,《青年杂志》1卷4号,1915年12月。

子说:"君子喻于义,小人喻于利。"① 对传统文化的特色,陈独秀表示了极大的不满,并认为"实利"和"法治"相关联,"虚文"与"感情"相牵扯。他说:"西洋民族之重视法治,不独国政为然,社会家庭,无不如是。商业往还,对法信用者多,对人信用者寡;些微授受,恒依法立据。浅见者每讥其俗薄而不惮烦也。父子昆季之间,称贷责偿,锱铢必较,违之者不惜诉诸法律;亲戚交游,更无以感情违法损利之事。"陈独秀再次找到了中西文化的界限以及超越传统的突破口:

> 凡此种种恶风,皆以伪饰虚文任用感情之故。浅见者自表面论之,每称以虚文感情为重者,为风俗淳厚之征;其实施之者多外饰厚情,内恒愤忌。以君子始,以小人终;受之者习为贪惰,自促其生以弱其群耳。以此为俗,何厚之有?以法治实利为重者,未尝无刻薄寡恩之嫌;然其结果,社会各人,不相依赖,人自为战,以独立之生计,成独立之人格,各守分际,不相侵渔。以小人始,以君子终;社会经济,亦因以厘然有叙。以此为俗,吾则以为淳厚之征也。——即非淳厚也何伤?②

《东西民族根本思想之差异》构成了《新青年》杂志创刊后的启蒙论纲。纵观这个论纲不难发现:这个"本位"的辨析中本身就包含有自我无法化解的吊诡。

撇开"西洋民族以战争为本位;东洋民族以安息为本位"的分野,当陈独秀代表"新青年派"非难传统的感情本位时,其新型伦理主义之人文关怀中却有着致命的自负。如果说"以个人本位主义,易家族

---

① 《论语·里仁》。
② 陈独秀:《东西民族根本思想之差异》,《青年杂志》1卷4号,1915年12月。

本位主义"是从抽象的、空洞的集体概念性关怀中走出，是真正想实现人本主义的西方价值观念，那么排除了社会、国家、家族、群体组织的社会，又由谁去关怀个人呢？这样，也许只有个人对个人负责的老死不相往来的原始小农社会。这是其"过头"的个人主义社会的误区之一。再譬如，如果说西洋民族以法治、实利为本位胜过东洋民族的以感情、虚文为本位，那么"英国贵妇人乃以爱犬不爱小儿见称于世"的关怀到底是人本主义还是犬本主义呢？难道"刻薄非人情"的社会就那么值得我们为之向往吗？再者，当我们把热爱和平的民族说成是劣根性，把热衷侵略、扩张的民族美化为英雄，这是不是一种无意识的以感情为本位呢？只不过这个感情是恨铁不成钢的感情罢了。还有，我们一方面倡导人文主义，而另一方面又把"风俗淳厚"讥讽为"淳厚"又何用之有，这样的个人本位是不是来得太轻浮了？

　　从传统的王道伦理到现代的霸道伦理，从传统的家族本位到现代的个人本位，从传统的感情本位到现代的法治本位，《新青年》的同仁不可能走得很远。他们会很快发现彻底的个人自由无法维续。鲁迅就经历了从"合群的自大"、"爱国的自大"、"个人的自大"[①]，到抑制个人自由的回归："总之，思想一自由，能力要减少，民族就站不住，他的自身也站不住了！现在思想自由和生存还有冲突，这是知识阶级本身的缺点。"[②]《伤逝》里的子君形象地说明了这一点。"娜拉出走后怎样？"鲁迅在为演讲中所说的"不是堕落就是回来"的答案振聋发聩。当五四运动把爱国的情感发挥得淋漓尽致的时候，当火烧赵家楼等极端个人主义的集体行为失之理性时，我们难道不为缺乏法治意识的先觉者感到悲哀吗？看看那位被激进主义者视为天敌的梁

---

① 鲁迅：《随感录》，《新青年》5卷5号，1918年11月。
② 《鲁迅全集》第8卷，人民文学出版社1981年版，第190页。

漱溟先生的评点也许更有利于我们理解现代性的两难:"我的意思很平常,我愿意学生事件交付法庭处理,愿意检查厅提起公诉,审厅去审理判罪,学生去遵判服罪。"这与那些支持学生运动的激进分子何其不同! 道理何在呢?"在道理上讲,打伤人是现行犯……纵然曹章罪大恶极,在罪名未成立时,他仍然有他的自由。我们纵然是爱国急公的行为,也不能横行……绝不能说我们所做的都对,就连犯法也可以使得……试问这几年来,哪一件不是借着国民意思四个大字不受法律制裁才闹到今天这个地步?"①

"新青年派"的激情、极端以及超越与回归速度之快绝对不只陈独秀一人,这在我们关于个人与国家关系的专题论述中可以更清晰地看到。也许我们只能这样理解:现代性的演进也只能在充满矛盾和悖论的困惑中不断调整自己的方向。

伴随着《新青年》这一转向的就是"独立自主人格"的全新青年形象的涌现。1915 年底,经过主编的精心筹备,《一九一六年》与公元新年一起诞生。主编希望的 1916 年之青年,究竟是何种意义上的姿态呢?以启蒙导师自居的陈独秀郑重其事地提出了三大要求:其一,"自居征服 To Conquer 地位,勿自居被征服 Be Conquered 地位";其二,"尊重个人独立自主之人格,勿为他人之附属品";其三,"从事国民运动,勿囿于党派运动"。②

不难看出,前两项都是从伦理道德的层次来着笔的。在陈独秀看来,伦理道德有高低贵贱之分,凡"自居征服 To Conquer 地位"、拥有"个人独立自主之人格"者就属于贵族道德,否则就是奴隶根性的基因作祟。在批判中国古代道德政治之愚民政策之后,陈独秀亮

---

① 梁漱溟:《梁漱溟全集》第 4 卷,山东人民出版社 1997 年版,第 576—577 页。
② 陈独秀:《一九一六年》,《青年杂志》1 卷 5 号,1916 年 1 月。

出了自己的底牌：以国民运动代替党派运动。这第三点是陈独秀最为看重的一点。他在说出"人生而私，不能无党"的道理后，还是硬着头皮分两层意思阐述了"非难党见"的理由，而且还在文尾照例下了敢作敢为的"断言"："自负为一九一六年之男女青年，其各自勉为强有力之国民，使吾国党派运动进而为国民运动。自一九一六年始，世界政象，少数优秀政党政治，进而为多数优秀国民政治，亦将自一九一六年始。此予敢为吾青年诸君预言者也。"①

客观地说，陈独秀领衔的反党派意识并没有多少号召力。从《新青年》当时的情况看，他的说法似乎有些牵强，而且他的理由也只是"政党政治，不适用于今日中国"。至于要唤醒国民的多数觉悟问题似乎也不是"国民运动"和"党派运动"的根本异点。所谓的"敢为"之断言最后还是很快被自己否定了。

这样说，是为了我们更清楚地理解陈独秀在当时振臂一呼的话语决断权力以及社会影响力。陈独秀的民主共和思想中不但有深沉的伦理道德意识，而且有根深蒂固的数量意识。在他的现代概念里，现代性对传统的胜利就是多数对少数的胜利。富有新道德、新伦理的"新青年"日趋增多，那就意味着现代性在演进。"多数优秀国民政治"就是一反众多国民对政治"若观对岸之火，熟视而无所容心"的格局，就是人人参与的群众性的政治。这与他在《吾人最后之觉悟》中一贯坚持的观点一脉相承："今之所谓共和，所谓立宪者，乃少数政党之主张，多数国民不见有若何切身利害之感而有所取舍也。盖多数人之觉悟，少数人可为先导，而不可为代庖。共和立宪之大业，少数人可主张，而未可实现。人类进化恒有轨辙可寻，故予于今兹之战役，固不容怀悲观而取卑劣之消极度态，复不敢怀乐观而谓可踌躇满

---

① 陈独秀：《一九一六年》，《青年杂志》1卷5号，1916年1月。

志也。故吾曰：此等政治根本解决问题，不得不待诸第七期吾人最后之觉悟。"①"多数人之觉悟"的政治就是优秀的政治，而这"多数人之觉悟"的优秀政治的到来又必须依赖于"吾人最后之觉悟"。这"最后之觉悟"乃是"伦理的觉悟"。

从《新青年》主编环环相扣的逻辑构成中，我们还能感受到他从唯意志论向唯民意论的转变。我们知道，陈独秀等在《新青年》前期的唯意志论色彩非常浓厚，但就对尼采、叔本华、孔德、柏格森和倭铿的态度看，他完全从"强力唯我主义"出发，把道德的所有责任都看成是尊重个人的意志自由。这一时期，所有的优秀道德是自主的道德，是独立的道德，是个人自由的道德。陈独秀的理想同样是人人都要为尧舜的圣人道德王国。他说："集人成国，个人之人格高，斯国家之人格亦高；个人之权巩固，斯国家之权亦巩固。而吾国自古相传之道德政治，胥反乎是。"②这个随着人人自觉的独立人格的不断增加而国格也不断增加的"由立人而立国"的逻辑，从一个侧面反映出他从唯意志论向唯民意论转化有足够的思想资源。在这个同样充满悖论意识的逻辑构成里，陈独秀也清楚，如果只有个人自由意志，而缺乏合力与奉献，那么新社会就永无出头之日，为此他后来不断用民意论弥补前期唯意志论的不足。

关于民意问题，陈独秀早在袁世凯称帝时就把这一问题的严重性给揭示出来了。他这样述说民意与国体的关系："袁世凯要做皇帝，也不是妄想。他实在见得多数民意相信帝制，不相信共和，就是反对帝制的人，大半是反对袁世凯做皇帝，不是真心从根本上反对帝制。"③他在一篇回答读者的信中说："近世国家，无不建筑于多数国

---

① 陈独秀：《吾人最后之觉悟》，《青年杂志》1卷6号，1916年2月。
② 陈独秀：《一九一六年》，《青年杂志》1卷5号，1916年1月。
③ 陈独秀：《旧思想与国体问题》，《新青年》3卷3号，1917年5月。

民总意之上,各党策略,非其比也。盖国家组织,著其文于宪法,乃国民总意之表征。"①在他看来,民主就是民意简单相加。1919年以前的《新青年》,唯意志论和唯民意论是同时存在并在吊诡中演绎前行的。只不过,前期以唯意志论占据主导,后期向唯民意论倾而已。1919年6月11日,陈独秀和李大钊亲自走上街头,散发他们起草的《北京市民宣言》传单。《宣言》中说:"倘政府不俯顺民意,则北京市民惟有直接行动,图根本之改造。"

真正体现《新青年》这种思路转变的文章要数陈独秀《实行民治的基础》。在解释什么是民治时,虽然他还是用杜威的民治主义,但已经是处于与社会主义接壤的边界。他说:"政治的民治主义,就是用宪法保障权限,用代议制表现民意之类。"而且这个代表不是间接的,而是"人人都有直接议决权"。其中最后不愿意直接说出的话已经表明他思想的两栖性。关键在于,这个两栖还有"直接议决"的非完全代议制性质。请看:"我不愿意采用'两元'的名词;因为本来我们所痛苦的是现代社会制度的分裂生活,我们所渴望的是将来社会制度的结合生活,我们不情愿阶级争斗发生,我们渴望纯粹资本作用——离开劳力的资本作用——渐渐消灭,不至于造成阶级争斗;怎奈我们现在所处的不结合而分裂的——劳资、国界、男女等——社会,不慈善而争斗的人心,天天正在那里恶作剧(现在美国劳资两元组织的产业会议,就是一个例)。我心中所想说的话,不愿说出,恐怕有人误作调和政策,为一方面所利用,失了我的本意。"②

唯意志论是凸显自我个性的启蒙思维,而唯民意论则是具有代

---

① 陈独秀:《通信》,《新青年》2卷1号,1916年9月。
② 陈独秀:《实行民治的基础》,《新青年》7卷1号,1919年12月。

表性质的"总意"政治思维。这一"总意"政治思维其实就是一种陈独秀先前曾反对过的政党政治思维,因为政党乃是捏合或说撮合民意最好的工具或说组织。我们看到,同样是基于对多数民意数量的思考,陈独秀于1921年已经一反先前对汪叔潜关于政党政治的反驳,他说:"政党是政治的母亲,政治是政党的产儿;我们与其大声疾呼'改造政治',不如大声疾呼'改造政党'!"①

从抛弃政党政治到执意寻求政党政治,除却看到了"一盘散沙"的群众意志难以合成事功之外(上面我们已经论述过诸如鲁迅、陈独秀等的"思想自由"的娜拉意识),②还有一层"秀才遇见兵,有理说不清"的道理在:"以理论言,单独武力,决不能建设现代的国家。以事实言,袁世凯、张勋相继以武力政策,都归失败;不但其自己失败,国家也因之到了破产地位;倘有继之者其效果也可想而知。目下政治上一切不良的现象,追本求源,都是'武人不守法律'为恶因中之根本恶因。无论何人,一旦有枪在手,便焚杀淫掠,无所不为,国法人言,无所顾忌,尚复成何世界!此种武力政治倘不废除,不但共和是个虚名,就是复辟立君也没有办法;不但宪政不能实行,就是专制皇帝,也没有脸面坐在金銮殿上发号施令。"③为此,《对于现在中国政治问题的我见》承接《今日中国之政治问题》,将"真的民主"拿到了讨论的日程:"真的民主政治的标的,固然不是在维持现状之下,利用敌人势力鼠窃狗偷可以达到,也不是小势的革命派可以做成的;因为一切国家都必然建设在权力之上,封建的国家建设在军阀权力之上,民主的国家建设在人民权力之上,半封建半民主的国家建设在军阀和人民两

---

① 陈独秀:《政治改造与政党改造》,《新青年》9卷3号,1921年7月。
② 陈独秀:《随感录》,《新青年》9卷3号,1921年7月。
③ 陈独秀:《今日中国之政治问题》,《新青年》5卷1号,1918年7月。

种权力之上,殖民地的国家建设在母国权力之上,无权力则无国家无政治之可言,只有力乃能代替力,这种自然法则之支配,又是我们所不能避免的;所以我们应该明白若是人民的权力不能代替军阀的权力,军阀政治是不会倒的,民主政治是不会成功的。人民的权力,必须集合在各种人民的组织里才可以表现出来,直接具体表现到政治上的只是政党。政治的隆污是人民休戚之最大关键,政党是人民干涉政治之最大工具,所以主张人民不干涉政治是发昏,主张干涉政治而不主张组织政党,更是发昏之发昏。要实现政党政治来代替武人政治,亦即是以人民权力来代替军阀权力,非有党员居全国人口百分之一强大的民主党二个以上不可;因为有这么多的党员,才可以支配中央及地方的行政,才可以支配全国各级议会的选举,才可以实施刷新政治的各项政策,才可以制裁武人,才可实现政党政治来代替武人政治。这件事若办不到,政党政治是不会成功的,民主主义是不会实现的,军阀政治是不会倒的,军阀政治不倒,他们各霸一方把持财政,法律无效,舆论无效,战乱蔓延,工商凋敝,教育废弛等现状,是要继续下去的;此等现状继续下去,国际帝国主义的侵略是要日甚一日的,是要由现在半殖民地状况更变到完全殖民地状况的。"①

鉴于陈独秀已经把政党的理由说得如此充分,这里我们对此就无须赘言了。下面就该看看陈独秀、李大钊等"新青年派"是如何寻求政党政治理论支持的。一般来说,对政党政治理论的探求是对信仰的皈依,陈独秀、李大钊等也不例外,他们也是在为信仰支撑寻找历史与现实的依据。最终,他们的落脚点还是放在了同情心、公共心、博爱心的伦理道德诉求上。

在进入这一分析之前,鉴于我们的引证是以《新青年》的领衔人

---

① 陈独秀:《对于现在中国政治问题的我见》,《东方杂志》19卷15号,1922年8月。

物陈独秀为主的,所以我们有必要先对陈独秀多重矛盾性作一简单的叙述。

从反宗教到认同基督教精神的转变,从反党派到政党政治的转变,从反对社群主义到社会主义的转变,从精英意识到大众意识的转变,陈独秀的每一次转变都充满矛盾和两难:其一是因为他自身的思想深处常常是夹杂着多种思想资源的基因,而且它们本身并不相容;其二是他的多元思想中常常被一个主流思想所导引,因此即使是在同一时间的不同文章中都有很多自相矛盾之处,有时候在同一篇文章也有前后不一的逻辑混乱和悖论存在。在这个意义上,陈独秀和李大钊一样,转变往往并不是丢弃一种而选择另一种,多数情况下是在某一个时段某一种思潮占据上风。譬如说在学术界的很多文章中,有的批评他轻视群众的英雄史观,有的又从他平民主义、唯民主义的视角出发论述他的大众化倾向。"诬蔑"群众的观点往往以群众"是一盘散沙,一堆蠢物"的判断作论据的,①而大众化的意识又是以其"唯民主义"等为依据的。② 的确,他一方面相信人类文明的进步依靠的是激进的社会革命,而同时又不时流露出这样的观点:"我们改造社会是要在实际上把它的弊病一点一滴,一桩一件,一层一层渐渐的消灭去,不是用一个根本改造的方法,能够叫他立时消灭的。"③即使在接受马克思主义之后,他在这方面也是频频回首。他一方面相信优胜劣汰的进化论思想,对弱者不予同情,同时他又主张有爱心、公共心、同情心;他一方面相信杜威关于中国的现代性演进要"有高等智识足为民意导师"的人去开导群众的论点,另一方面又对马克

---

① 陈独秀:《随感录》,《新青年》9卷3号,1921年7月。
② 陈独秀:《今日之教育方针》,《青年杂志》1卷1号,1915年10月。
③ 陈独秀:《随感录》,《新青年》8卷4号,1920年12月。

思主义的唯物史观称赞有加。①

除却以上这些悖论,陈独秀还有一个不为人重视的悖论:在批判传统人伦关系伦理的同时,他又不自觉地将传统仁道伦理思想与西方的人道伦理思想嫁接,从而让政党伦理有了依托。究其实质,如果没有社会主义与传统伦理观念的打通与转换,党派意识的确立就不会如此顺理成章。从某种意义上说,一方面,中国共产党的成立是马克思主义与中国革命具体实践相结合的产物;另一方面,它也是马克思主义与中国传统抽象理论相结合的产物。

---

① 陈独秀:《随感录》,《新青年》9卷3号,1921年7月。

第六章 问题与主义：两种思想谱系的历史演绎

——从知识社会学的视角看《新青年》与《每周评论》的衔接

《新青年》是一个辗转南北、从月刊到季刊、从同仁杂志到机关刊物，有着10年坎坷的思想载体。在以前的论述中，我分析过《新青年》曾经出现过的各种来源不同的思想谱系以及后来的走向，这是一种由个别到一般的研究方法。这里则着重梳理的是各式各样思想何以在两种思想路径的分庭抗礼中守护着各自的"场域"。具体地说，即是《新青年》的思想谱系可以大致从两类社会改造路径看清思想的真面目。也许，这样的分析一开始就有笼统嫌疑，但正如模糊数学本意是让人更清晰一样，笔者用这样的一个从一般到个别的"回马枪"研究方法，或许更有利于思想史的读解。

当笔者论及这个思想文本时，首先想到的便是用什么样的题目去概括发生在这样一个内涵丰富的载体上的一切。准确地说，究竟用什么语言去简明而且恰当地囊括其中林林总总的思想体系的汇合与演进。我曾试着用"两种意识形态的较量"挖潜历史文本中的透迤曲折，以便在揭示当事人深层次的理论背景下理清五四前后思想史中的哲学分野。然而，正如卡尔·曼海姆所担心的那样，有多少人能够理解"知识社会学中对'意识形态'这一术语的运用并无道德上的或贬低性的含义"呢?① 于是,笔者运用了知识社会学的视角,不过需要说明的是,即使在采用知识社会学方法论述过程中也很少提及或者间或沿用意识形态这个词,但在本质意义上,本书的学术指向仍然是对《新青年》上意识形态与思维方式的还原与研究。

关于《新青年》同仁在刚刚聚拢初期的共识和歧义,笔者已经作过相对详细的论述,②这里,我们关心的命题是:"问题与主义"之前《新青年》何以为论争埋下了伏笔,即是说双方(准确地说是多方形成的两个意识形态阵营)相互瞄准的对方的哲学背景是什么。回答了这个问题,也就同时解决了"问题与主义"之争好像与《新青年》没有直接关系的说法。进一步说,这个论争虽然将战场拉到了大本营之外的《每周评论》上,但要看到:一、《每周评论》作为《新青年》的孪生刊物,它同样是《新青年》同仁的文化生产"场域";二、正是因为意识形态的冲击和分歧,才有了"不谈政治"食言后的妥协。换句话说,《每周评论》是《新青年》的延伸,只有在这个新场地上,才能直接看到两个体系的短兵相接以及思想论争上的刀光剑影。所以,《每周评论》是《新青年》思想载体不可或缺的一个有机组成部分,论述《新青年》不可不谈《每周评论》。这样,"问题与主义"之争这一思想史命题也就是研究《新青年》杂志不可跳过的环节。

在进行论述之前,笔者还有几点需要说明。一是作为两种意识形态的对立和歧义,是早在"问题与主义"的明争之前就有暗斗的。就思想界当时的情形而言,思想体系中的主义也不只一个,问题也不是一个,但无论问题何其繁多、主义何其纷杂,"问题与主义"之争终归还是两种知识路径(意识形态)的歧义。二是由暗而明的争论其实

---

① 卡尔·曼海姆:《意识形态与乌托邦》,商务印书馆 2000 年版,第 271 页。
② 参见《启蒙与革命——"五四"激进派的两难》第一章第一、二节的分析,学林出版社 1998 年版。在此,笔者对发生在《新青年》上新旧与中西这些大而无当的论争已经不再关心。我们关心的是那些对空疏形成规范并有着深刻思想史意义的论题。

是改良与革命的对立。尽管当时直接论战之前实验主义与社会主义没有很多的交锋，但在两种社会改造方式之间，他们已经将自我的知识谱系慢慢扩展、健全、完善，从而在最后分道扬镳。以当时的法兰西积极自由主义和英美消极自由主义的分野来看，《新青年》的启蒙一开始就以宽容的姿态"并立而竞进"着。无政府主义的暴力革命和渐进的、和平的"光荣革命"一直处于胶着的思想状态。《新青年》招惹的欧风美雨纷纷洗刷着各自的羊肠小道。对此，我们在关于其思想谱系的论述中已经有了详尽的说明。三是《新青年》导引的两种思想路径是在排除或消解了无政府主义、军国主义、唯科学主义（暂时）之后各自独占鳌头的。实验主义与社会主义的双峰凸起使得思想界的"问题与主义"渐渐统摄于两个庞大的思维体系里。在某种意义上，问题与主义没有孰胜孰负的定位，也不曾出现谁压倒谁的影响因子。在中国近现代思想史上，它的涌现只是两种知识谱系延伸过程中的一个时段，从知识考古学的角度来看，问题注重的是方法或现实，主义注重的是目的或理想。分庭抗礼的双方通过论争各自加深了对自我体系残缺的体悟，最终在手段与目的、现实与理想的自我缺憾中表达了取长补短的愿望。从而形成了思想史上难得的学说争鸣、思想互补、真诚理解、宽容大度的局面，尽管学术界力求摆脱手段与目的、现实与理想偏执一极的平衡论式昙花一现，但今天回想起来还是那么令人兴奋和怀念。[①]

[①] "知识考古学"是米歇尔·福柯提出的一个概念，它意在梳理人类知识的历史。在方法论意义上，它主要是要通过对知识、观念历史的描述来力图辨析文本揭示的思想秘密，文本作者提供的思想深层的蛛丝马迹以及它出现的外在条件、变化的规律、统合的形式与环节。以考古学的方法对"言及之物"进行档案式归类、整理、分析、发现是这一理论用诸思想史研究的切入点。参见米歇尔·福柯：《知识考古学》，三联书店2003年版。

一、研究之研究:"问题与主义"之争的学术之争

鉴于"问题与主义"之争(以下为行文方便,尽管是多方参与的论争,但从两种意识形态的视角,笔者将之简称为"两争")是论述五四思想史不可跳过的一环,因此单从 1990 年代到目前的研究成果作不完全统计就有 100 余篇,我们也可以由此看到这一命题在 20 世纪思想史上的地位。当时学术界形成了带有一定政治倾向性的传统观点:"两争"是非马克思主义对马克思主义的挑衅。直到现在,这一观点的影响还是学术界最为强烈的。他们认为这场论争是资产阶级的意识形态和科学社会主义之间不可调和的必然结果。① 最富有新意也极具影响的文章来自一位对思想史研究有素的学者,他一反传统的学术观点,在楚河汉界的厮杀中抹去了一方的将或相,将胡适那篇发表在《每周评论》上的《多研究些问题,少谈些"主义"》的矛头说成是针对无政府主义而非马克思主义的。② 笔者在没有论证推演前要提前说明的观点是:第一,今天还原"两争"历史的方法和意义还是对胡适那种实验主义认知态度的借鉴。在笔者看来,尽管胡适的"自由主义和实验主义都非常尴尬",但它通过论争告诉人们的"不要套迷信(一种)学理"、"任何学理的产生都有其时代背景"以及采取怀疑、

---

① 这个观点我们可以在李龙牧和张艳国先生的文字中找到痕迹。参见李龙牧:《五四时期思想史论》,复旦大学出版社 1990 年版,第 284 页;张艳国:《五四时期中国社会主义思潮的历史反思》,《史学月刊》1999 年第 3 期。

② 李良玉先生在《关于五四时期"问题与主义之争"的历史考辨》(《南京大学学报》1993 年第 1 期)中这样表述胡适挑起论争的动机:"由于看到无政府主义者滥用和曲解实验主义,因此,作为一个实验主义的信徒,必须站出来正确地说明和解释实验主义,澄清人们的认识。"该文被很多刊物介绍、评论、引用,在学术界引起了很大的反响。因此,这也是笔者在本论中重点考辨的理论对象之一。

求证、实验的态度去寻求真理和改造社会良方的思想路径却有着恒久的意义。"主义"会流于空谈,从而也会助长中国传统本来固有的空疏、骄嚣学风。第二,是否将胡适与"反共理论家"区别开来;并非思想史命题的关键,即使胡适的反马克思主义"铁证如山",也还是得承认"这一个"胡适和这一段历史。①"问题"的问题在于,胡适的实验主义渐进意识形态自以为找到了比激进意识形态更为现实的社会进化良方,但蹩脚的历史注脚除却能写上游弋浮萍四个字外,能把"历史"摆平吗?于是,第三,"主义"的空疏、骄嚣、笼统以及"目的热"(也有自己的手段)是我们不能完全认同的,与此同时"问题"的陷于琐碎、流于饾饤、偏于内转以及"方法盲"(也有自己的目的),也是令人难以苟同的。因此,在"问题与主义"之间寻求并立、互补、圆融的平衡思想论式,在手段与目的、理想与现实之间互为参照、相互宽容、并行不悖,才是回眸这场论战的真谛。也正是在这一价值取向上,笔者既不认为思想史的那场论争有胜负之别,也不认为任何一方在当时占据了上风。至于后来一方的尴尬以及另一方的如日中天,并不是当时的思想事实。难能可贵的是,当事双方谁也没有轻易放弃自己的主张,而是愿意对自己的固执的学说有所补正,而且努力使自己守成的学说朝着完善、健全的方向引导。

二、"问题与主义":思想文本的隐形格局

如上所述,《新青年》同仁的思想早在前期就相持不下,对此我们可以在家喻户晓的"谈政治"与"不谈政治","文学改良刍议"和"文学革命论","独善"、"健全"与"文武双全"的"人"之导向上看清思想的

---

① 李良玉:《思想启蒙与文化建设》,吉林人民出版社2001年版,第240—241页。

分野。① 对此,笔者不再赘言,这里即将讨论的是导致"两争"的三重动因:一是《新青年》被迫计划孕育近乎孪生的姊妹刊物《每周评论》;二是《每周评论》成为"不谈政治"的胡适的主打阵地;三是杜威来华讲学对"两争"生成的催化作用。这些过去被看做直接动因的线索,在我看来则是隐形的或说是深层的(间接)哲学根据。换句话说,即是胡适与李大钊发生论争之必然逻辑,不然就无以解释胡适晚年何以把这场论争看成是他"同马克思主义冲突的第一个回合"。②

关于《新青年》上胡适加盟时与陈独秀达成的"不谈政治"的协议,这无论在胡适当年与晚年的回忆中,还是在陈独秀的文章中都不难发现证据。胡适回忆说:"我曾向我的同事们建议,我们这个文化运动既然被称为'文艺复兴运动',它就应该撇开政治,有意识地为新中国打下一个非政治的(文化)基础。我们应致力于(研究和解决)我们所认为最基本的有关知识、文化和教育方面的问题。我并且特地指出我们要'二十年不谈政治,二十年不干政治'。"③胡适口述、唐德刚整理:《胡适口述自传》,华东师范大学出版社1993年版,第190页。这是一种绕着弯子、耐着性子的间接影响政治的渐进改造社会文明的意识,而陈独秀则是不甘寂寞、率性而为之人,因此他在《新青年》上的表现并不友好与默契,最后还是以食言告终:"本志同仁有多数人向来主张绝口不谈政治。我偶然发点关于政治的议论,他们都不以为然。但我终不肯取消我的意见,所以常常劝慰慈、一涵两先生

---

① 张宝明:《文化与政治的歧路:重议"五四"阵营的思想格局》,《史学月刊》1996年第3期。
②③ 胡适口述、唐德刚整理:《胡适口述自传》,华东师范大学出版社1993年版,第190页。

做关于政治的文章。"①从这段文字里至少获得三重重要信息：一、《新青年》一开始基本上是一个专门谈论文学、哲学的同仁刊物，"谈政治"的议论不占上风，毕竟有"多数人"的意见在；二、"终不肯取消我的意见"则说明我作为主编的固执，《新青年》未能坚守诺言；三、"劝"说他人"做关于政治文章"则表明《新青年》一开始就存在着扶植自己势力的"意识"。说穿了，陈独秀立意策划、聚拢的同仁杂志无疑是一个带有明显政治意识、功利色彩、革命性情的舆论刊物。《新青年》创刊之初直接走向政治的激进氛围正乃主编不安分的标志。②正如我们看到的那样，在陈独秀食言的情况下，作为主力的胡适自然会为了"跑马占地"而极力抵制，于是在闹得几乎不可开交的当口，为了使《新青年》这样一个具有凝聚力和冲击力的社团不至于散伙，《每周评论》在1918年年底酝酿问世。胡适说："我的政治兴趣甚浓的朋友们如陈独秀等人，对我这番建议并不太热心，因此他们才创办这个新闻周刊《每周评论》来发表政见、批评时事和策动政治改革。"③在看似平静的不经意"创办"中有着十分紧张的个人关系与心理因素；在一个"策动"的用语中透露了陈独秀等人一心要在激扬文字中指点江山的直接意念。对陈独秀们与胡适们的几欲决裂，李大钊这位以主张"调和"、"协力"著名的同仁致信给胡适："在这团体中，固然也有许多主张不尽相同，可是要再想找一个团结像这样颜色相同的，恐怕不大容易了。……所以我们愈该结合起来向前猛进。我们可以仿照日本'黎明会'，他们会里的人，主张不必相同，可是都要向光明的一

---

① 陈独秀：《谈政治》，《新青年》8卷1号，1920年9月。
② 关于这个"不安分"和陈独秀与胡适的"冷战"，可参见王晓明：《一份杂志和一个"社团"——重评五四文学传统》，《上海文学》1993年第4期。
③ 胡适口述、唐德刚整理：《胡适口述自传》，华东师范大学出版社1993年版，第190页。

方面走是相同的。我们《新青年》的团体,何妨如此呢? 刚才有人来谈此事,我觉得外面人讲什么,尚可不管,《新青年》的团结,千万不可不顾。"①《新青年》上的"主张不尽相同"是有目共睹的,但两人还没有发生直接论争的前夕胡适就"临阵脱逃",而且后来率先挑起争论,这还有更深一层的心理因素作祟。因此,在我们看到的强行挽留之后,也就有了不甜的"瓜葛"出现。可以说,胡适在一个几乎不愿涉足的阵地上挑起大梁来绝不是偶然的一时冲动。

当事人胡适在事隔多年之后是这样平静地述说这个孪生刊物的:"我的政治兴趣甚浓的朋友们如陈独秀等人,对我这番建议(指"不谈政治"——笔者按)并不太热心。因此他们才创办《每周评论》,来发表政见、批评时事和策动政治改革。这样一来,《新青年》杂志便可继续避免作政治性的评论;同时他们也可利用一个周刊来得到政治的满足。"②当事人对这样一个历史事件的描述,完全是符合事实的。同时,笔者对研究者提出的关于胡适挑起争论的目的是无政府主义者滥用和曲解实验主义的分析判断也持完全认可的态度。但有两个与此密切相关的历史关节却是不可忽视的:首先,胡适性情和人格中的内倾倾向是不应该忽略的。正是在这一点上,我以为研究者都对当事人的个性与心理缺乏审视。其次,很多研究者对陈独秀与"问题与主义"之争的认定还停留在表面的理解上。③ 应该看到无论

---

① 李大钊:《致胡适》,载《李大钊全集》第 3 卷,河北教育出版社 1999 年 1 版,第 217 页。

② 胡适口述、唐德刚整理:《胡适口述自传》,华东师范大学出版社 1993 年版,第 190 页。

③ 有的学者曾借助胡适自述中所谓的"反思"这样标新立异说:"如果胡适的反思是符合历史事实的,陈独秀在'问题与主义'之争中'中立偏胡'立场就不难理解了。"(董德福等:《陈独秀和"问题与主义"之争》,《安徽史学》2002 年第 4 期)

是论争前、论争中,还是论争后,陈独秀的"问题与主义"观念都不可能是倾向胡适一边的。再次,鉴于这是两种意识形态的冲突,因此双方的冲突在终极意义上并不是谈不谈政治的对立,在本质意义上,他们在《新青年》和《每周评论》上的异点不过是暗斗与明争的区别。令研究者欣喜的是,当事人的唇枪舌战呈现出真理讨论、学理争鸣的开放思想景观。

首先,胡适在《每周评论》上发表《多研究些问题,少谈些"主义"》并不偶然。除却研究者共同关注的思想背景材料,一个更重要的线索便是他栖惶(总是在两维以上的意象上的徘徊)、内倾、自御式的性情作祟。而其同事、同乡乃至"同志"陈独秀则是一副固执(总是真理惟我独具的姿态)、外倾、进取式的性情气质。前者表现为容许质疑的"试错"特征,后者则流露出不容置疑的"唯理"特征。不必列举更多的例子,我们只以两人从传统旧文学到现代新文学机制转型的路径设计上就可见一斑。当1916年文学运动尚处于酝酿之时,胡适受陈独秀之托,对文学改良问题作了斟酌与努力。但当他自觉成熟、寄往《新青年》付梓之时,仍是一副栖栖惶惶的心理。胡适的文学转型路径不但冠之以《文学改良刍议》的"改良"、"刍议"字题,而且在一开头便说:"今之谈文学改良者众矣,记者末学不文,何足以言此?然年来颇于此事再四研思,辅以友朋辩论,其结果所得,颇不无讨论之价值。"①抱着实验、钻研学理的审慎态度作了一番谦恭之后,作者还是不尽放心,在"结论"处又附言说:"上述八事,乃吾年来研思此一大问题之结果。远在异国,既无读书之暇晷,又不得就国中先生长者质疑问难,其所主张容有矫枉过正之处。然此八事皆文学上根本问题,一一有研究之价值。故草成此论以为海内外留心此问题者作一草案。

---

① 胡适:《文学改良刍议》,《新青年》2卷5号,1917年1月。

谓之刍议,犹云未定草也,伏惟国人同志有以匡纠是正之。"一副谦恭、妥协的精神气质,与陈独秀无所顾忌、我行我素的气质形成鲜明对比。不难理解,胡适的温和、犹豫让陈独秀在他的结论性附言中加上了一段语气坚定、掷地有声的再注解:"余恒谓中国近代文学史,施、曹价值远在归、姚之上。闻者咸大惊疑。今得胡君之论,窃喜所见不孤。白话文学,将为中国文学之正宗,余亦笃信而渴望之,吾生倘亲见其成,则大幸也。元代文学美术,本蔚然可观,余所最服膺者,为东篱,词隽意远,又复雄富,余尝称为'中国之沙克士比亚'。质之胡君及读者,诸君以为然否?"主意已定,性情使然,陈独秀接着就在6号杂志上迫不及待地以《文学革命论》高举义旗,从而将三个"推倒"之矢的和三个"建设"之方向公布于众。当"革命"代替了"改良"之后,远在美国纽约的胡适总对陈独秀的冒进时时产生忧虑,于是写信给同志商榷,希望能以尝试的口气运作:"决不敢以吾辈所主张为必是而不容他人之匡正也。"① 陈独秀接信后一意孤行,以公开信的形式告白说:"鄙意容纳异议,自由讨论,固为学术发达之原则;独至改良中国文学,当以白话为文学正宗之说,其是非甚明,必不容反对者有讨论这余地,必以吾辈所主张者为绝对之是,不容他人之匡正也。"② 这里,我们只是借助他们在文学上的态度来印证两人一柔一刚的不同性情,前者倾向接近"问题",后者则容易走向"主义"。

其次,在借助陈独秀与胡适的性情心理作了比较后,我们的分析就该转向一个既与胡适柔性、畏葸气质有关,也与陈独秀急进性情密切的"问题与主义"了。1918 年 11 月 27 日下午,陈独秀召集李大钊、高一涵、周作人、张申府等在文学学长办公室商谈《每周评论》创

---

① 胡适:《寄陈独秀》,《新青年》3 卷 3 号,1917 年 5 月。
② 陈独秀:《答胡适之》,《新青年》3 卷 3 号,1917 年 5 月。

刊事宜。这是一次为消解渐进与急进(谈不谈政治)歧义而进行的会议。尽管这时还没有发展到《新青年》团体的聚散离合议题,但这个"弥合"在很大程度上意味着不日即将到来的更严重的分歧乃至分离的危机。在陈独秀们退让、迁就胡适们的表象背后,深层的或说更大胆的政治议论会得到更激烈的释放。作为《新青年》的孪生兄弟,《每周评论》的主编和书记仍是陈独秀,新刊物"国外大事述评"与"国内大事述评"的两个拳头栏目分明给了"谈政治"一个明确的说法。①

尽管陈独秀、李大钊和胡适都在《每周评论》上发表着各自希望表达的内容,但好景不长,《新青年》社同仁政治色彩的染浓,尤其是外在影响的加剧(其中1919年美国"导师"杜威的到来与中国"学生"的游行最为直接——后面将要论述),一场公然决裂式声明即将以论争的形式出现。

应该看到,早在《每周评论》创刊前,胡适就对《新青年》同仁总爱发点激进的政治议论忧心忡忡。他的个性使他对外界的风吹草动非常敏感。处事稳妥、周全的他总希望《新青年》火药味不要太浓烈。但事与愿违,《每周评论》的"大事"、"社论"、"随感录"字字句句都带有鲜明的导向和刺鼻的药味。如同李大钊有着对俄罗斯革命"桐叶落而天下惊秋,听鹃声而知气运"的政治敏感一样,胡适有着一种"生理"上的非政治敏感。因此我们看到,早在五四运动的游行高潮到来之前,他就有着未雨绸缪的心理恐慌。为了辟谣——主要是为了说明自己的平安,胡适专门致信《北京大学日刊》说:"这两个星期以来,外面发一种谣言,说文科陈学长及胡适等四人,被政府干涉,驱逐出校,并有逮捕的话,并说陈学长已逃至天津。这个谣言愈传愈远,竟

---

① 《发刊词》与《本报简章列左》,《每周评论》第1号,1918年12月22日。

由北京传到上海各报,惹起了许多人的注意。这事乃是全无根据的谣言。"①与胡适将陈独秀置于"前卫"不同,"前卫"不但不恐慌,反而以前锋的角色给予一脚猛射:"中国人有'倚靠权势''暗地造谣'两种恶根性。对待反对派,决不拿出自己的知识本领来正正堂堂的争辩,总喜欢用'倚靠权势''暗地造谣'两种武器。民国八年以来的政象,除了这两种恶根性流行以外,还有别样正当的政治活动吗?此次迷顽可怜的国故党,对于大学制造谣言,也就是这两种恶根性的表现。"②一个回避,一个直面,从中也不难看出两人的个性差异。对胡适这一栖惶的性情,李大钊作为同仁也是比较清楚的,也正因为这样,在谣言四起的形势下,他没有安慰蔡元培,也没有劝慰陈独秀,而是专此写信给胡适寻求团结之道。从信中所说的"这回谣言"以及"《新青年》在社会上实在是占了胜利"的语气来看,李大钊是在胡适、陈独秀那回的辟谣和反谣之后为胡适打气的。③ 顺着这个情(节)理(路)推演下去,胡适在"问题与主义"之争中极力反对空谈"主义"就已经不单单是未雨绸缪的心理恐慌,事实上是"事不关己"的划清界限、自我开脱了。这有"偏向纸上的'主义',是很危险的"作证。过去,研究者对这句话的理解多数都是指学理自身的危险,这里笔者要指出其所说的"危险"的另外一层意思。请看:"我再举现在人人嘴里挂着的'过激主义'做一个例。现在中国有几个人知道这个名词做何意义?但是大家都痛骂'过激主义',内务部下令严防'过激主义',曹锟也行文严禁'过激主义',卢永祥也出示查禁'过激主义'。前两个月北京有几个老官僚在酒席上叹气说:'不好了,过激派到了中国

---

① 《北京大学日刊》第 328 号,1919 年 3 月 10 日。
② 《关于北京大学的谣言》,《每周评论》第 13 号,1919 年 3 月 16 日。
③ 李大钊:《致胡适》,载《李大钊全集》第 3 卷,河北教育出版社 1999 年版,第 217 页。

了。'前两天有一个小官僚看见我写的一把扇子,大诧异道,'这不是过激党胡适吗?'哈哈！这就是主义的用处！"史实证明,胡适正是在担心殃及池鱼的心理负担下才在接管了谈论政治的《每周评论》后反戈一击的。事实论证之后的结论便是佐证:"我因为深觉得高谈主义的危险,所以奉劝现在的新舆论界的同志道:'请你们多提出一些问题,少谈一些纸上的主义。'"①在《三论问题与主义》中,胡适对"出告示捉拿'过激党'"是由"抽象名词"招致的反思,同样是自决于同仁团体的自我开脱。如果说上一次的创办新刊的观点分歧属于在杂志"内部"的矛盾冲突,那么这一次的论争则公开表态,已经是影响到团体内部团结的"外部"矛盾了。

三、"导师"与"学生"：两种知识体系的相对凸起

1919年6月11日,陈独秀因为散发《北京市民宣言》而被捕入狱。这样一个要求"市民需有绝对集会、言论自由权"的传单,是他追求"直接行动,以图根本之改造"的必然结果。② 这也标志着他由"文化运动与社会运动"的并重向"社会运动"倾斜。③ 饶有趣味的是,仿佛有预感,6月8日发表的《研究室与监狱》竟然成为李大钊、胡适都非常首肯的安身立命宣言。④ 值得指出的是,要想在"世界文明"的发源地尝试一下,还是需要"心"与"胆"双重精神气质的。无独有偶,

---

① 胡适:《多研究些问题,少谈些"主义"》,《每周评论》第28号,1919年7月20日。
② 陈独秀:《北京市民宣言》,载《陈独秀文章选编》(上卷),三联书店1984年版。
③ 陈独秀:《随感录(一一四)》,《新青年》9卷1号,1921年5月。
④ 陈独秀:《研究室与监狱》,《每周评论》第25号,1919年6月8日。胡适在第27号上以同题述说了陈独秀的原文,并在这些话前面加上了一句带有倾向性的文字:"你们要知道陈独秀的人格吗,请读他在《每周评论》第二十五号里的一条随感录。"

就在陈独秀身陷囹圄之后，"过激派"李大钊也成为当局瞄准的对象。7月他从北京回到了河北老家昌黎五峰避风。胡适在接替了陈独秀的位置后，也在李大钊的避难中获得了占据主导地位的话语权力。

交待过背景之后，便是"导师"和"学生"的立意了。本来，这两个概念并不复杂，"导师"就是1919年5月1日来访的杜威，相对而言的"学生"也就是指五四运动中游行的中坚。但一联系到"两争"（其实是多方）双方的各自知识谱系，所谓的导师和学生就不那么单纯了。更何况在"导师"和"学生"之间还有一个平行的"同志"！为了论述方便，笔者打算从两头按图索骥，认识这场争论的逶迤曲折。一个提前论证定位是：如果说以上论述的"同志"（同仁）的歧义与对立是潜因，是内因，那么"导师"（杜威）和"学生"（五四）的刺激则是外因，是直接原因。毕竟，以胡适为首英美派的思想逻辑是不以杜威的到来与否以及学生运动的爆发与否为转移的。

让我们从考察"问题与主义"爆发前胡适本人在导师、学生以及同仁之间的微妙关系开始。

就在胡适与同仁们为直接与间接的"启蒙"而暗暗较劲的同时，新文化运动也随着两种知识体系的不断积淀、完善而走向深入。1919年春，胡适给在日本讲学的导师杜威写信，邀请他来中国演讲。在得到回复后，胡适甚至兴奋地将恩师的"我也愿意做"复函发表了出来。① 于是，中国大陆一时间形成了张灯列炬迎杜威的思想氛围。胡适也秉烛夜书，将自己所接受的英美经验主义思想体系予以系统梳理，以《实验主义》为题发表在《新青年》上。两周之后，杜威来访。也许是历史的巧合，杜威有幸在历史现场体验了从"五四"到"六三"的运动全过程。"现场直播"的立体效果使得师徒两人都找到了感

---

① 《北京大学日刊》，1919年3月28日。

觉。学生全程陪伴导师,那 16 次的演讲题目也是经过学生和导师精心策划的。用胡适的话即是:"我们至今还不曾有一部正式的'实验主义的政治哲学'。所以近年杜威先生同我商量演讲题目时,我就提出这个题目,希望他借这个集会做出一部代表实验主义的社会哲学与政治。"紧接着便是机会难得的"广而告之"。① 其实这样的广告早在陈独秀入狱后的第 4 天,即第 26、27 号的《每周评论》上就不失时机地安排好了。《杜威演讲录》下面的"杜威博士同他夫人的相片"已经使得中国思想界、舆论界刮起了一股浓浓的杜威实验风。②

这股实验主义的思潮是在走着一条实在论的淑世主义道路,主张"世界是一点一滴、一分一毫"长成的,③因此对由政治事件激发的学生爱国游行运动并不表示格外的认同。一方面,胡适从实用的角度要求将"五四"和"六三"精神用到"有益有用的学生活动上去,"同时认为那些空喊"国要亡了"、"杀卖国贼"之类的讲演是不能持久的。④ 这也是他一再述说"五四运动"在政治收获以外之"不幸"的原因。他说:"从我们所说的'中国文艺复兴'这个文化运动的观点来看,那场由北京学生所发动而为全国人民一致支持的,在 1919 年所发生的'五四运动',实是这整个文化运动中的一项历史的政治干扰。它把一个文化运动转变成一个政治运动。"⑤后来胡适在一篇文章中大谈特谈学生激情有余、理性不足的"五分钟的热度"即是一个最为

---

① 高一涵记:《杜威博士讲演录:社会哲学与政治哲学》,《新青年》7 卷 1 号,1919 年 12 月。
② 《杜威讲演录》,《每周评论》第 26 号,1919 年 6 月 15 日。
③ 胡适:《实验主义》,《新青年》6 卷 4 号,1919 年 4 月。
④ 《我们对于学生的希望》,《晨报副刊》,1920 年 5 月 4 日。
⑤ 胡适口述、唐德刚整理:《胡适口述自传》,华东师范大学出版社 1993 年版,第 183 页。

直接的心迹表露。①

总之,"导师"牵制了"学生"的鼻子,而(五四)学生的行为刺激了导师(胡适)的思想火花。作为实验主义信徒、改良主义使者、兼任"学生"与"导师"双重身份的胡适终于按捺不住了:"直到1919年6月中,独秀被捕,我接办每周评论,方才有不能不谈政治的感觉。那时正当安福部极盛的时代,上海的分赃和会还不曾散伙。然而,国内的'新分子'闭口不谈具体的政治问题,却高谈什么无政府主义与马克思主义。我看不过了,忍不住了——因为我是一个实验主义的信徒,于是发愤要想谈政治。"②

至此,就应该看看胡适在"导师"与"学生"两者之间余下的同仁、"同志"或说"朋友"的关系了。胡适与他们共执《新青年》和《每周评论》两个思想平台,但作为同事,他们却在各自寻求加粗、延长平行线的理路。

朋友之一蓝公武。③ 论及"问题与主义"之争,最先形成思想张力或说交火的就是在胡、蓝之间。众所周知,胡适明确挑起"两争"的文章是《多研究些问题,少谈些"主义"》,他针对高谈、空谈主义的人提出如下警告:第一,"极容易"做到;第二,"没有什么用处";第三,"是很危险的"。最后的总结陈词是:"高谈主义,不研究问题的人,只是畏难求易,只是懒。""自以为寻着了包医百病的'根本解决',从此用不着费心去研究这个那个具体问题的解决法了。"不过,尽管研究者可以根据胡适并不反对"谈"而是反对"空谈"、"高谈"对其指向的矛头有所游弋,但该文的内容并不空泛,是一篇有的放矢的"研究问

---

① 胡适:《爱国运动与求学》,《现代评论》第2卷第39期,1925年9月。
② 胡适:《我的歧路》,《努力周报》第7期,1922年6月18日。
③ 蓝公武(1887—1957),字志先,一作知先,笔名知非。江苏吴江人。早年留学日本,后追随梁启超,是民国初年有名的"中国三少年"之一(另两位是张君劢、黄远庸)。1919年前后,他任职北京《国民公报》,并当过社长。

题"的论说:"我们不去研究人力车夫的生计,却是高谈社会主义!不去研究女子如何解放,家庭制度如何救正,却去高谈公妻主义和自由恋爱!不去研究安福部如何解散,不去研究南北问题如何解决,却去高谈无政府主义!我们还要得意洋洋的夸口道:'所谈的是根本解决。'老实说罢,这是自欺欺人的梦话!这是中国思想界破产的铁证!这是中国社会改良的死刑宣告!"①7月20日付梓后,与胡适有交的蓝公武很快以"知非"作笔名在自己主编的《国民公报》上发表了《问题与主义》一文回应。就蓝氏的思想背景而言,他与社会主义和无政府主义大体无涉,大有拔刀相助的意味。在蓝氏的批评中,有些论证是连胡适本人都不能不佩服的:"问题的抽象性、涵盖性,很有与主义相类的地方。往往同一件事,从受动这方面看,就是主义。换一句话讲,问题有一贯的中心,是问题之中有主义,主义常待研究解决,是主义之中有问题,二者不能截然区别的。"②在我们认定了胡适是针对其他"主义"(实验主义以外)尤其是社会主义和无政府主义的批评后,这里还有值得注意的两个背景:胡适在《每周评论》上一连载完杜威的讲演就趁热出笼了点火的文章;在《每周评论》刊登杜威讲演之际也同时刊登了以"赤"为笔名发表的关于介绍英国哲学家罗素的学说的演讲。③ 由此,我们也可对"中国社会改良"道路作出一个初见端倪的判断。④

朋友之二李大钊。如果说第一个朋友是在反对实验主义的忠实

---

① 胡适:《多研究些问题,少谈些"主义"》,《每周评论》第31号,1919年7月20日。
② 蓝公武:《问题与主义》,《每周评论》第33号,1919年8月3日。
③ 罗素:《我们所能做的》,《每周评论》第27、28、29号。
④ 如果说杜威是挑起"问题与主义"之争者,罗素则是挑起之后兴起的"社会主义"论战者;如果说1919年的"两争"是思想史上的第一次分化,那么"社会主义讨论"则是第二次分化。这两次分化比较起来,一次比一次明晰。第二次显然是两种路径大而化之分化之后的更具体的自我剥离。这也是胡适在《多研究些问题,少谈些"主义"》中为什么一再说"你的社会主义和我的社会主义不同,决不是一个抽象名词所能包括"的原因。

信徒胡适"只许州官放火,不许百姓点灯"的思维定势的话,第二个朋友李大钊远在老家河北的回应则多少带有"吃热"的成分。李大钊的政治敏感是人所共知的,他在《再论问题与主义》中开篇便说出了与蓝公武观点几乎相同的立论:"我觉得'问题'与'主义'有不能十分分离的关系,因为一个社会的解决,必须靠着社会上多数共同的运动。那么我们要解决一个问题,应该设法使它成了社会上多数人的共同的问题。要想使一个社会问题,成了社会上多数人的共同问题,应该使这社会上可以共同解决这个那个社会问题的多数人,先有一个共同趋向的理想主义,作他们实验自己生活上满意不满意的尺度(即是一种工具)。有那共同感觉生活上不满意的事实,才能一个一个的成为社会问题,才有解决的希望。不然你尽管研究你的社会问题,社会上多数人,却一点不生关系。那个社会问题,是仍然永没有解决的希望;那个社会问题的研究,也仍然是不能影响于实际。所以我们的社会运动,一方面固然要研究实际的问题,一方面也要宣传理想的主义。这是交相为用的,这是并行不悖的。不过谈主义的人,高谈却没有甚么不可,也须求一实验。"[①]李氏在此不再像为了《新青年》社团的协同作战而遮遮掩掩,而是单刀直入:"我可以自白,我是喜欢谈谈布尔什维主义的。当那举世若狂庆祝协约国战胜的时候,我就作了一篇《Bolshevism 的胜利》的论文,登在《新青年》上。"这里他一方面把陈独秀定位为"与旧式顽迷思想奋战"的角色,另一方面又把胡适定位为"防遏俄国布尔什维主义"的分子;同时把陈独秀"幽闭狱中"与胡适"横被过激党的诬名"揽为己有。一是对同仁"负责"的策略,二是其"铁肩担道义"坦白胸怀的流露。李大钊的敏感也印证了后来胡适对《多研究些问题,少谈些"主义"》的补正:"我的意思是想针对

---

① 李大钊:《再论问题与主义》,《每周评论》第 25 号,1919 年 8 月 17 日。

有被盲目接受危险的教条主义,如无政府主义、社会主义和布尔什维克主义等等来稍加批评。"①既然是"社会主义和布尔什维克主义",又何以能让马克思主义完全脱离论争的干系呢?

朋友之三陈独秀。陈独秀1919年6月11日入狱,9月16日出狱。在三个月的囚禁生涯中,作为"文明发源地"的监狱还是不如研究室得力。因此,他在论争高潮时期的思想只能以前后的延续与衔接作为"存目"。不过,陈独秀尽管出狱后对两者作了互补性的论断和平衡,但在其内心深处,他终归不是"问题"意识形态的传人。固然,我们有必要重视当事人的回忆,但更要重视历史事实。以胡适记忆为依据:"陈独秀在1919年还没有相信马克思主义。在他早期的著作里,他曾坦白地反对社会主义。"②对第一层意思,笔者可以按图索骥,找到史实根据。他在回答一名读者对社会主义的询问中就言简意赅地说:"社会主义理想甚高,学派亦甚复杂。惟是说之兴,中国似可缓于欧洲。因产业未兴,兼并未盛行也。"③至于第二句,以史实为据,除却陈独秀在《法兰西与近世文明》中对社会主义的憧憬和神往有些朦胧外,我实在找不出当事人反对社会主义的资料。诚然,陈独秀1919年前的文章中很少有鲜明的马克思主义辞藻,但这并不是我们断然否认其精神气质里有与马克思主义革命模式一拍即合因子的理由。值得一提的是胡适的一段话:"独秀在北大,颇受我与孟和(英美派)的影响,故不致十分左倾。独秀离开北大之后,渐渐脱离自由主义的立场,就更左倾了。"④对陈独秀在实验主义和社会

---

① 胡适口述、唐德刚整理:《胡适口述自传》,华东师范大学出版社1993年版,第191页。
② 同上,第195页。
③ 陈独秀:《答褚葆衡》,《新青年》2卷5号,1917年1月。
④ 胡适:《胡适来往书信选》,中华书局1979年版,第282页。

主义之间的摇摆,笔者在一些文章中已经有所涉及。但有人根据胡适的手书来证明"问题与主义"之争中的陈独秀"中立偏胡"就难以理解了。[①] 从"不致十分左倾",从"更左倾"的叙述中,难道不能发现陈独秀本来就"左倾",所以不可能"中立偏胡"的因果关系吗?对胡适这样一位一直向内转的"右倾"学人来讲,至于陈独秀在有些场合的迁就、妥协、逶迤,那还是要研究者多一只眼的。譬如在"二十年不谈政治"的默契中,在《新青年》与《每周评论》的并行中都可以找到这样撮合、包庇的痕迹。出狱后接管《新青年》并以舵手姿态发表的《本志宣言》就是一个笼络团队的隐形告白。7卷1号和2号上分别发表"问题"意识者的《新思潮的意义》与"主义"者的《由经济解释中国近代思想变动的原因》即是兼容的一个举措。作为主编的"社",迁就与兼容是一种姿态和策略,但这绝不是一个人思想价值取向的证明。多年来,学术界不少人把《实行民治的基础》作为1919年陈独秀还在胡适一边的佐证,依据是作者对杜威"民治主义"的分类引用。但若是会看门道,将"付印"的一段补白拿来,则是另一方思想气象:"我们所渴望的是将来社会制度的结合生活,我们不情愿阶级争斗发生,我们渴望纯粹资本作用——离开劳力的资本作用——渐渐消灭,不至于造成阶级争斗;怎奈我们现在所处的不结合而分裂的——劳资、国界、男女等——社会,不慈善而争斗的人心,天天正在那里恶作剧(现在美国劳资两元组织的产业会议,就是一个例)。我心中所想说的话,不愿说出,恐怕有人误作调和政策,为一方面所利用,失了我的本意。此话说来太长,而且不是本篇的论旨,改日再谈罢。"[②] "不愿说出"、"改日再谈"未尝不是为了平衡"问题"与"主义"两方所作的努

---

① 董德福等:《陈独秀和"问题与主义"之争》,《安徽史学》2002年第4期。
② 陈独秀:《实行民治的基础》,《新青年》7卷1号,1919年12月。

力,但这不等于陈独秀没有了主意,我们看到,"改日"的《主义与努力》中在作了"我们行船时一须定方向二须努力"天平式的处理后,尽管有对论争双方相对真理的取长补短,但旧情难舍,他还是要说:"现在有一班人误会了我的意思,主张办实事,不要谈什么主义什么制度。"①日后陈独秀的选择也证实了他有着由衷的摆不平"主义"情怀之命题的确定性。

从胡适"朋友们"的论争内容看,三位都有将"主义"与"问题"作为并立互补之思想资源的理性思考。"交相为用"、"并行不悖"(李大钊)、"并不是相反而不能并立"(蓝公武)、"二者缺一不可"(陈独秀)是他们的共识,也是文章中的关键词。那么作为论争挑起者的胡适是不是持这样一种开放态度呢?正如期待的那样,胡适的文章出笼后很快有了反应。回应者知非(蓝公武)抱着讨论学理的真诚态度,在《问题与主义》发表时,也将《多研究些问题,少谈些"主义"》原文照转不误。胡适很快在《每周评论》上作了回应:"本报 31 期,有我的《多研究些问题,少谈些"主义"》一篇文章。我的朋友知非先生,把它转载在《国民公报》上,又在那报上发表了《问题与主义》一篇文章,知非先生的议论很有许多地方可以补正我的原作。"②胡适的做法显然也是抱着真理愈辩愈明的开明态度。当李大钊从老家寄回《再论问题与主义》时,主持杂志的胡适亦不失时机地让文章见报。在李氏"有的和先生的意见完全相同,有些的稍相差异"的尾声中,胡适附注说:"我要做的《再论问题与主义》现在由守常先生抢去做了,我只好等到将来做《三论问题与主义》罢。"③到了《三论问题与主义》发表,作者更是感激知非和李大钊对"我的意思发挥得更透切明了"。笔者

---

① 陈独秀:《主义与努力》,载《独秀文存》,安徽人民出版社 1988 年版。
② 胡适:《问题与主义》,《每周评论》第 33 号,1919 年 8 月 3 日。
③ 李大钊:《再论问题与主义》,《每周评论》第 35 号,1919 年 8 月 17 日。

在查阅当年《每周评论》时发现,《三论问题与主义》、《四论问题与主义》是该报的最后两期。被封禁以后的第 37 期也只有第一页没有遗失。不过,一个不大不小的发现是,"三论"、"四论"一改论争文章"▲"题花标记,而代之以周易八卦的阴阳太极图。如果不算臆测的话,或许主编有圆融、并包、互补的意念吧。"两争"不分高下、难为伯仲的平等对话为 20 世纪中国思想史平添了一份光彩。虽然胡适本人并没有封杀同仁的舆论自由权利,但《每周评论》的"三论"、"四论"最终还是被北洋军阀封杀了。

事实上,正如我们所理解并看到的现代性启蒙思想史演进的态势一样,开放心态和自由交流是双向的心灵流通,任何一方的闭塞都不能达到实质性对话的效果。他们的争论有很大程度上的"真理愈辩愈明"色彩,至少他们当时尚无意气用事的党派成见,信奉任何学说与学理"只有一方面的真理","没有包医百病的良方"。[①] 这样一个开放、真诚、坦率、投入的对话给思想史留下了空谷足音。固然,直接参与论争的人数并不多,但这并非忽视其舆论影响和思想穿透力的理由。

"问题与主义"之争是思想史上一次双赢的典型论争个案。作为启蒙思想史的一桩公案,它没有孰胜孰负的结论,也不可能有孰对孰错的判断。其中没有任何一方自愿放弃自我立场,他们呵护思想独立阵地的争鸣表明,"先知"在走着一条"见异思迁"、"见贤思齐"、"认识自己"(苏格拉底语)的学术路径。

四、从学理型政治到政治型学理:
"问题与主义"的历史演绎

所谓"学理型政治",是指在不自觉的政治哲学意识中探讨学理,

[①] 陈独秀:《马尔塞斯人口论与中国人口问题》,《新青年》7 卷 4 号,1920 年 3 月。

因此可以简称为"学政";所谓"政治型学理",是指借着谈学理而发挥自己的政治哲学理念并使之走向实践性理路,因此可以简称为"政学"。"问题与主义"之争是有前后期之别的。在这个意义上,"问题"与"主义"的互补也是有限性的互补,"问题"与"主义"的理性讨论也是短暂的平衡。在"问题"与"主义"的两个侧面来观察它们,无疑有着各自质的内在规定性。它们只能平行式地延伸、互补、圆融乃至演绎,而不可能相互融合。这也是两者都不会放弃自我立场去依附对方的原因。从"学政"到"政学"的论争即是"问题"与"主义"各自守望自我思想阵地的有力佐证。这样,胡适在《我的歧路》中自述"我谈政治只是实行我的实验主义",就使得研究者认真思索:能不能借助胡适的说法——主义论者谈"主义"只是为了政治呢?如果不能,那么我们就要根据史实来论证:一、"政学"是"问题与主义"之争的升级,是其必然的逻辑发展;二、在实验主义者强调它的非主义性,重点言说其方法论意义时,应该看到其自身的政治哲学背景,它实质上是正宗的自由主义的话语体系;三、即使后期论证是在概念诸如目的和方法、理想和现实的表象论争上喋喋不休,归根结底也还是迂远与直接、渐进与急进两种社会进化方式的歧路。下文的论证重心即是针对"政学"而设的。

实证之一。关于"两争"的前后分期问题,学术界没有现成的例子。我以为可以撇开具体时间,从《新青年》的崭新宣言开始。[①] 鉴于《每周评论》在胡适手中"寿终正寝",因此《本志宣言》是陈独秀出狱视事后的第一要事。[②] 虽然 6 卷 6 号是在拖延到陈独秀出狱后出

[①] 《本志宣言》,《新青年》7 卷 1 号,1919 年 12 月。
[②] 《每周评论》被封禁后,胡适于 9 月 1 日曾去求见警察厅总监吴炳湘。吴炳湘劝说胡适在风声吃紧时不要再用这个敏感的名牌了。要办就另起炉灶。胡适唯唯诺诺地答应此事。参见唐宝林等:《陈独秀年谱》,上海人民出版社 1998 年版,第 105 页。

版的,但除却欢迎陈独秀出狱几首新诗,稿件整盘是已杀青了的。而且,老社长面对的是在他撒手之后"维持现状"、"强弩之末"、"树倒猢狲散"的局面。① 年末岁首,那篇用大字号排出的宣言则是"此地无银三百两"的强作繁荣。不难看出,《新青年》真有可能陷入当年在上海刚刚创刊时"门可罗雀"的僵局。7卷1号上破天荒发表的宣言,看似同仁间的精诚联袂誓言,却是为了化解矛盾和歧义不得已出台的思想方略。陈独秀出马所进行的团体内部的自我调解已经预示着"问题"和"主义"还会继续向纵深方向发展。在此之前,"问题与主义"两争不可开交,虽然有互补的豁达与开放,但那4号上的"实验主义"打头的专号以及5号上"马克思学说"打头的专号无疑是同仁各弹自己迷恋的小曲。为求同存异,由创办元老再度出马连任自然合情合理,顺乎人心。不过,从当时的情形而言,两争双方意识形态深层的排他性无论如何也不是靠宣言、声明、表态以及私人情谊所能焊

---

① "维持现状"、"强弩之末"、"树倒猢狲散"这三个关于"局面"的修饰语,前两个是周作人说的,后一个是我自己根据当时情况总结的。说"树倒猢狲散"可能有辱"先知"的作为,但从史实来看,一点也不冤枉他们。陈独秀的主干作用在他人狱后就凸显出来了。先是《每周评论》在"维持现状"中生存,之后便是"强弩之末"的舆论局势,最终这个"生气虎虎"的杂志在胡适和李大钊手中"寿终正寝"。《新青年》即使没有被封禁,也在陈独秀人狱后不死不活,6卷4号、5号分别在4月中旬和5月出版,但6卷6号却在陈独秀不视事的情况下拖到11月1日出版。群龙无首造成的瘫痪局面还使得"社长"一"连任"便不得不去收拾残局,去应付、协调、运作这样一个即将散摊的社团。从周作人10月5日的日记中可以窥见当时情况的大概:"下午二时至适之寓所,议新青年事,自七卷始,由仲甫一人编辑,六时散,适之赠所著实验主义一册。"见《周作人回忆录》,湖南人民出版社1982年版,第338页。本该按照6卷1号《本杂志六卷分期编辑表》排列的陈独秀、钱玄同、高一涵、胡适、李大钊、沈尹默被打乱不说,中间还有胡适的趁火打劫,欲将《新青年》由我一个人来编",原因是他把该社的不稳定(陈独秀人狱,《每周评论》遭禁等)因素归咎于李大钊在5号编撰发表"马克思专号"之"过激"行为引起了骚动。后来鲁迅请沈尹默转告胡适之说:《新青年》是仲甫带来的现在仍旧还给仲甫",于是才有了在同仁意见下的"顺理成章",从7卷1号由陈独秀总揽全局。(参见《访问沈尹默谈话记录》,转引自唐宝林等:《陈独秀年谱》,上海人民出版社1998年版,第106页)就陈独秀一人独揽的情况看,大有欲挽大厦于将倾的思考。

接的。个人情意在思想分裂面前总是显得如此脆弱,一旦风吹草动,"丝连"是一种非主流的感情交往,虽然不会轻易割舍,但无论如何拗不过"藕断"的价值取向的决裂。

审视一下那篇具有破天荒意义的《本志宣言》就可以看明白其中的微言大义了。宣言一开篇就直奔主题:"本志具体的主张,从来未曾完全发表。社员各人持论,也往往不能尽同。读者诸君或不免怀疑,社会上颇因此发生误会。现当第七卷开始,敢将全体社员的公同意见,明白宣布。就是后来加入的社员,也公同担负此次宣言的责任。但'读者言论'一栏,乃为容纳社外异议而设,不在此例。"①说是"公同意见",其实不过是陈独秀一人的撮合。这很像蔡元培在兼容并包背后倾向于新派一样,在"各打五十大板"的调停后面还是有自己的导向的。不过,有一点可以肯定,陈独秀在认定真理方面是认真的,他对问题意识的真理性也是认可的,但就像他自己强调的:"反对的方面没有充分理由说服我们以前"的主张,我们还是要严防死守的。言下之意,实验主义的问题意识是有道理的,但却无法说服我们这一派主张社会进化论者。因此他代表全体社员说:"我们理当大胆宣传我们的主张,出于决断的态度;不取乡愿的、紊乱是非的、助长惰性的、阻碍进化的、没有自己立脚地的调和论调;不取虚无的、不着边际的、没有信仰的、没有主张的、超实际的、无结果的绝对怀疑主义。"反对调和,主张实验;反对超实际,主张有信仰。在陈独秀不主张调和的"调和"言谈中,还有一段不可遗漏的话语:"我们主张的是民众运动社会改造,和过去及现在各派政党,绝对断绝关系。"②这是明白挑明立场的关键词:"民众运动"是李大钊在《再论问题与主义》中所

---

① 《本志宣言》,《新青年》7卷1号,1919年12月。
② 就在陈独秀发表起草宣言之前,瞿秋白和郑振铎曾去登门造访,咨询《新社会》周报事宜,陈独秀表达了自己普及民众教育、进行通俗启蒙的希望。

说的"社会上多数共同的运动","社会改造"也即是胡适所一贯反对的激进式的"根本解决"。顺便说出一个重要信息:尽管不反对激进的革命方式让社会进化,但其反党派意识至此还是一以贯之的。也正是在这个意义上所说,李大钊与陈独秀的激进社会革命进化观一样,但李大钊有明确的主义(马克思主义)定向意识,而陈独秀还是一股脑地信仰革命,比李大钊的追随还是慢了半拍。由此,我们可以得出初步结论,陈独秀出狱后已经和原来的"问题与主义"之争接榫,这个接力棒将由陈独秀和李大钊共同完成。不出所料,后来陈独秀不再遮遮掩掩"谈政治"的舆论以及李大钊"新村"、"民粹"意识的暴露,正是"主义"朝着纵深方向发展的证明。

实证之二。就胡适挑起两争的文章来看,他对"空谈主义"的"大缺点和大危险"的非议主要还是从抽象名词容易骗人、欺人的角度出发的。他甚至借用罗兰夫人的名言比附中国"高谈主义"的情形:"自由,自由,多少罪恶都是借你的名做出来的!"因此,胡适说:"一切好听的主义都有这种危险。"[①]那"中国思想界破产的铁证"的判断也是由学理出发推演的。如果说,胡适深层的政治意识或说意识形态的知识体系是自由主义的,那么此时他至少还是让学理的论式占据了上风,"学政"之中的"政"那一部分尚未撩拨起来,还是深层的意识深处的积淀。不过,胡适的实验主义毕竟是自由主义体系的方法论,因此他是经不起意识形态的政治性撩拨的,只要有少量的因子做触化剂,就可以把他深藏不露的掩体给打捞出来。我们看到,李大钊的《再论问题与主义》确确实实把胡适论争的起点给抬起来了。

也许是说者无心,听者有意。《三论问题与主义》、《四论问题与

---

① 胡适:《多研究些问题,少谈些"主义"》,《每周评论》第31号,1919年7月20日。

主义》已经是立于"政学"平台大打出手的攻擂了。固然,"三论"、"四论"不乏学理角度的探讨,诸如抽象与理想的区别、对具体的误解等,但这些辩论对一位实验主义思想体系的信徒来说,出手总有些词不达意,于是在材料、方法、学理的学术概念之外,便冒出了如此这般具有思想威力的反问:"请问我们为什么要提倡一个主义呢?难道单是为了'号召党徒'吗?还是要想收一点实际的效果,做一点实际的改良呢?如果是为了实际的改革,那就应该使主义和实行的方法合为一件事,决不可分为两件不相关的事。我常说中国人(其实不单是中国人)有一个大毛病,这病有两种特征:一方面是'目的热',一方面是'方法盲'。小孩子看见月亮,喊着要上天去,要上天便是'目的热',不管如何,能上天便是'方法盲'。"胡适反问中的选择其实并不存在两难,他也不是不知道李大钊要革命的进化路径,在仿佛是无疑而问的质问中,其实是要对社会革命、对"号召党徒"说"不"。如果真以为实验主义的信徒就是为了方法论着急,只是为抽象担心,那他就不会对李大钊的所谓"不负责任的主义论"提出严厉批评:"前次杜威先生在教育部讲演,也曾说民治主义在法国便偏重平等;在英国便偏重自由,不认平等;在美国并重自由与平等,但美国所谓的自由又不是英国的消极自由,所谓平等也不是法国的天然平等。但是我们要知道这并不是民治主义的自然适应环境,这都是因为英国、法国、美国的先哲当初都能针对当日本国的时势需要,提出具体的主张,故三国的民治各有特别的性质(试看法国革命的第一、二次宪法和英国边沁等人的驳议,便可见两国本来主张不同)。这一个例应该给我们一个很明显的教训:我们应该先从研究中国社会上、政治上种种具体问题下手,有什么病,下什么药。"①

---

① 胡适:《三论问题与主义》,《每周评论》第36号,1919年8月24日。

胡适一再述说自己是一个实验主义信徒,而实验主义就是一个方法论。但究其实质胡适是地地道道的英美经验自由主义的传人。其实,针对法国唯理主义(积极自由主义)与英美经验主义(消极自由主义)的分野,胡适在"问题与主义"之争发生前夕就已经作了区别:"实在论和理性派的见解大不相同。'理性主义以为实在是现成的,永远完全的;实验主义以为实在还在制造之中,将来造到什么样子便是什么样子。'实验主义(人本主义)的宇宙是一篇未完的草稿,正在修改之,将来改成怎样便是怎样,但是永远没有完期的时间。理性主义的宇宙是绝对平安无事的,实验主义的宇宙是还在冒险进行的。"①实在论即是胡适言必称的实验主义,实验主义则是原汁原味的经验式自由主义。几乎同期,胡适还在一篇文章中述说导师知识论的观点时说:"杜威说古代以来的知识论的最大病根,在于经验派和理性派的区别太严了。古代的社会阶级很多,有劳心的和劳力的;治人的和被治的;出令的和受令的;贵族和小百姓,种种区别。所以论知识也有经验和理性,个体和共相,心与物,智力与感情,种种区别。这许多区别在现在的民主社会里都不能成立,都不应存在。"而且他还加上一句:"从学理一方面看,更不能成立。"②这个补充很能说明问题:在学理上不能成立的理由非常充分,我们只能选择互补为用的并存格局来设计论式。譬如经验论到了美国就演变成杜威所概括的"并重自由与平等"论式。但学理归学理,一旦付诸政治实践,虽然一种思想资源可以作为另外一种的补充,但总是以一个为主一个为辅的。在美国,自由主义在博采其他资源的同时,主要还是倚重于英国消极自由主义政治哲学。对英美自由主义及其与法国唯理主义

---

① 胡适:《实验主义》,《新青年》6卷4号,1919年4月。
② 胡适:《杜威的教育哲学》,《新教育》1卷1号,1919年4月。

（其实也是"主义"派的思想路径）的不同,我们可以在杜威的讲演中得到印证:"卢梭的学说,也如洛克学说之于英国,是法国革命的哲学,是革命思想上的背景。英国人不甚欢迎他。英国人看卢梭,正如现在守旧的人看 Bolsheviki 一样。Bolsheviki 的学说,许多是从卢梭传下来的。不过卢梭讲的是公民全体,Bolsheviki 只主张劳动工人全体;卢梭所讲的共同意志,Bolsheviki 只主张劳动工人的共同意志,略不同罢了。"① 名师出高徒。胡适说:"老实说来,只是人类的愚昧性。因为愚昧不明,故容易被人用几个抽象名词骗去赴汤蹈火,去为牛为马为鱼为肉。历史上的许多奸雄政客懂得人类有这样一种劣根性,故往往用一些好听的抽象名词来哄骗大多数的人民去替他们争权夺利,去做他们的牺牲。"② 这样,我们既弄清楚了两争中自由主义与社会主义对立的本质,也认识到了胡适对手之阵营的庞大。可以这样说,自由主义一开始投下的骰子就决定了其在20世纪中国的命运。

实证之三。实证之二所说的胡适对手之阵营的庞大,再一次证明了笔者在归根结底意义上的结论:"问题"与"主义"是迂远与直接、渐进与急进两种社会进化方式的歧路。

在胡适的论述中,抽象与具体是一对出现频率较高的词汇,而从"学政"到"政学"的深入转换,问题的症结就出在抽象与具体这对充满哲学意味的关键词上。这里,不但要承认"政治是经济的集中体现"(马克思语),而且还要认同"学术(理论)也是政治的集中体现"的同构说法。从"学(术)理(论)"的纹理出发,胡适认为,无论是蓝公武

---

① 高一涵记:《杜威博士讲演录:社会哲学与政治哲学》,《新青年》7卷1号,1919年12月。
② 胡适:《三论问题与主义》,《每周评论》第36号,1919年8月24日。

还是李大钊,都将自己抛出的抽象概念误解了。但是,若是从政治的视角去回眸这个词汇与具体对应的意义,应该说李大钊和蓝公武恰恰抓住了问题的本质,尽管胡适对此不予承认。

应该说,胡适、蓝公武、李大钊三者是论争的中坚,尽管蓝氏的文章只有一篇,但由于分量的深沉而构成了三足鼎立的格局。为了能在学术语言中表达政治意念,胡适在"三论"、"四论"中撇开了"问题"与"主义"的实质性冲突和对话,在具体与抽象两个概念上打起了笔墨官司。胡适对蓝、李二人"误会"所用的"具体"的意义表示遗憾,更对两人把抽象和理想混为一谈表示离谱。于是胡适后期在"问题与主义"上的争论就固守诸如目的和方法、理想和现实概念而喋喋不休。

关于手段和目的的关系。胡适一方面说他自己不反对谈理想,而且还"恭维"理想。然而从其关于"目的热"与"方法盲"的比喻中,我们只是觉得他是"方法热"和"目的盲"。有的学者指出,"胡适呼吁为了目的不可不择手段(否则'手段'在过程中将变成了'目的')",①这对胡适思想资源的挖掘和开发具有非同小可的意义。但是,胡适担心的应该是在寻求目的的过程中将目的沦为手段(不可止于手段而造成无的放矢之"劳民伤财"代价)。② 无的放矢的悲剧在于,在有

---

① 林毓生:《"问题与主义"论辩的历史意义》,《二十一世纪》第8期,1991年12月。
② "不择手段"是缺乏方法,"无的放矢"是没有目的,"对症下药"是讲目的与手段的统一。但"有病乱求医"中"乱"字究竟讲的是目的不清楚还是手段不清楚呢?"没头的苍蝇"造成的结果"乱飞"同样不好下结论,这"头"既是"目的"发射塔,又是方法识别器。在形容一个人像没头的苍蝇时,多是指其目的和方法都没有着落。在我们的生活中,很多情况下我们不会去关心这样一个理论辨析再去做事,一般都是跟着感觉让手段与目的互为统一。这样一个"统一"即使是在一个刚刚懂事的幼童身上都能得到体现。譬如说,一个孩子要求吃奶,他不会轻易去闹一个陌生人,多数要去找妈妈解决。这里,吃奶是目的,找妈妈则是解决问题的手段。在社会进化过程中,很多大的方向问题都会引发大的争论,原因如同哲学家苏格拉底和哈耶克都说过的:因为我们无知,所以需要自由(辩论)。参见哈耶克:《自由秩序原理》,三联书店2000年版。

了工具、手段、方法的情形下,找不到前行的方向,从而拿自己的理想和别人的"现实"比、将自己的理想吹得天花乱坠、把别人的现实说得一塌糊涂。这就是一位西方哲人所总结的:"理想主义扩张的代价是什么呢? ……求新癖和超越癖。求新癖是指不惜任何代价地求新。因此'求新癖患者'的特征是,狂热地想超过和取代一切人和物。求新癖患者因而又滋生出超越癖,也就是说,他'拒绝接受限制,坚持不断地向前……一种永远超越的使命:超越道德、超越悲剧、超越文化。'"①这是典型的理想主义、唯理主义思想谱系。胡适的经验自由主义正是英美理路的表达,与萨托利站在了一个水平线上:"目标与手段的一致性,以及什么手段适用于什么目标,怎样做才适用于目标。"②这是补救理想和抽象弱点的最直接方式。对此,胡适的解释是:"一切主义,一切学理,都应该研究,但是只可认作一些假设的见解,不可认作天经地义的信条;只可用作参考印证的材料,不可奉为金科玉律的宗教;只可用作启发心思的工具,切不可用作蒙蔽聪明、停止思想的绝对真理。如此,方才可以渐渐养成人类的创造的思想力。"③他说这话是建立在对"现今世界上多少黑暗无人道的制度……全靠几个抽象名词在那里替它做护法门神"的观察和理解上。不难看出,胡适对研究"具体的问题"的提倡,对"抽象的主义"的反对在启蒙思想史上的影响之所以如此之大,其根本原因还是他看出了"主义论"的走势和苗头。

关于现实和理想。上面已经谈到,胡适在两争后期是在具体和抽象上下功夫,但他在两争中一直没有放弃的中心词是"手段"和"目的"。究其实质,方法盲和目的热的杞忧主要还是理想与现实错位导

---

① 乔·萨托利:《民主新论》,东方出版社1998年版,第571页。
② 同上,第573页。
③ 胡适:《三论问题与主义》,《每周评论》第36号,1919年8月24日。

致的代价问题。对一个健全社会而言,低重心运行即使有所挫折和失误,也不会招引大范围的惨重代价。但若是一个由很多人共同参与的社会运动,一旦形成百万工农齐上阵的局面,一旦决策和判断失误,就会给这个民族或社会带来毁灭性的甚至是无可挽回的代价。因此,自主、自治并小范围的决策是一位西方成功经济学家和思想家的诉求,这与胡适所说的具体中"这个"与"那个"的解决如出一辙:市场经济的优越在于建立了不冒大风大浪之险的理念。而作为"主义"的"普遍理念"也正是索罗斯在论述"普遍理性的联系"与"启蒙运动"时予以提防的。他在述说了自己欣赏卡尔·波普的渐进自由主义的思想后表示:"承认我们的可错性才能使一个社会走向开放,但这本身不足以使整个社会团结起来。"①胡适担心的是在理想主义过于夸大以及社会思想过度一致性给人类带来的严重灾难。他在《四论问题与主义》中打着"论输入学理的方法"的旗号,为"试错性"或说实验主义的义理进行严密考据。究竟什么是"试错性"呢?对此,萨托利的解释是:"我们承认试错,但最好用试验代替错误。毕竟现在社会的复杂与庞大让我们感到代价的沉重。"②在指出凡是一种主义、一种学说都有功用、效果、价值的同时,胡适还对马克思主义的两个重要部分予以讨论:"唯物的历史观,指出物质文明与经济组织在人类进化社会史上的重要,在史学上开一个新纪元,替社会学开无数门径,替政治学说开许多生路:这都是这种学说所涵意义的表现,不单是这学说本身在社会主义运动史上的关系了。这种唯物的历史观,能否证明社会主义的必然实现,现在已不成问题,因为现在社会主义的根据地,已不靠这种带着海智儿(黑格尔)臭味的历史哲学了。"③乍看起来,这段话是对马

---

① 乔·索罗斯:《开放社会:改革全球资本主义》,商务印书馆 2001 年版,第 141 页。
② 乔·萨托利:《民主新论〈序言〉》,东方出版社 1998 年 12 月版。
③ 胡适:《四论问题与主义》,《每周评论》第 37 号,1919 年 8 月 31 日。

克思学说平静客观的评价,但要看到胡适的思想深处不可能平静如水,但接下来的一段话却只能平添我们对胡适对经验(消极)自由主义的情有独钟:"由如阶级战争学说指出无产阶级与资产阶级不能并立的理由,在社会主义运动史与工党发展史上固然极重要。但是这种学说,太偏向申明'阶级的自觉心',一方面,无形之中养成一种阶级仇恨心,不但使劳动者认定资本家为不能并立的仇敌,并且使许多资本家也觉劳动者真是一种敌人。这种仇恨心的结果,使社会上本来应该互助而且可以互助的两大势力,成为两座对垒的敌营,使许多建设的救济方法成为不可能,使社会上演出许多本不须有的惨剧。"胡适把自己提出的"输入学说时应该注意那发生这种学说的时势情形"、"'论主'的生平事业和他所受的学术影响"、"每种学说所已经发生效果",总括为"历史的态度"。① 胡适:《四论问题与主义》,《每周评论》第 37 号,1919 年 8 月 31 日。这个态度就是对现实采用实验主义(自由主义民主)的肯定、对马克思主义(社会主义政治模式)的否定。"但是"的转折、"惨剧"的评说以及对"生吞活剥的主义"的批判正是胡适对"理想主义"意识形态的坚决抵制。

看来,历史总是在"现实"和"理想"的吊诡中演进着:理想的不现实,现实的不理想。李大钊们和胡适们的歧义绝不是能用孰胜孰负来了却的。胡适反对李大钊的"多数人运动",而李大钊则认为胡适的"世界上最强有力的人就是那个最孤立的人"是纸上谈兵。思想史家萨托利曾告诉我们:"卢梭已燃起了上千人的热情,边沁主义才说服了一个人。"由此看来,李胡两人的价值也不是用计量学的数字可以估价的。说到这里,我还想用萨氏的事实与理论论据进一步说明自己的论题:"理性主义周游四方,经验主义却足不出户。……当观

---

① 胡适:《四论问题与主义》,《每周评论》第 37 号,1919 年 8 月 31 日。

念的传播和渗透——至少是以意识形态的形式——在整个世界不断增长时,经验主义思想却常常表现出一种'求实精神'(用詹姆斯的话说),它主张没有观念也能干一番事业。"更为两难的结论还在这里:"如果说理性主义不具备解决实际问题的训练,求实精神则缺乏足够的思想支配力。假如理性主义方法和经验主义方法能够殊途同归,对双方都莫大幸焉。"①论述及此,这个思想史的吊诡或说悖论几乎把笔者挤到了墙角。在此,我想借用索罗斯的话来摆平这个公案:"我既不是一个现实主义者,也不是一个理想主义者,我努力寻求这两者之间的平衡点。"②

---

① 乔·萨托利:《民主新论》,东方出版社 1998 年版,第 62 页。
② 乔·索罗斯:《〈开放社会:改革全球资本主义〉序言》,商务印书馆 2001 年版,第 13 页。

第七章 《新青年》：个人、社会与国家关系的历史考察

在此论述的主题是对《新青年》杂志上个人与"他者"关系的考述。个人与他者的关系，其实也就是与国家、社会等集体概念的关系。这个关系也是思想史上一个基本的学术命题，对这个命题的不同回答则是折射思想媒体或思想家价值趋向的一面镜子。20世纪初，《新民丛报》的主编梁启超、《甲寅》的主编章士钊、《新青年》的主编陈独秀分别在自己经营的刊物上为个人与他者的关系开辟了舆论阵地。本章重点考察的是作为具有影响力的《新青年》从1915年到1919年之间有关个人与他者关系的来龙去脉。

一、《新青年》之前个人与国家关系的基本考察

1902年初，梁启超在日本横滨创办《新民丛报》。从第1号到72号，他在"论说"栏里发表了一系列文章。作为主笔的梁启超执意"新民"，而且在启蒙的逻辑构成上偏重于从国民与国体、立人与立国的关系入手。在他看来，一国之民整体素质的高低决定了该国的政体模式，因此他说："政府之于人民，犹寒暑表之于空气也。""然则苟有新民，何患无新制度，无新政府，无新国家。"[1]民弱者国弱，民强者国

---

[1] 梁启超：《新民说·论新民为今日中国第一急务》，《新民丛报》1902年2月8日。

强。不难判断,这里,他"新民"的目的有着直接"为国"、"立国"的功利色彩。"民"不但是工具,而且是新工具;不但是国家的御用工具,而且是社会的道德工具;不但是民主新政的手段,而且是救亡独立的手段。

梁启超认为,对一个群体的凝聚力来说,最不可少的是公德,但私德也十分重要,因为一个群体的总体素质最终取决于该群体个体成员的素质。正是基于这一思想,梁有了公德与私德之说。究其实质,他是把一个人的道德看成两个部分,上对团体或社会与国家,下对个人自我的发展与完善。这两部分又是相辅相成、互为因果的。他说:"私德与公德,非对待之名词,而相属之名词也。"① 显而易见,公德与私德关系正是个人与社会的关系的辩证,但梁启超更偏向于"利群"。他在《新民说》"叙言"中开诚布公:"本论以后各子目,殆皆可以'利群'二字为纲,以一贯之者也。"而且他认定"公德"乃诸国之源,因此统一的标准就应是:"有益于群者为善,无益于群者为恶,此理放诸四海而准,俟诸百世而不惑者也。"② 从这种价值判断出发,梁启超进一步得出这样带有明显时代性的结论:"自由云者,团体之自由,非个人之自由也。野蛮时代,个人之自由胜,而团体之自由亡;文明时代,团体之自由强,而个人之自由减。"③ 在这里,梁启超于权利与义务二者之间选择了义务,认为义务大于权利,小我应服从大我。质而言之,其思想核心就是群体意识,他曾在《余之生死观》的文章中说,人的个体物质存在没有任何内在价值,因为他是次要的,很快便会湮没无闻;真正可以依赖的是群体的集合体,因为在这个集合体中包含了每一成员的精神价值,成为一个永久的存在物。梁启超把个

---

① 梁启超:《新民说·论私德》,《新民丛报》1903年10月4日。
② 梁启超:《新民说·叙论》,《新民丛报》1902年2月8日。
③ 梁启超:《新民说·论自由》,《新民丛报》1902年5月8日。

体的物质存在划为小我,把群体的集合称作大我。他甚至推论说,只要大我具有生命力,小我的生死是无关紧要的。梁氏将集体、团体、社会、国家置于个人之上的理由如下:"人之所以贵于他物者,以其能群耳。使以一身孑然独立于大地,则飞不如禽,走不如兽,人类蔑灭亦既久矣。"①梁氏严厉批评"独善其身"者为"家奴走狗",对"知有一己而不知有国家之弊"深表忧虑。②梁启超:《新民说·论国家思想》,《新民丛报》1902年3月24日。因此才有了这样的感叹:"呜呼,吾不欲多言矣。吾非敢望我同胞将所怀抱之利己主义铲除净尽,吾惟望其扩充此主义,求如何而后能真利己,如何而后能保己之利使永不失,则非养成国家思想不能为功也。"③梁启超:《新民说·论国家思想》,《新民丛报》1902年3月24日。这里所谓的"国家思想"无非是国家优先、国家至上。

梁启超的国家与个人关系是整个辛亥革命前思想界的折射。在这一点上,孙中山的指导思想也与其不谋而合。1914年春,《甲寅》在日本东京创刊。这一时期知识分子于革命变形后的流亡心态以及关于个人与国家的心态都在这个具有同仁色彩的杂志上流布了出来。虽然当时将袁世凯当做靶子的杂志不只《甲寅》一家,但在抵抗帝制、倡导自由的舆论能力上,它无疑是一枝独秀。当时,聚众于《甲寅》的同仁有章士钊、张东荪、易白沙、陈独秀、李大钊、高一涵等具有民主思想的人士。以章士钊为首的知识分子站在学理的视角对个人与国家的关系进行了新一轮的论证。在《甲寅》的创刊号上,章士钊就针对严复在《庸言报》上发表的《民约平议》所谓"人人减损自由"、"而以利国善群为职志"的说法予以回应说:"以国家束缚之力大减人民之行己自由焉,恐国事未可言也,唯不审严君所谓减损自由,与此

---

①②③ 梁启超:《新民说·论国家思想》,《新民丛报》1902年3月24日。

说亦有合否?"①鉴于严复是从当时数次"革命"而几于作乱的社会现实出发,章士钊在回答这个问题时还是十分谨慎的。他以讨论商榷的口吻说:"何项自由易减,何项自由易损,然后有异点可商。"这一点,完全表现出自由派的风格。但毕竟是自由主义的哲学基础在起作用,因此章士钊对革命、共和以来人权大张、过于放任的指责还是从学理上予以了辩证:社会的动荡不安绝对不是自由、人权本身造成的,而是风俗之恶作祟。一方面,他对"以国家绝对之权整齐社会风气之事"的治国方针持认可态度;另一方面,则力排"国家之权"对个人人权的侵犯。他引用英国自由主义思想家洛克的话说:"人民有权立复其原有之自由,重创政府。"②章士钊:《读严几道民约平议》,《甲寅》1卷1号,1914年5月10日。

在人权与国权的辩论中,章士钊流布出个人权利先于政府、国家、社会的观点。在他看来,思想自由是法治体系的根本,国家不能以任何形式侵害私人领域的生活。在《国家与责任》中,他说:"吾人有提倡为国家主义者,意在损个人以益国家,此说之可取,亦视夫所为损益之界说若何,若漫无经界,犯吾人权根本之说,愚敢断言之曰,此伪国家主义也。此曲学之徒,软骨之士,奉为禽犊,以媚强权而取宠利者也。"③章士钊对国家的责任心是符合自由主义权利和义务统一观的,他曾迂回表达了国家责任的不可懈怠:"故不爱国云者,前已解散之国家不爱可也,今复建设之国家,不爱不可也。"④作为《甲寅》主笔的章士钊提出"爱"与"不爱"(国家)的命题前来讨论,绝非偶然。这一切,还得从作为《甲寅》作者与《新青年》主编的陈独秀说起。

---

①② 章士钊:《读严几道民约平议》,《甲寅》1卷1号,1914年5月10日。
③ 章士钊:《国家与责任》,《甲寅》1卷2号,1914年6月10日。
④ 章士钊:《国家与我》,《甲寅》1卷8号,1915年8月10日。

二、《新青年》主导的个人与社会关系的历史考察

论及陈独秀,他办杂志的历史可以追溯到 1904 年春创办的《安徽俗话报》,《说国家》一文则是他关心国事民瘼的直接表达。尽管这时的陈独秀提出了西方国家学的概念,但他没有超越梁启超等人的个人与国家之关系。站在国家立场上,从民族救亡出发,他将国家的关键词予以梳理:土地、人民、主权。"国亡家破"集中概括了陈独秀当时的心声。① 饶有兴味的是,三位主编开始"说国家"时都是以抱怨的心态发端的。陈独秀怨声连连:"那知道国家是什么东西,和我有什么关系呢?""国家大事,与我无干。"意思是说,"大家不问国事,所以才弄到灭亡地步。"②梁启超也抱怨说:"耗矣哀哉,吾中国人之无国家思想也。"③章士钊同样愤愤不已:"吾国之大患,在不识别国家为何物。"④显而易见,无论是梁启超认为中国人有没有国家思想,还是章士钊说国家思想是交易,抑或陈独秀说只知道有家不知道有国,他们都是从批评国人缺乏国家思想进行启蒙的。

然而,陈独秀的国家观念是层层递进的,如果说"梁启超时代"的陈独秀在《安徽俗话报》上的言论属于典型的国家至上型,那么"章士钊时代"的陈独秀在《甲寅》上发表的关于个人与国家的议论则显然是民主思想的范畴。他为烂柯山人《双枰记》所作的叙言中就流露出对个人(权利)优先原则的认可:"对国家主张人民之自由权利,对社会主张个人之自由权利。……予所极表同情者也。团体之成立,乃

---

①② 陈独秀:《说国家》,《安徽俗话报》第 5 期,1904 年 6 月 14 日。
③ 梁启超:《新民说·论国家思想》,《新民丛报》1902 年 3 月 24 日。
④ 章士钊:《国家与我》,《甲寅》1 卷 8 号,1915 年 8 月。

以维持及发达个体之权利已耳。个体之权利不存在,则团体遂无存在之必要。"①不必考究陈独秀受何人影响,其观念已经走到自由学理一边是毋庸置疑的。正是在这一时期,陈独秀于同一期《甲寅》上还发表了引发舆论界广为关注并讨论的《爱国心与自觉心》。关于这个"爱"与"不爱"(国家)的讨论,一直伴随陈独秀进入"陈独秀时代"还余音袅袅。

所谓"陈独秀时代"的陈独秀,是陈开始主持《新青年》的时期,也就是1915年至1919年。循着陈独秀"爱"与"不爱"的言路,我们可以看出他关于个人与国家关系的思想脉络。《爱国心与自觉心》在《甲寅》付梓后,很快引起了李大钊的回应,他以《厌世心与自觉心》为题,对陈独秀悲观至极的情绪作了婉转的批评,而且以乐观的态度告诉思想界同仁:"自觉之义,即在改进立国之精神,求一可爱之国家而爱之,不宜因其国家之不足爱,遂致断念于国家而不爱,更不宜以吾民从未享有可爱之国家,遂乃自暴自弃,以侪于无国之民,自居为无建可爱之国之能力者也。"②这是"轻率的乐观和盲目悲观"的紧张。与此同时,关于个人与国家乃至社会的关系命题之连锁反应,也牵涉到了主笔章士钊那里。他的《国家与我》就是陈独秀那篇"自觉"文章招惹的:"往者陈独秀君作《爱国心与自觉心》一文,揭于吾志,侈言国不足爱之理。"章氏写作该文最深层的动因还在于:"爱国心之为物,不幸如独秀所言,渐次为自觉心所排而去,甲乙递传,如中恶疫,流行之广,速于置邮。特独秀为汝南晨鸡,先登坛唤耳。"③原来章士钊、李大钊都有一种理性的制约在说理:爱可爱之国,不爱不可爱之国。

---

① 陈独秀:《双枰记》(序一),《甲寅》1卷4号,1914年11月。
② 李大钊:《厌世心与自觉心》,《甲寅》1卷8号,1915年8月。
③ 章士钊:《国家与我》,《甲寅》1卷8号,1915年8月。

究竟陈独秀那篇文章的兴奋点在什么地方呢？原来陈独秀"愿意说极正确的话也愿意说极错误的话"，耿直性情一以贯之，① 才有了如此刺激人心的话语："不暇远征，且观域内，以吾土地之广，惟租界居民，得以安宁自由，是以辛亥京津之变，癸丑南京之疫，人民咸以其地不立化夷场为憾。此非京津江南人之无爱国心也，国家实不能保民而致其爱，其爱国心遂为自觉心所排而去尔！呜呼！国家国家！尔行尔法！吾人诚无之不为忧！有之不为喜！吾人非咒尔亡，实不禁以此自觉也。"②诸如此类力求偏颇的话在该文比比皆是，③难怪会遭到不同方面的批评。从《说国家》立意唤醒民众的国家观念到《爱国心与自觉心》的愤世嫉俗，再将话题转移到《新青年》上的《我之爱国主义》，以及1919年在《新青年》的孪生兄弟《每周评论》上撰写的《我们究竟应当不应当爱国》，陈独秀发生着不断的位移与递进，直到"陈独秀时代"的他才在个人与社会的关系上显示出思想者的本色。

这里，笔者将以"陈独秀时代"的陈独秀由《甲寅》嫁接到《新青年》的两篇谈论国家的文章为线索，梳理出陈独秀的思想脉络，并顺便带出将在下一部分论证的杂志同仁形成的思想谱系。不过，在此要首先给出一个结论性"预设"的是：戊戌、辛亥、五四时期启蒙思想先驱们都是将个人与团体、国家和社会对立起来，而没有单独分析国家、社会的区别。为了便于行文方便，容我取巧，这里的论述也将集中在个体意识与群体思想的关系上。

---

① 陈独秀：《给陈其昌等的信》（1937年11月21日），载《陈独秀书信集》，新华出版社1987年版。
② 陈独秀：《爱国心与自觉心》，《甲寅》1卷8号，1915年8月。
③ 陈独秀：《给陈其昌等的信》（1937年11月21日），载《陈独秀书信集》，新华出版社1987年版。

《我之爱国主义》发表于1916年底,与《爱国心与自觉心》同处一个思想链条上。作者开宗明义道:"伊古以来所谓爱国者(Patriot),多指为国捐躯之烈士,其所行事,可泣可歌,此宁非吾人所服膺所崇拜?然我之爱国主义则异于是。"①《我们究竟应当不应当爱国》提出的命题依然如故,在感性和理性的辩证之后,从学理意义上作了判断:"欧洲民族,自古列国并立,国家观念很深,所以爱国思想成了永久的国民性。近来有一部分思想高远的人,或是相信个人主义,或是相信世界主义,不但窥破国家是人为的不是自然的没有价值,并且眼见耳闻许多对内对外的黑暗罪恶,都是在国家名义之下做出来的。他们既然反对国家,自然不主张爱国的了。在他们眼里看起来,爱国就是害人的别名。所以他们把爱国杀身的志士,都当做迷妄疯狂。"②不难看出,陈独秀的冷静、理性透露出了自己并不习惯的哲人态度。还有更精彩的片段:"我们爱的是人民拿出爱国心抵抗被人压迫的国家,不是政府利用人民爱国心压迫别人的国家。我们爱的是国家为人谋幸福的国家,不是人民为国家做牺牲的国家。"③陈独秀:《我们究竟应当不应当爱国》,《每周评论》第25号,1919年6月8日。这一在个人与国家关系之间给出的答案,也必然反映到《新青年》杂志的其他文本中,尽管零零碎碎,但我们还是能从中"串联"出微言大义。

如果说梁启超的利群思想已经成为明日黄花,章士钊"为政尚异"的立国观念尚带有很深的程序色彩,那么当历史的车轮驶入《新青年》时代,陈独秀的价值取向则有了全新的跨度。与梁启超强调义务相对,陈独秀关心的是社会与政府抑或国家能否保证个人才智的

---

① 陈独秀:《我之爱国主义》,《新青年》2卷2号,1916年10月。
②③ 陈独秀:《我们究竟应当不应当爱国》,《每周评论》第25号,1919年6月8日。

正常发挥,能否保障个人的自由与独立。在社会与政府不能保证个人权益的情况下,个人就有权利去标异见、抗群言,去争取人格的平等。他直截了当地告诉国民:"国家利益,社会利益,名与个人主义相冲突,实以巩固个人利益为本因也。"④巩固个人利益就是不为传统世俗所束缚,"尊重个人独立自主之人格,勿为他人之附属品。"这里,陈独秀力倡个人的自由、自主、自立与自尊,而非前代先驱标榜的团体、社会、国家或责任。他认为中国传统社会匮乏的正是对人格的尊重,因此奴隶道德甚重。以个人主义为本位,就是要冲破社会和家庭的罗网,反对传统的封建伦理对个人的箝制。

陈独秀在个人与国家关系间的基调已定,从而有了个人本位与开放世界观念的紧密结合。在他笔下,人应以理性占胜情感,有独立思想和判断能力,不为当局所愚所困。他的这一指导思想如洪钟大吕,经久不衰。他在1918年4月给钱玄同的信中说:"鄙意以今日'国家'、'家庭'、'婚姻'等观念,皆野蛮时代狭隘之偏见所遗留。"⑤耐人寻味的是,他说这话时,与胡适不认同"民族主义运动"的背景完全一样:同样是在谈论中国语言文字改革时引发的。鉴于此等观念狭隘保守,因此就有必要"破坏"。8月15日,他再度撰文提出将国家列为应予破坏的"偶像"之一:"国家是个什么?照政治学家的解释,越解释越教人糊涂。我老实说一句,国家也是一种偶像。一个国家,乃是一种或数种人民集合起来,占据一块土地假定的名称;若除去人民,单剩一块土地,便不见国家在那里,便不知国家是什么。可见国家也不过是一种骗人的偶像。"⑥固然,《新青年》初期(1915—1919年)的"同期声"中会有跌宕顿挫的音符,也会有"多声部"特有

---

④ 陈独秀:《东西民族根本思想之差异》,《青年杂志》1卷4号,1915年12月。
⑤ 陈独秀:《答钱玄同》,《新青年》4卷4号,1918年4月。
⑥ 陈独秀:《偶像破坏论》,《新青年》5卷2号,1918年8月。

的高低调，但个人与社会、个人与国家关系的谱系却定位于主编陈独秀这样一个有明显倾向性的思想基调上。对此，我们可以在杂志同仁的共同唱和中得以证实。

三、《新青年》同仁思想谱系的哲学透视

众所周知，《新青年》是一个同仁杂志。它是一个由有共同旨趣的知识分子自由结合而成的松散的、"联邦"式团体。关于这一点，我们从鲁迅那段回忆"同一战壕里战友"的故事中就可窥见一斑。鲁迅承认自己在《新青年》上与同仁们采取了一致的步调，同时他还将那些"揭出病苦，引起疗救的注意"的创作自命为"遵命文学"，但他却在这种"一致"后特别提出了个性独立、思想自由"同盟"的运作方式："这些也可以说，是'遵命文学'。不过我所遵奉的，是那时革命的前驱者的命，也是我自己所愿意遵奉的命令，决不是皇上的圣旨，也不是金元和真的指挥刀。"[①]既然是一个提倡个人本位主义的同仁团体，既然以自由主义思想相标榜，那么就必然有"同气相契"的气质。不然，这样的松散而又脆弱的团体不可能在一个很长的时段里互为呐喊、相与助威。尽管个人内在的教育背景、思想资源不尽相同，具体到个人思想的"微言大义"也有一定的龃龉或紧张，但他们毕竟在同一个阵地上吟唱过"同一首歌"，并在近现代思想史上形成了大的气候。说到这里，我们不妨首先回望一下《新青年》同仁在个人（本位）主义原则上的"上下一盘棋"开局。

论及《新青年》及其同仁，除却上面重点考查的主编、主笔兼主导的陈独秀，第一个涌入我们脑际的就该数胡适了。而论及胡适，其思

---

① 《鲁迅全集》第4卷，人民文学出版社1981年版，第455—456页。

想火花的最耀眼处还在于对个人与社会的关系的论述。在他看来，"社会与个人互相损害"是一个基本常识，但他在两者之间却有着个人优先原则："社会最爱专制，往往用强力摧折个人的个性（Individuality），压制个人自由独立的精神。等到个人的个性都消灭了，等到自由单独的精神都完了，社会自身也没有生气了，也不会进步了。"①他曾借挪威作家易卜生之口表达了自己的人生信仰："我所最期望于你的是一种真闪纯粹的为我主义。要使你有时觉得天下只有我的事最要紧，其余的都算不得什么。……你要想有益于社会，最好的法子莫如把自己这块材料铸造成器。……有的时候我真觉得全世界都像海上撞沉了船，最要紧的还是救出自己。"他进而认为"这种'为我主义'，其实是最有价值的利人主义"。②胡适：《易卜生主义》，《新青年》4卷6号，1918年6月。同是在该文里，他把家庭、社会国家对个人的摧折、腐败、黑暗一一加以分析，从而得出了这样的结论：

> 社会、国家没有自由独立的人格，如同酒里少了酒曲，面包里少了酵，人身上少了脑筋：那种社会、国家决没有改良进步的希望。所以易卜生的一生目的只是要社会极力容忍，极力鼓励斯铎曼医生一流的人物，社会上生出无数永不知足、永不满意、敢说老实话攻击社会腐败情形的"国民公敌"；要想社会上有许多人都能像斯铎曼医生那样宣言道："世上最强有力的人就是那个最孤立的人！"

胡适将个人与家庭、社会、国家的关系置于一个对峙的层面上，其意思极为浅显透明：反对它们"借着'公益'的名誉去骗人钱财，害

---

①② 胡适：《易卜生主义》，《新青年》4卷6号，1918年6月。

人生命,做种种无法无天的行为"。①

在《新青年》同仁中,除却来自安庆的陈独秀和徽州的胡适两位安徽同乡名声大震外,还有一位安徽人士高一涵也是活跃于《新青年》上的自由主义者。应该说,高是《新青年》杂志上论述国家与个人关系最为深刻有力的一位,他旁征博引,力述国家与人民的关系,在"各流、各系、各党、各派"与"小己"(个人)的关系中,"即以小己主义为之基,而与牺牲主义及慈惠主义至相反背者也。"②于是,弥尔的个人主义成为高一涵启蒙思想的主要依据。在传统社会里,任何个人都不可能是一种独立的存在。所谓个性,所谓自由,皆被一种依附性关系伦理所取代。而在现代社会,个人的独立自由与平等必须建立在契约伦理关系之上。因此,个人与国家的关系就要一改传统的伦理关系。高一涵这样讲述古今国家与人民之间手段与目的的反复:"往古政治思想,以人民为国家而生;近世政治思想,以国家为人民而设。"③除却人民与个人在政治学意义上的等质,不难发现他将个人置于了与国家观念密不可分的地位。他另一篇论述国家观念的文章开篇便说:

> 今吾国之主张国家主义者,多宗数千年前之古义,而以损己利国为主。以为苟利于国,虽尽损其权利以至于零而不惜。推厥旨归,盖以国家为人生之蘄向,人生为国家之凭藉。易词言之,即人为国家而生,人生之归宿,即在国家是也,人生离外国家,绝无毫黍之价值。国家行为茫然无限制之标准。小己对于国家,绝无并立之资格。而国家万能主义,实为此种思想所酿

---

① 胡适:《易卜生主义》,《新青年》4卷6号,1918年6月。
② 高一涵:《共和国家与青年之自觉》,《青年杂志》1卷1号,1915年10月。
③ 高一涵:《民约与邦本》,《青年杂志》1卷3号,1915年11月。

成。吾是篇之作,欲明正国家蕲向之所在。①

高一涵强调:"国家者,非人生之归宿,乃求得归宿之途径也。"在他看来,小己人格不能被侵害,否则,"国家职务,与小己自由之畛域,必区处条理,各适其宜。互相侵没,皆干惩罚。美其名曰'爱国',乃自剥其人格,自侪于禽兽、皂隶之列。不独自污,兼以污国。文明国家,焉用此禽兽、皂隶为?"②高一涵:《国家非人生之归宿论》,《青年杂志》1卷4号,1915年12月15日。

我们再来看看周作人。如同我们阅读到的那样,他一加入《新青年》队伍,就表现出了非凡的文学天才和敏锐的思想洞察力。在我看来,与其说他以译作和创作著称,毋宁说他的"人的文学"将新文学的"新"抬了出来。周作人的"改良人类的关系",也是说要置换个人与类群、国家以及社会的关系。对此,他说得较为透彻:

> 但现在还须说明,我所说的人道主义,并非世间所谓"悲天悯人"或"博施济众"的慈善主义,乃是一种个人主义的人间本位主义。这理由是,第一,人在人类中,正如森林中的一株树木。森林盛了,各树也都茂盛。但要森林盛,却仍非靠各树各自茂盛不可。第二,个人爱人类,就只为人类中有了我,与我相关的缘故。③

质而言之,周作人人间本位主义诉求的立意还在张扬人性,排斥家国与族类的暴力。1922年4月发生在陈独秀与周作人之间的"非

---

① ② 高一涵:《国家非人生之归宿论》,《青年杂志》1卷4号,1915年12月。
③ 周作人:《人的文学》,《新青年》5卷6号,1918年12月。

基督教非宗教"大同盟运动就是一个典型的思想公案。当陈独秀以"请尊重弱者的自由,勿拿自由、人道主义许多礼物向强者献媚"向周作人等五教授发出公开信后,①周作人的回答是:"我们承认这些对于宗教的声讨,即为日后取缔信仰以外的思想的第一步,所以要反对这个似乎杞忧的恐慌。"②时至《语丝》时期的周作人,为了凸显"自由思想,独立判断",该刊与非个性化的文学刊物针锋相对,连社、团、会之类的词汇都不提及。

四、《新青年》个人与国家关系思想的集束与辐射

所谓"集束",是说社会转型期的思想特征在一个特点上不约而同的集体兴奋,所有的思想光束都聚焦于一个点上,具有非常浓缩的思想穿透力。譬如说上面我们讨论的个人优于社会、国家原理即是如此。所谓辐射,是说思想史上的主流趋势会在某一个时期占据优势和主导,但由于主流的形成是同声共求的结果,因此也难免在高潮之后在不同的哲学基础和教育背景下走向不同的思想归途。《新青年》杂志同仁由"同一首歌"到各种"唱法"的浮出水面就是一个由集束到辐射的过程。我们之所以将《新青年》与20世纪中国的走向联系起来,并认为它影响了整个20世纪后半叶的思想文化和政治选择,实在是因为它强烈的集束穿透力和惊人的辐射力。

在讨论过个人在国家、社会的中心地位后,笔者顺便引出与这一命题息息相关的话语:《新青年》集束特征的另一面则是,两端砝码之间的互补与平衡,尽管当时的思想家以大我与小我、小己与国家、个

---

① 《民国日报》副刊《觉悟》,1922年4月7日。
② 《民国日报》副刊《觉悟》,1922年4月20日。

人与社会、我与世界的不同名目表达出来。笔者之所以拉出这样一个命题作为后续,其根本原因还在于有的能够守成,有的则放弃守成,还有的不能守成(自一开始就决定其不能守成)。我以为,从个人与社会的平衡到两者关系倾斜(不再互补的失衡)的视角观照《新青年》的思想变迁是一个较为得力的论证设计。

还是先看看主编陈独秀在个人优先性之后是怎样强调个人有限性的。我们不妨先开出陈独秀关于个人与社会的平衡等式:"内图个性之发展,外图贡献于其群。"①那意思是说,即使是个人优先,也不能让个人及社会、国家相互为害。尽管陈独秀"内图"与"外图"的对等公式早于1918年得出,但笔者以为真正在心理达到平衡还在1918年以后。在该年2月写的文章中,他才切实把个人与社会的互助互补关系作出合理合情的诠释。陈独秀一改在此之前抑孔孟扬尼采的言行,认为双方都不够全面。陈独秀认为,"自利利他"价值取向才是完整的,"总而言之,人生在世,究竟为的什么?究竟应该怎样?我敢说道:个人生存的时候,当努力造成幸福、享受幸福;并且留在社会上,后来的个人也能够享受。递相接受,以至无穷。"②

作为编委的李大钊进入《新青年》之初就有着很强的平衡意识。为此,他开出的国家与个人处方则是:"个性的自由与共性的互助。"他指出:"方今世界大通,生活关系一天复杂似一天,那个性自由与大同团结,都是新生活上、新秩序上所不可少的。"在陈独秀和李大钊看来,生活关系和组织关系的复杂乃是需要调适个人与社会关系的本因。在个性自由与大同团结价值取向的引导下,一种理想化的"联治主义"范式出现了:

---

① 陈独秀:《新青年》,《新青年》2卷1号,1916年9月。
② 陈独秀:《人生真义》,《新青年》4卷2号,1918年2月。

因为地方、国家、民族,都和个人一样有他们的个性,这联治主义,能够保持他们的个性自由,不受地方的侵犯;各个地方、国家、民族间又和各个人间一样,有他们的共性,这联治主义又能够完成他们的共性,结成一种平等的组织,达成他们互助的目的。这个性的自由与共性的互助的界限,都是以适应他们生活的必要为标准。①

按照李大钊与陈独秀的思想逻辑,他们就是要以个人与社会平衡互补为价值准则,建立联合自治的政治模式。这构成了两人从个人主义走向社会主义过程中"独标异见"的思想火花。我们看到个人与社会的平衡不只是表现在陈独秀、李大钊身上,也表现在胡适、高一涵、周作人身上。胡适的说法是:

　　我这个现在的"小我",对于那永远不朽的"大我"的无穷过去,须负重大的责任;对于那永远不朽的"大我"的无穷未来,也须负重大的责任。我须要时时想着,我应该如何努力利用现在的"小我",方才可以不辜负了那"大我"的无穷过去,方才可以不遗害那"大我"的无穷未来!②

鉴于《易卜生主义》中有将"各人自己充分发展"的个人主义归为"人类功业顶高的一层"的表述,自此学术界将两文置于根本的对峙中。笔者以为,胡适固然有个人本位主义与社会本位主义的两极砝码的平衡,但这并非唯一。事实上,"大我主义"的出现并非那么突

---

① 李大钊:《联治主义与世界组织》,《新潮》1卷2号,1919年2月。
② 胡适:《不朽》,《新青年》6卷2号,1919年2月。

兀。无独有偶,高一涵的平衡观是一以贯之的,他始终坚守"小己"与国家和社会的和谐、同一、并立,坚信它们不应相互为害。在《共和国家与青年之自觉》、《民约与邦本》、《国家非人生之归宿论》等论述个人与国家关系的一系列文章中,他一直坚守着:"故欲定国家之蕲向,必先问国家何为而生存;又须知国家之资格,与人民之资格相对立,损其一以利其一,皆为无当。"所以"小己人格与国家资格,在法律上互相平等,逾限妄侵,显违法纪"。① 个人优先,但社会马上跟上。应该说,高一涵是中国近代思想史上一位稳健的自由主义者。与以上同仁对应,周作人在爱人先爱己之后也不敢怠慢,立刻抛出了下面的话语:"墨子说,'爱人不外己,己在所爱中',便是最透彻的话。上文所谓利己而又利他,利他即是利己。"②"自利利他"正是个人与社会关系相互寻求平衡的又一翻版。

陈独秀和李大钊的"平衡"是短暂的。他们应该说是《新青年》团队中从先前的个人主义(极端)走向社会主义(完全)的典型。李大钊1919年7月在《我与世界》一文中说:"我们现在所要求的,是个解放自由的我,和一个人人相爱的世界。介在我与世界中间的家园、阶级、族界,都是进化的阻碍、生活的烦累,应该逐渐废除。"③"我"即个人,消除了个人与世界中间的"阻碍",个人与世界就站在了同一水平线上,这就是个人主义与世界主义的实质关系。这和陈独秀将宗教、君主、国家都斥为"无用的东西"、"都应该破坏"的观点联系起来看,他们浸润的无政府主义"营养"还是非常充足的。

胡适,一个人们习惯于以自由主义者相称的人士。在他的"易卜

---

① 高一涵:《国家非人生之归宿论》,《青年杂志》1卷4号,1915年12月。
② 周作人:《人的文学》,《新青年》5卷6号,1918年12月。
③ 李大钊:《我与世界》,《每周评论》第29号,1919年7月6日。

生主义"背后潜存着深沉的"健全的个人主义"。恰恰是这个"主义",正是前期易卜生中的思想核心,以后的易卜生主义乃是它完备的发展与延伸。胡适对此也非常认同:"易卜生起初完全是一个主张无政府主义的人。当普法之战时,他的无政府主义最为激烈。"后来易卜生"进到世界主义的地步"也正是无政府主义的合理发展。① 20世纪20年代中期,胡适对"集团主义"、"新俄"理想以及国民革命的态度也能从一个侧面反映出这位"健全的个人主义"者无政府"大同"倾向的隐隐作痛。关于这一点,在陈独秀、李大钊思想谱系的演变中线索非常分明。照常规思路,高一涵相对纯粹的自由主义应该与无政府主义无缘,但就是他的《老子的政治哲学》一文构成了他整个《新青年》时期自由思想不可或缺的一个有机组成部分。老庄那消极革命、无为而治、小国寡民等带有乌托邦意义的思想资源构成了他将中国传统文化与西方现代思想衔接的利器。等到1919年5月将自己的家底和盘托出,他在此之前对现代性的追求也就让我们明白了大半。他说:

> 无论是人、是地、是天、是道,总要受自然支配的。顺着自然法则,便"无为而无不为";背着自然法则,"虽欲为之而无以为"。他把"自然法"的功用,看得这样森严,所以才主张放任主义。不过老子的放任主义,和欧洲学者弥儿、斯宾塞尔等说的不同;他们的放任主义是放任于个人,老子的放任主义,却放任于自然。②

---

① 胡适:《易卜生主义》,《新青年》4卷6号,1918年6月。
② 高一涵:《老子的政治哲学》,《新青年》6卷5号,1919年5月。

这和《天义报》时期刘师培论学论证中借助老子哲学大谈特谈无政府主义如出一辙。

在《新青年》杂志同仁中,周作人的温和、中庸、谦逊是众所周知的,但他有着极其惟我的个人主义特质。《人的文学》在散发着个性启蒙光彩的同时,也夹杂着一头雾水般的思想菜单。个人主义、自由主义、无政府主义混杂在一起进行着文化启蒙。在他说过自利利他的个人主义之后就有了这样情不自禁的表述:"至于无我的爱,纯粹的利他,我以为是不可能的。人为了所爱的人,或所信的主义,能够有献身的行为。若是割肉饲鹰,投身给饿虎吃,那是超人间的道德,不是人所能为的了。"① 如果说这里的引述还不足以证明周作人也有无政府主义的影子,那么此后发表的《日本的新村》等文章无疑为6卷4号的"劳工问题讨论"(以王光祈的《工作与人生》为标志)和5号的"马克思专号"(这个专号包括高一涵的《老子的政治哲学》和克水的《巴枯宁传略》两篇论述无政府主义的文章)开了先河。他介绍日本的新村实况说:

> 近年日本的新村运动,是世界上一件很可注意的事。从来梦想 Utokia 的人,虽然不少,但未尝着手实行;英国诗人 Coleridge 等所发起的"大同社会"(Pantisocracy)也因为没有资本,无形中消失了。俄国 Tolstoj 的躬耕,是实行泛劳动主义了。但他专重"手的工作",排斥"脑的工作",又提倡极端的利他,没杀了对于自己的责任,所以不能说是十分圆满。新村运动,却更进一步,主张泛劳动,提倡协力的共同生活,一方面尽了对于人类的义务,一方面也尽了个人对于个人自己的义务,赞美协力,

---

① 周作人:《人的文学》,《新青年》5卷6号,1918年12月。

又赞美个性,发展共同的精神,又发展自由的精神,实在是一种切实可行的理想,中正普通的人生的福音。

一九一〇年,武者小路实笃(一八八五年生)纠合了一班同志,在东京发刊《白桦》杂志,那时文学上自然主义盛行,他们的理想主义的自由,一时没人理会,到了近三四年,影响渐渐盛大,造成一种新思潮,新村的计划,便是这理想的一种实现。去年冬初,先发队十几个人,已在日向选定地方,立起新村(Atarashiki Mura),实行"人的生活"。①

周作人不但有了《日本的新村》,而且日后还有《新村的精神》的宣传。尤其值得注意的是,他不但有"新村理想"鼓吹,而且还有新村精神的实践。《新青年》7卷2号上的一则启事就足以让读者刮目相看:"新村北京支部启事:本支部已于本年二月成立,由周作人君主持一切,凡有关于新村的各种事务,均请直接通信接洽。又如有欲往日向,实地考察村中情形者,本支部极愿介绍,并代办旅行手续……"②我们虽然不能说周作人是一位无政府主义者,是一位社会主义者,但从他的思想流变以及精神诉求来看,他的个人主义、自由主义主流思想总是与具有"工读互助"的乌托邦精神谱系有关联。

的确,20世纪初无政府主义思潮对中国知识界的影响超过了任何一种思潮流派,它也直接关系到社会主义日后在中国的生成。1918年到1919年,《新青年》上"劳工神圣"的宣传一浪高过一浪。时至1920年,《工读互助团募款启事》的发起人中除了鲁迅,主体作者几乎全部到位——李大钊、陈溥贤、李辛白、陈独秀、王星拱、孟寿

---

① 周作人:《日本的新村》,《新青年》6卷3号,1919年3月。
② 《新村北京支部启事》,《新青年》7卷4号,1920年4月。

春、蔡元培、高一涵、徐彦之、胡适、张崧年、罗家伦、周作人、程演生、王光祈、顾兆熊、陶履恭、①除陈溥贤、李辛白、孟寿春三位之外，其他人都是已经在《新青年》上频频出场并已为时人熟知的多产作者。由此不难发现，从初期的个人（本位）主义到中期的互助倾向，再到社会（本位）主义，尽管中间有歧路上的分离，但用"大风起兮云飞扬"来概括一个同仁杂志对中国社会的震动和影响并不为过。

论及个人主义（自由主义）、无政府主义、社会主义三者之间在《新青年》的交织、转换以及"合力"，也许有游离本论之嫌。但笔者以为，在思想史意义上探讨他们如何在个人思想主流与他者思想"排列组合"中生成"合力"并发生转向则是具有问题意识的选择。

五、《新青年》思想谱系在中国思想史上的闪断与整合

据我个人对思想史研究的观察，思想载体的流变是瞬息万变的。我们知道，梁启超曾自我言说过"两头不到岸"以及"易质流变"的特点。其实，这何止是梁氏一个人的命运呢？即使是作为一个同仁团队的《新青年》也不例外。这即是我所说的"闪断"。至于"整合"，意思是说各种思想之力在平行多边形的"矢行"与"拉动"中斜向的势头。这就是"整合"的结果。

回到本题，就本人对国家、社会与个人关系的理解，它们应呈现出一个重心不断递减下移的趋势。以国家而论，它理应是以法治为本位，并不断对社会、个人"让权"的角色；就社会而言，它则是一个民间角色的扮演者，上对国家形成助威之势，下对个人抱以宽

---

① 《工读互助团募款启事》，《新青年》7卷2号，1920年1月。

容、忍让的心肠;涉及个人,在素质上应该是德法之才(意识)兼备。对社会厚之以德,对国家服之以法。在获得自由权利、个人独立的同时,也尽到自己应尽的义务和责任。进而言之,国家用平等的态度对待每一位国民,社会则以宽容的态度对待每一位公民,个人则时时要求保证自己才能的发挥并为社会和国家提供福祉。按照这个价值尺度分别对我们所论的三个关键词予以对号入座就不难发现,在中国20世纪思想史上,既没有我们期待已久的"人格之独立、个性之自由"的国民性(国民素质),也没有空间独立、道德宽容的市民社会。

我们看到,在《新青年》的思想文本中,即使同仁们在这三位一体的处方上有过多次"相煎",也难以了却这让人心动不已的情怀。如上所述,《新青年》同仁无论在思想细节上有着怎样的龃龉、矛盾甚至冲突,但他们在现代性的目标上却有着惊人的相似。如果说他们的理想没有二致,那么他们的差异也就不过是走向现代路径的不同。对此,我们可以在个人所受的教育背景、摄取的思想资源、立论的哲学基础上,找到《新青年》同仁的来龙去脉。

《新青年》知识群体不同程度受到无政府主义思想的影响已经是一个不争的事实。但若具体到每一个同仁,他们在无政府主义之外,究竟是哪一种思想谱系占据了上风则是我们着意关心的话题。

以陈独秀、李大钊为例,他们同是从《甲寅》杂志阵地转移过来的,或"跳槽"或"脚踩两只船"。在《甲寅》之前,他们又都分别在辛亥革命前后组织或参加过"暗杀团"(岳王会)和"敢死队"(共和会)。[①]十分巧合的是,他们在《新青年》之前崇尚的暗杀行为正乃无政府主

---

① 参见张宝明:《启蒙与国民——"五四"激进派的两难》第一章第一节的分析,学林出版社1998年版。

义学说的核心。辛亥革命之后,他们将个人"共和"的失望同时转移到杂志的舆论宣传上。在文化启蒙中,即使他们间或有不流血的和平、非暴力倾向,也终究还是被情感、意志、人格等意象所吸引。血气方刚的陈独秀和李大钊与暴力革命有一种天然的性情亲和。他们毅然决然地选择了法兰西和俄罗斯民族的现代性道路。就陈独秀和李大钊当时的兴奋点来看,无论哪一个国家、哪一个民族,只要革过命、流过血并且获得了成功,那就是他们追随、歌颂、效仿的对象。"法兰西之革命,法兰西国民之恶王政之教权也;美利坚之独立,十三州人民之恶苛税也;日本之维新,日本国民之恶德川专政也。"①陈独秀对法兰西的情有独钟不只表现在他将法兰西革命排在"虎头"位置,其实早在《新青年》创刊时,他就将世界文明进化的一切成就全部记在了法兰西人的功劳簿上。不过这一法兰西情结仍是建立在对国家、社会与个人关系的基础上:

> 法兰西革命以前,欧洲之国家与社会,无不建设于君主与贵族特权之上,视人类之有独立自由人格者,唯少数之君主与贵族而已;其余大多数之人民。皆附属于特权者之奴隶。无自由权利之可言也。自千七百八十九年,法兰西拉飞耶特(Lafayette,美国独立宣言书亦其所作)之人权宣言。La declaration des droits de l'hommes. 刊布中外。欧罗巴之人心。若梦之觉。若醉之醒。晓然于人权之可贵。群起而抗其君主。仆其贵族。列国宪章。赖以成立。②

---

① 陈独秀:《一九一六年》,《青年杂志》1卷5号,1916年1月。
② 陈独秀:《法兰西与近世文明》,《青年杂志》1卷1号,1915年9月。

在"言必称法兰西"的态度上,当时的舆论媒体形成了"陈唱李和"的思想格局。李大钊在 1916 年 10 月 1 日的《国庆纪念》中说:"法兰西宪法,苟无法兰西国民数十年革命之血,为之钤印,则必等于虚文。美利坚宪法,苟无美利坚十三州市民独立战争之血,为之钤印,则必等于空白。"①在陈李那里,政治文明,热血铸就。《新青年》上的《俄罗斯革命与我国民之觉悟》、《庶民的胜利》、《Bolshevism 的胜利》都是这一思想理路的"顺理"延伸。

必须进一步说明的是,以上我使用了两个需要注解的概念:一是法兰西情结,二是法俄思想理路的"顺然"延伸。所谓法兰西情结,指的是陈独秀、李大钊等站在一个思想的纬度上,他们不是在俄国十月国民的影响下才从英国自由主义转向法国的卢梭观念、马克思主义乃至社会主义的。他们从一开始就在思想中同时携带着英美自由和法国欧陆自由(而非相互消长)的思想谱系,而且一直以法兰西民族的政治文化为主调,与胡适、高一涵、周作人等同仁的思想谱系在《新青年》互相消长、跌宕起伏、"并立而竞进"。② 所谓"顺然"延伸,是说法国革命和俄罗斯革命有共同的"血缘"基因。从卢梭到马克思,从 1789 年到 1917 年,这是"南陈北李"都翘首期盼的:"俄国今日之革命,诚与昔者法兰西革命同为影响未来世纪文明之绝大变动。……十九世纪全世界之文明,如政治或社会之组织等,罔不胚胎于法兰西革命血潮之中。二十世纪初叶以后之文明,必将起绝大之变动,其萌芽即苗发于今日俄国革命血潮之中,一如十八世纪末叶之法兰西亦

---

① 李大钊:《国庆纪念》,载《李大钊全集》第 2 卷,河北教育出版社 1999 年版,第 406 页。

② 陈独秀:《答常乃德》,《新青年》3 卷 1 号,1917 年 3 月。

未可知。"①顺便指出,《新青年》的自由思想谱系绝不像有些学者所说的那样——先洛克后卢梭,先以英国经验主义为主导后以法国唯理主义为取向。事实上,英法两种自由思想传统以及各式各样的自由、民主或其他思想的变种一直都是"并立而竞进"地演绎着。②

为理路"顺然"作了注解并不等于万事大吉,接下来的质询便是:何以个人主义的极端本位主张会与社会主义这一极端集体观念打通得如此顺利?原来,极端的个人主义就是无政府主义的哲学基础,而20世纪中国无政府主义的盛行更是为个人主义尤其是极端个人主义廓清了道路。在肯定无政府主义、个人本位主义、反传统主义、反封建主义启蒙贡献的同时,我们也不能不对1789年法国个人主义盛行和1911年前后中国个人主义流行所埋下的祸根作一简要分析。尽管五四前后,"人人为我,我为人人"的自利利他理念十分流行并一度形成共识,但在中国思想史上的个人主义往往流于两个顶端的偏执:一是自私自利的狭隘个人主义,一是自我膨胀的救赎个人主义。在前者,是个人的原子化,倾向于无政府状态;在后者,则是个人的包办化,倾向于权力集中的专制化状态。偏执的个人主义和极端的集体主义如同一对孪生兄弟,也如同一枚硬币的两个侧面。物极必反,

---

① 李大钊:《法俄革命之比较观》,《言治》季刊第3册,1918年7月。
② 笔者进一步注解的原因来自对高力克先生《〈新青年〉与两种自由主义传统的》的阅读,见1997年8月号的《二十一世纪》杂志。该文重点考察了"中国自由主义在俄国十月革命影响下很快从洛克传统转向卢梭传统,进而以社会主义的胜利告终"。从而认为,"洛克传统与卢梭传统交替消长,启蒙运动经历了一个从英美经验主义到欧陆唯理主义的思潮流变的过程。"其实,如果作者不了解陈独秀与胡适在《新青年》上轮流坐庄的编辑方式,如果忽视了胡适在《新青年》初期与陈独秀"不谈政治"的表面"默契",就很难相信笔者一直坚持的观点:《新青年》杂志从一开始就有着两种以上的思想龃龉和冲突。如果说《新青年》后期有什么变化的话,我以为是十月革命推波助澜,让法俄理路和情结占据了上风,英美改良主义由于在中国缺乏"市场"而失去了"用武之地"。

个人主义和社会主义处于一个链条接口的两端,它们两者的衔接如同阴阳两极的正负关系,只有一步之遥。为此,我们也就不难理解为何查尔斯·傅立叶的追随者何以否定个人主义和社会主义之间的根本对立了。① 毕竟,"共产主义是个人的保护者,而个人主义则是他的灭绝者"。② 史蒂文·卢克斯:《个人主义》,江苏人民出版社 2001 年版,第 6—8 页。李大钊和陈独秀从个人本位走向"联治主义"、社会主义、共产主义的历史事实颇能说明问题。

　　如同我们可以将陈独秀、李大钊撮合在一起一样,将胡适与高一涵放在一起分析也是一个有趣的组合。就胡适而言,他的"易卜生主义"是健全的个人主义。虽然在个人主义意念上与诸位同仁不相左右,但"健全"二字又将距离拉开。因此,他一方面与陈独秀、李大钊的个人本位主义——法国唯理主义相左,另一方面与周作人、李亦民主张的惟我、为我、自我式的功利个人主义也不尽相同。健全的个人主义不但有"娜拉"式的个性发展,还有着"哀梨妲"式的个性发展。我们看到,胡适在将个人自由、个人本位的自由主义价值抬到了至高无上的地位的同时,他又很快有所感悟,而且找到抑制这种个人价值最大化的杠杆。他在阐述"各人自己充分发展"的思想时,已经注意到了自由与责任的互动。他说:"发展个人的个性需要有两个条件。第一,须使个人有自由意志。第二,须使个人担干系,负责任。"③ 从《玩偶之家》的"出走"到《海上夫人》的"自己担干系",胡适的"健全个人主义"是"娜拉"与"哀梨妲"合体的健全。在他看来,个人意志自由,自己对自己负责任并不是一个完整人格的表现。在一个健全的

---

①②　史蒂文·卢克斯:《个人主义》,江苏人民出版社 2001 年版,第 6—8 页。
　③　胡适之:《易卜生主义》,《新青年》4 卷 6 号,1918 年 6 月。

社会里,健全的人格还需要有社会的信任。换言之,只有个人能负责并负起责,才算社会真正容忍了个人的发展。个人与社会、权利与责任的统一,构成了胡适理性成熟的标志。这也是胡适自由主义(责任式个人主义)根源与英美经验主义的具体体现。尽管胡适很少直接专论英国自由主义大师的思想作品,但从他对杜威的介绍、易卜生(他们都是英国思想的继承者和守护者)的推崇来看,他的健全个人主义散发着扑鼻而来的英美自由主义思想气息。

与胡适受益于美国实验主义的思想资源有别,高一涵则将原汁原味的弥尔(John S. Mill)和边沁(Jeremy Bentham)的实验、实在、实利思想(生命权、财产权)译介到中国。胡适说:"杜威哲学的最大目的,是怎样能使人养成那种'创造的智能'(Creative intelligence),使人应付种种环境充分满意。换句话说,杜威哲学的最大目的是怎样能使人有创造的思想力。"[①]高一涵早在1918年春将弥尔思想精粹中的言论自由、出版自由介绍给读者之际,就已经把《乐利主义与人生》中的"乐利"幸福论惠赠给《新青年》读者群了。值得说明的是,在胡适和高一涵的个人主义中,功利论并不占主导。[②] 固然,我们不能否认高一涵思想体系中的卢梭以及法国传统部分,但总的来看,他对弥尔《自由论》的解读以及对戴雪"英国言论自由之权利论"的分析还是与经验主义一脉相承。他说:"中国今日思想,不要统一,只要分歧。所有的学说,不必先去信他,只要先去疑他。"[③]这和胡适的怀疑一切、求证一切、重评一切、"不疑处有疑"的实验主义哲学殊途同归。

---

① 胡适:《实验主义》,《新青年》6卷4号,1919年4月。
② 高一涵:《乐利主义与人生》,《新青年》2卷1号,1916年9月。
③ 高一涵:《读弥尔的〈自由论〉》,《新青年》4卷3号,1918年3月。

新文化运动后期"问题与主义"之争中的胡适正乃这一意识形态的代言人。

在对陈独秀、李大钊、胡适、高一涵的思想体系作了大致相当的整合归纳后,我们就要讨论周作人了。上已论及,周作人的个人主义是一种惟我、为我的个人主义。这是一种可怕的价值一元化倾向。这一现象在现实中的实践即是正如俄国思想家和文学家陀思妥耶夫斯基的论断:"人类最怕的就是选择的自由,即怕被在黑暗中,孤独地去搜索他自己的路。"他们总是"希望有现成的答案","希望别人自动告诉自己怎样生活"。① 信奉价值多元论的人在非常躁动、疯狂的时代也能清醒地作出富有生动意识的价值判断。在这个意义上,权威主义、集体主义固然不能过头,可若是个人主义论调说过了头,其结果也并不比原有的传统好多少。周作人说:"各人自扫门前雪,莫管他家瓦上霜,这才真是文明社会的全象。最要紧的是提倡个人解放,凡事由个人自己负责去做,自己去解决,不要闲人在旁吆喝喊打。"② 他那执意张扬的与儒家完全对立的"拔一毛而利天下不为"之杨朱式自私行为,只能导致"因失去儒家制衡而膨胀起来的赤裸裸的'个人主义'或'利己主义'"的自然沦落结局。③

《新青年》时期,尼采和福泽谕吉如日中天。陈独秀的"兽性主义"教育方针以及"铁血"理论诱导下的"军国主义"立国思想分别是福泽谕吉和德意志民族"健斗"的翻版。④ 如果说起初周作人对日本文化的热爱是建立在具有普世主义人类中心价值的基础上,那么李亦民对德意志(民族)战争精神的崇尚和追随则体现出借"他山之石

---

① 麦基编:《思想家》,三联书店 1988 年版,第 34—35 页。
② 周作人:《代邮》,载周作人:《谈虎集》,上海书店 1987 年版。
③ 刘东:《周作人:失去儒家制衡的"个人主义"》,《二十一世纪》1997 年 2 月号。
④ 陈独秀:《东西民族根本思想之差异》,《青年杂志》1 卷 4 号,1915 年 12 月。

以攻玉"的特征。从他撰写的《德意志骁将麦刚森将军》、《滑铁卢古战场》等文对"战功"的立意来看,①"大和魂"的民族精神和"超人"学说(尼采)、"自我意志"哲学(叔本华)构成了并行不悖的情感支柱。于此,我们可以在刘叔雅《军国主义》一文找到两者"统一"的痕迹。他在《叔本华自我意志说》中对叔本华、尼采、军国主义作了简约的勾联:"德意志大哲叔本华先生,天纵之资,既勇且智,集形而上学之大成(Deussen 博士语也),为百世人伦之师表(R. Wagner 教授语也)。康德而后,一人而已。先生之说以无生为归,厌生愤世。然通其义,可以为天下之大勇。被之横舍,则士知廉让;陈之行阵则兵乐死绥。其说一变而为尼采超人主义,再变为今日德意志军国主义。"②之后,他耿耿于怀地在一篇长文中又专论军国主义的高尚、伟岸,并誉为"立国之根本"、"救亡之至计",欲借此振国家、社会之雄风。③

　　历史表明,即使是在民主思想、自由理想最为盛行的《新青年》也难以打消救亡心理、民族意识在知识分子身上的涌动。然而,同是民族意识,在不同的国度、不同的时期、不同个人的身上的表现又是如此不一。正如"自由意志"流动于思想载体的内容会有不同的格调一样,民族间主观性很强的差异意识,会导致两种相生相克的基本形态——优越感和自卑感。"大和魂"文化精神在日本是一种民族优越感,而在周作人、李亦民那里则可能是强烈的民族自卑感。在某种意义上,个人主义的极端化是一种隐形的民族主义;而社会主义集体民主意识的夸大则是一种大鸣大放的民族主义。在第二次世界大战中,日本可以有个人主义的启蒙者向军国主义者进献"意识形态",意大利也可以有号称自由主义者向专制独裁的墨索里尼信誓旦旦,德

---

① 李亦民:《德意志骁将麦刚森将军》,《青年杂志》1 卷 6 号,1916 年 2 月。
② 刘叔雅:《叔本华自我意志说》,《青年杂志》1 卷 4 号,1915 年 12 月。
③ 刘叔雅:《军国主义》,《新青年》2 卷 3 号,1916 年 11 月。

国更是有激越高昂的社会主义者为法西斯主义献礼。我不禁想起了周作人当年关于巴枯宁那句话的辩证:"历史的唯一用处是教我们不要再这样了,我以为读史的好处是在能预料又要这样了。"①退缩、隐忍、自敛、独善的个人主义终于摧毁了民族自卑感影响下的生命意志。消极而非积极的对应世界心理使他成为军国主义为表、民族主义为里的"隐士"。

我们看到,民族优越感和自卑感的打通或说转换是这样轻而易举,从仁人沦落为隐士就在那一刹那的意念之间,从志士流变为叛徒就在那短暂的历史一瞬,从儒雅的君子成为附逆的小人就在不经意的放任中。在中国 20 世纪我们不是看到了很多为集权政治奔走的御用角色吗？当胡适为周作人充当法西斯主义强权的走卒而惋惜不已时,具有民族意识的胡适不是希望在"好人政府"心理作用下找到了专制政权的靠山吗？失去民族与人格的尊严,丧失民主与自由的精神,这是他们当初无论如何也不敢想象的。个人独立、国家意志、民族精神、社会道德,这些思想史上的关键词让一代又一代知识分子羞愧难当！极端的个人主义不要权威,只需要自我,结果找到了权威,自由主义需要权威,最终依附了权威。而由无政府主义走向共产主义的陈独秀们则更乐于在"破坏偶像"的过程中重新打造自我的权威形象。于是,我们发现了陈独秀极力批判"空想、颓唐、紊乱、堕落、反(返)古"的虚无个人主义与自然主义的原委。② 他逐渐远离无政府思想而执意组建政党的实践,正是他怀抱积极改造社会理想诺言的履行。

民族优越感历来是政治野心家的一个杀手锏。在民族伟大、勤劳、勇敢等不一而足的优越自诩中可以事半功倍地促进民族凝聚力。

---

① 周作人:《代快邮》,载周作人:《谈虎集》,上海书店 1987 年版。
② 陈独秀:《随感录(一〇〇)》,《新青年》1920 年 12 月。

这也是形成民族大动员的最佳心理兴奋剂。民族自卑感则正好相反,它是瓦解凝聚力、出卖民族利益的主要心理动因,周作人在个人与国家之间失去儒家传统制衡之后的叛敌,不但让我们想起了民族主义的自卑感,而且也使我们联想到撇开民族、国家意识而直接升华的世界主义观念。① 民族优越感的膨胀是沙文主义和种族主义的内驱力之一,民族自卑感则是由民族虚无主义心态走向殖民和洋奴心理的最便捷的路径。

就《新青年》上关于个人、国家与社会关系所呈现的思想谱系而言,其复杂性令笔者眼花缭乱。《新青年》思想的丰富性和人物思想的流变性与纷繁性是我们一时难以澄清的根本原因。以周作人为例,他在《新青年》时期杂乱无章的心态足以诠释转型时期的摇摆现象。对自我思想谱系的难以梳理,他在给孙伏园的信中就袒露得一览无余:

> 我近来的思想动摇与混乱,可谓已至其极了,托尔斯泰的无我爱与尼采的超人,共产主义与善种学,那佛孔老的教训与科学的例证,我都一样的喜欢尊重,却又不能调和统一起来,造成一条可以行的大路。我只将这各种思想,凌乱的堆在头里,真是乡间的杂货一料店了——或者世间本来没有思想上的"国道",也未可知。这件事我常常想到,如今听他们做功课,更使我受了激刺。同他们比较起来,好象上海许多有国籍的西商中间,夹着一个"无领事管束"的西人。至于无领事管束,究竟是好是坏,我还想不明白。不知你以为何如?②

---

① 周作人:《与友人论国民文学书》、《日本的人情美》,载周作人:《雨天的书》,岳麓书社1987年版。
② 周作人:1921年6月至9月作,载周作人:《雨天的书》,岳麓书社1987年版。

这并非小说,而是写实。在此,笔者想到更多的是《新青年》思想谱系在同仁那里的交叉、交织与交换。譬如说,同时由个人本位走向社会本位的同志陈独秀、李大钊,他们在个人的思想家谱中又有着难以混淆的不同。在《新青年》初期,当李大钊带着《甲寅》的调和、协力、多元观念与陈独秀共事时,陈独秀以不容调和的思想极力诱导、搬置,后来李大钊终于走向了法俄道路。还有,处于不同思想体系中的胡适与李大钊在"问题与主义"之争中就显现了两种意识形态的对立,但他们却对英人莫烈的调和主义思想形成了共识。在《藏晖室札记》中,他述说自己对莫烈《调和论》不忍释手。[①] 再者,同是追随英美经验主义的胡适与高一涵也有着区别,如果说胡适是相对纯粹的自由主义,那么高一涵的自由主义则有着英法德等各种思想谱系集合、组合的特征。正如上面描述的那样,相对有别的高一涵和李亦民在功利主义原则上站到了一个起跑线上。如此繁复,不一而足。

　　笼统论之,《新青年》上的设计都是为国家兴亡、民族富强、社会文明而提出的路径,但就历史的终极关怀而言,理出一个基本的线索并向后人劝学应该是思想史研究者责无旁贷的责任。

---

① 胡适:《藏晖室札记》,《新青年》4卷2号,1918年2月。

第八章　现代性空间的开拓

——从社会心理学视角看《新青年》与中国马克思主义的起源

中国共产党的成立是马克思主义与中国工人运动相结合的产物，而"五四运动"则起了推波助澜的作用。那么回过头来，"五四运动"又是如何产生的呢？我们可以回答说是《新青年》发起的五四新文化运动发展的必然结果。再往前追溯，这个必然中的偶然是什么呢？我们一贯的回答便是：从事文化启蒙运动的知识分子与工农大众的结合。这个脑力和体力的结合，成为诸事将成的一个有力论据。那么以《新青年》文化群体为主的知识分子究竟是怎样适时调整了自己的思想指针而转向工农、同情体力的呢？顺着这一系列的连环因果关系一直向前推，描绘"新青年派"知识分子启蒙谱系中对革命对象和主力的调整就显得格外关紧。这个关紧一是表现在思想史关口的前移，二是表现在不单回答是什么而关键在于何以如此这般。

《新青年》文化群体主导的思想倾向经历了三个主要时段的变化和接力，①它们依次为学术界耳熟能详的个人主义（自由主义）、社会主义（马克思主义）和民粹主义（平民主义）。指出这三个阶段似乎并

---

① 笔者之所以提"主导的思想倾向"，还因为"新青年派"里包含了诸如胡适、周作人等人，他们的思想谱系后来发生了变化，而且也不再在《新青年》杂志中占据主流地位。

不重要,问题的关键在于如何看待这三个阶段的关系及其转换与生成。

一、"三反":一个"超人"时代的到来

"超人"是笔者对《新青年》前期个人大于社会价值判断的一个总体概括。关于个人与社会(包括国家)的关系,我们在上个部分已经有所论述,而且集中在一个固定时段(1915—1919年)。我们这里重述"超人"时代,重点不在个人与社会关系的表述,而是要在这个表述中挖潜心理自尊的动因并为下面的转换作必要的铺垫。

为了便于直接展开论述,让我们从"三反"(反文化、反社会、反人类)开始。如同西方的启蒙有"上帝死了"的呐喊一样,虽然《新青年》没有提出这样的口号,但是一个不容忽视的事实是:其中暗含的逻辑是,一切的一切都死了,即使没有死也需要它们死;只有作为个体的自我才具有真正鲜活的价值。以自我为中心的个人自由放大为最大的价值判断,违背这个原则的文化(传统)、社会(环境)、人类(他者)都是需要排斥和打倒的对象。以《新青年》主编呼唤的"新青年"为例:"青年何为而云新青年乎?以别夫旧青年也。同一青年也,而新旧之别安在?自年龄言之,新旧青年固无以异;然生理上,心理上,新青年与旧青年,固有绝对之鸿沟,是不可不指陈其大别,以促吾青年之警觉。慎勿以年龄在青年时代,遂妄自以为取得青年之资格也。"[①]陈独秀呼唤的是新文化中孕育的"新"青年,而不是冲突文化熏陶的"老"青年;虽然他在该文提出了新青年不应"奢以贼己,贪以贼人,其为害于个人及社会国家"的观念,但他更看重"新青年"的自

---

① 陈独秀:《新青年》,《新青年》2卷2号,1916年9月。

立、自强、个性。这即是他在《东西民族根本思想之差异》中所说的:"国家利益,社会利益,名与个人主义相冲突,实以巩固个人利益为本因也。"①他的"抵抗力"不但是生理上的,也是民族意义上的,更是政治上的,还有社会上的,更重要的是对人类自身的:"人类之生事愈繁,所需于抵抗力者尤巨。自生理言之:所受自然之疾病,无日无时无之,治于医药者只十之二三,治于自身抵抗力者恒十之七八。自政治言之:对外而无抵抗力,必为异族所兼并;对内而无抵抗力,恒为强暴所劫持。抵抗力薄弱之人民,虽尧舜之君,将化而为桀纣;抵抗力强毅之民族,虽路易拿翁之枭杰,亦不得不勉为华盛顿;否则身戮为天下笑耳。自社会言之:群众意识,每喜从同;恶德污流,惰力甚大;往往滔天罪恶,视为其群道德之精华。非有先觉哲人,力抗群言,独标异见,则社会莫由进化。自道德言之:人秉自然,贪残成性,即有好善利群之知识,而无抵抗实行之毅力,亦将随波逐流,莫由自拔;矧食色根诸天性,强言不欲,非伪即痴。然纵之失当,每为青年堕落之源。使抗欲无力,一切操行,一切习惯,悉难趣诸向上之途,而群己之乐利,胥因以破坏。"②"新"是指文化上的,"青年"既要有自立对抗社会的素质又要有"力抗"无知"人类"的勇气。这即是我们上面所说的"三反"之内涵。

事实上,《新青年》杂志从一开始就是奔着完全、彻底、激烈的否定方式进行革命的。启蒙是严肃的。在他们看来,所有与自我对立的观点都是反启蒙的,都是对立的,都是要反对的。因此无论是执迷于法国自由主义的陈独秀,还是崇尚英美自由主义传统的胡适,都对个人的对立、自立、孤立称道有加。

---

① 陈独秀:《东西民族根本思想之差异》,《青年杂志》1卷4号,1915年12月。
② 陈独秀:《抵抗力》,《青年杂志》1卷3号,1915年11月。

胡适,一位"健全个人主义"的提倡者,也是《新青年》早期个人本位主义的力倡者,在《易卜生主义》里借助斯铎曼医生的话说:"世上最强有力的人就是那个最孤立的人!"这是"孤立"。同时,他对个人在社会里作为基本分子并与其天然的对立性也有所警惕和描述:"社会与个人互相损害:社会最爱专制,往往用强力摧折个人的个性(Individuality),压制个人自由独立的精神;等到个人的个性都消灭了,等到自由独立的精神都完了,社会自身也没有生气了,也不会进步了。……社会对个人道:'你们顺我者生,逆我者死;顺我者有赏,逆我者有罚。'""社会对于那班服从社会命令,维持陈旧迷信,传播腐败思想的人,一个一个的都有重赏。"这是"对立"的必然。有鉴于此,个人在社会上就要独树一帜,做一个有个性、有气节的真我。他说:"人生的大病根在于不肯睁开眼睛来看世间的真实现状。明明是男盗女娼的社会,我们偏说是圣贤礼义之邦;明明是赃官污官的政治,我们偏要歌功颂德;明明是不可救药的大病,我们偏说一点病都没有!却不知道:若要病好,须先认有病;若要政治好,须先认现今的政治实在不好;若要改良社会,须先知道现今的社会实在是男盗女娼的社会!易卜生的长处,只在他肯说老实话,只在他能把社会种种腐败龌龊的实在情形写出来叫大家仔细看。"①这是"自立"的表现。做到了这些就有了"三立"的个人主义。

这是一个崇尚英雄、呼唤理想、呐喊"超人"理念的时代。这个情怀在"五四"前后一直萦绕在知识分子的精神世界中。我们知道,胡适和周作人在这方面还属低调的人物,但在"三立"上丝毫不逊色于引领时代精神气质的高调的陈独秀们。周作人翻译犹太人宾斯奇戏剧的原因还是英雄情怀:"你听罢!我替你梦想一个英雄,在他面前,

---

① 胡适之:《易卜生主义》,《新青年》4卷6号,1918年6月。

全世界的人,虽然在未曾见过之前,都要取下帽来。我替你梦想一个伟大合奏的得胜的进行曲,一个天才,一个超人,只有你当得起的。"①一贯主张健全的个人主义的胡适对此也有着难以落定的犹豫不决。他在引用老子的"上善若水"和耶稣的"拔汝齿者汝亦拔其齿"的箴言后,回转到现实说:"今之人则不然,其言曰:'弱肉强食。'曰:'强权即公理。'曰:'竞争者,天演之公理也。'曰:'世界者,强有力者之世界也。'此亦一是非也,彼亦一是非也。古今人之间,果孰是而孰非耶?"②尽管有着深厚的人道、博爱底蕴,但在现实面前还是表现出了难得的平衡。从尼采的"超人"观念出发,胡适看见一个即将倾覆的车辆,不是扶持而是将其打翻。胡适的笔法不是判断,而是叙述。这里,连易卜生送其子出国游学都会有"美自由之国也"和"俄爱自由之国也"之间的举棋不定的判断。

与胡适的进化、尼采的超人如出一辙,陈独秀把持的《新青年》在1919年之前基本上是朝着一个方向前行的。就在杂志组织了易卜生专号之后,陈独秀便立即撰文发表感想说:"世间事物,皆有善恶两面,社会裁制力亦然。易卜生所攻击者,乃社会裁制力之恶面;若彼贪鄙无耻辈,亦恒为社会所不容,此其善面也。吾中华之社会裁制力,则只有恶面而无善面;故特立独行之士罕若凤毛,贪鄙无耻之人盈天下也。中国社会之不及欧西也以此。"③这个特立独行意志和体力的塑造同样是建立在弱肉强食的理论基础上。陈独秀在《抵抗力》一文中对悲天悯人、柔弱无能的国民性给予了尖刻的批判:"由是而知吾国社会恶潮流势力之伟大与夫个人抵抗此恶潮流势力之薄弱。相习成风,廉耻道丧,正义消亡乃以铸成今日卑劣无耻退葸苟安诡易

---

① 宾斯奇著、周作人译:《被幸福忘却的人们》,《新青年》8卷3号,1920年11月。
② 胡适:《藏晖室札记》,《新青年》2卷6号,1917年2月。
③ 陈独秀:《随感录》,《新青年》5卷2号,1918年8月。

圆滑之国民性。呜呼！悲哉！亡国灭种之病根端在斯矣。"①他在《敬告青年》中区分的"奴隶道德"与"贵族道德"就是来自尼采的理论。② 其中的"贵族道德"也是对"三立"的强调，即要用强势的主体意识战胜当下环境的困难。他说："青年之于社会，犹新鲜活泼细胞之在人身，新陈代谢，陈腐朽败者无时不在天然淘汰之途，与新鲜活泼者以空间之位置及时间之生命。人身遵新陈代谢之道则健康；陈腐朽败之细胞充塞人身则人身死。社会遵新陈代谢之道，则隆盛；陈腐朽败之分子充塞社会，则社会亡。"③陈独秀：《敬告青年》，《青年杂志》1卷1号，1915年9月。这也是他对中国遗传的国民性不以为然的原因。在这个不以为然之中，陈独秀更多是从优胜劣汰的理论出发，对弱者之败不值得同情的视角予以痛斥，一反打击强者同情弱者的心理传统："东洋民族性恶斗死宁忍辱。民族而具如斯卑劣无耻之根性，尚有何等颜面高谈礼教文明而不羞愧。"④

呼唤"超人"的时代是伴随着主人意识的确立而确立的。"对立、自立、孤立"者是特立独行的先知先觉。当《易卜生主义》发表后，《新青年》便不失时机地从《国民公报》上转录了知非先生的《近代文学上戏剧之位置》一文，⑤与李大钊的《青春》等文一同强调了"特立独行"的做人原则。以袁振英译的《罗素——一个失望的游客》为例，仍以特立独行的超人精神作为主调："罗素是我们现在一个很著名的人物，一个渊博的哲学家，一个精微的理学家，在高等算术上是一个百折不挠的革命家。他也不满意于做一个高等学院式的教堂里头一个大牧师，因为当到欧洲战云弥漫的时候，他便大吹大擂他的三千毛瑟

---

① 陈独秀：《抵抗力》，《青年杂志》1卷3号，1915年11月。
②③ 陈独秀：《敬告青年》，《青年杂志》1卷1号，1915年9月。
④ 陈独秀：《东西民族根本思想之差异》，《青年杂志》1卷4号，1915年12月。
⑤ 知非：《近代文学上戏剧之位置》，《新青年》6卷1号，1919年1月。

底毒气,来攻击这个万恶社会的制度,因为他产生很多惨无人道的恐怖。所以这个百折不挠的自由先驱,光明磊落来宣布社会的罪状,坚持'为自由而牺牲'的宗旨,夺了他的自由,投之于地狱中,因为他知道真理在那里,所以要特立独行,勇往直前,把那真理来宣布。"①

于是,这里也引来一个问题:在同是倡导"超人"的启蒙思想背后,陈独秀、李大钊和胡适、周作人之间的"超人"有何异同呢?

如上所述,《新青年》的超人情怀构成了"三反"的特定,它在中国特定的社会和年代的确起到了振聋发聩的启蒙意义。但必须看到,同仁们虽然都在追求"真我",但胡适和周作人的"超人"所表现出的小我个性与陈独秀和李大钊的"超人"之大我性情不可一笔带过:一为消极的,一为积极的;一为低调的,一为高调的;一为内敛的,一为外倾的;一为被动的,一为主动的;一为守成的,一为革命的。

我们不妨再回眸一下能够印证这个差异的文本资料。周作人针对人们容易误解的人道主义命题如是说:"现在还须说明,我所说的人道主义,并非世间所谓'悲天悯人'或'博施济众'的慈善主义,乃是一种个人主义的人间本位主义。这理由是,第一,人在人类中,正如森林中的一株树木。森林盛了,各树也都茂盛。但要森林盛,却仍非靠各树各自茂盛不可。第二,个人爱人类,就只为人类中有了我,与我相关的缘故。墨子说兼爱的理由,因为'己亦在人中',便是最透彻的话。上文所谓利己而又利他,利他即是利己,正是这个意思。所以我说的人道主义,是从个人做起。要讲人道,爱人类,便须先使自己有人的资格,占得人的位置。耶稣说'爱邻如己',如不先知自爱,怎能'如己'的爱别人呢?至于无我的爱,纯粹的利他,我以为是不可能的。人为了所爱的人,或所信的主义,能够有献身的行为。若是割肉

---

① 袁振英译:《罗素——一个失望的游客》,《新青年》8卷4号,1920年12月。

饲鹰,投身给饿虎吃,那是超人间的道德,不是人所能为的了。"①一言以蔽之,爱人要先爱自己。在自爱和爱人之间,自爱优先。

人道主义不是慈爱、不是悲天悯人、不是博施济众,这就走了一条与传统"仁道主义"相反的路径。尽管周作人引用了耶稣的语言,但目的却是为了超越基督教的慈爱为本的情怀;尽管他也引用了墨子的语录,结果却不是为了"兼爱",而是要将落脚点放在个人优先、拯救自己的"自爱"上。这还不够,周作人曾进一步说:"各人自扫门前雪,莫管他家瓦上霜,这才真是文明社会的全象。最要紧的是提倡个人解放,凡事由个人自己负责去做,自己去解决,不要闲人在旁吆喝喊打。"②为了为这个彻底的"为我主义"呐喊助威,李亦民在《人生唯一之目的》一文直陈其见:"世有反对此说者乎?必曰:人类为群居动物,独标为我主义,与群居之理性不相容,且乐极生悲,未有不能坚苦卓励。而能向上发展者,群情趋于快乐,且与进步主义不相容,是足以流毒社会,堕落人群者也。虽然,此未究明为我与快乐之真性,纯以世俗眼光论事者耳。"③胡适以下话语我们已经耳熟能详,但还有引述的必要:"我所最期望于你的是一种真正纯粹的为我主义。要使你有时觉得天下只有关于我的事最要紧,其余的都算不得什么。……你要想有益于社会,最好的法子莫如把你自己这块材料铸造成器……有的时候我真觉得全世界都像海上撞沉了船,最要紧的还是救出自己。"他的世界观充满了自我的意识:"最可笑的是有些人明知世界'陆沉',却要跟着'陆沉',跟着堕落,不肯'救出自己'!却不知道社会是个人组成的,多救出一个人便是多备下一个再造新社会的分子。所以孟轲说'穷则独善其身',这便是易卜生所说'救出自己'

---

① 周作人:《人的文学》,《新青年》5卷6号,1918年12月。
② 周作人:《代快邮》,载周作人:《谈虎集》,上海书店1987年版。
③ 李亦民:《人生唯一之目的》,《青年杂志》1卷2号,1915年10月。

的意思。这种'为我主义',其实是最有价值的利人主义。所以易卜生说,'你要想有益于社会,最妙的法子莫如把你自己这块材料铸造成器'。"①

很显然,这种自救、内敛、消极的为我主义具有深刻的积极启蒙意义。但是,同时也引出另一个问题:个人面对社会都去"为我"时,社会、国家、公共事务由谁去担当呢?尽管这里启蒙思想家有"自利即利他"的逻辑,但至少我们在其文中看不到牺牲的意义、责任的价值以及知难行难的道义精神。应该说,当民族、国家和社会处于特定时期时,生活在其中的每一个成员都有义务承担使命,而不能在民族的国难当头时奢谈自西方舶来的、纯而又纯的现代性问题。事实上,处于前现代国家的知识分子在谈论现代化国家或后现代国家的现代性问题,不只是流于空谈的问题。在很多情况下,他们往往是搞错了对象和命题,结果是"驴头不对马嘴"。"五四"时期的知识分子如果空谈个人的重要性,那无疑是将现代国家的思想内涵不合时宜地强加给了需要民族精神和社会责任的中国。

在《新青年》知识群体的另一类知识分子当中,陈独秀等虽然也主张优胜劣汰的尼采式"超人"之个人至上主义,虽然都主张"勿忘我",但他们在塑造自我的独立、主动、自立形象时,完全是一种大我式的救世英雄角色。

我们看到,陈独秀一方面主张西洋民族的个人本位主义,对"冒危险,供牺牲"的伦理价值观念心有余悸,②但同时也对"尼采猖披过当"表示怀疑。③在他那里,一方面西洋民族的"自古讫今彻头彻尾个人主义"令其耳目一新:"尼采如此,康德亦何独不然?举一切伦理

---

① 胡适:《易卜生主义》,《新青年》4 卷 6 号,1918 年 6 月。
② 陈独秀:《当代二大科学家之思想》,《新青年》2 卷 1 号,1916 年 9 月。
③ 陈独秀:《当代二大科学家之思想》,《新青年》2 卷 1 号,1916 年 9 月。

道德政治法律，社会之所向往，国家之祈求，拥护个人之自由权利与幸福而已。思想言论之自由，谋个性之发展也。法律之前，个人平等也。个人之自由权利，载诸宪章，国法不得而剥夺之，所谓人权是也。人权者，成人以往，自非奴隶，悉享此权，无有差别，此纯粹个人主义之大精神也。"①另一方面，他也对"彻底"和"纯粹"表示了必要的担心和提防。"猖披过当"的担忧渗透着浓厚的"出世"人生观和世界观，与"独善其身"的消极应对形成了鲜明对比。这里还有更为直接的表述："杨朱和尼采的主张，虽然说破了人生的真相；但照此极端做去，这组织复杂的文明社会，又如何行得过去呢？人生一世，安命知足，事事听其自然，不去强求，自然是快活的很。但是这种快活的幸福，高等动物反不如下等动物，文明社会反不如野蛮社会；我们中国人受了老庄的教训，所以退化到这等地步。科学家说人死没有灵魂，生时一切苦乐善恶，都为物质界自然法则所支配，这几句话到难以驳他。但是我们个人虽是必死的，全民族是不容易死的。全人类更是不容易死的了。全民族全人类所创的文明事业，留在世界上，写在历史上，传到后代，这不是我们死后联续的记忆和知觉吗？"②既然这就是陈独秀的"人生真义"，那么如同我们看到的那样：无论怎样提倡个人主义，他都永远走不到个人主义的自私自利泥淖。相反，倒是社会至上的尾巴常常翘起，并随时有可能湮没个人主义的价值诉求。

与胡适对社会专爱压制个人的无奈不同，陈独秀的"人生真义"带有明显的超越自我、修炼于艰难困苦、不畏牺牲的价值判断。他很早就为其心仪的外倾、事功和争强好胜之诉求奠了基："若西洋诸民族，好战健斗。根诸天性，成为风俗。自古宗教之战，政治之战，商业

---

① 陈独秀：《东西民族根本思想之差异》，《青年杂志》1 卷 4 号，1915 年 12 月。
② 陈独秀：《人生真义》，《新青年》4 卷 2 号，1918 年 2 月。

之战,欧罗巴之全部文明史无一字非鲜血所书。英吉利人以鲜血取得世界之霸权,德意志人以鲜血造成今日之荣誉。若比利时,若塞尔维亚,以小抗大,以鲜血争自由,吾料其人之国终不沦亡,其力抗艰难之气骨,东洋民族或目为狂易,但能肖其万一,爱平和尚安息雍容文雅之劣等东洋民族,何至处于今日之被征服地位?"①"西洋民族性恶侮辱宁斗死"的勇气与不怕艰难的意志是陈独秀这一代具有革命气质的知识分子的目标。"新青年"的形象也是文武双全、意志顽强的觉悟者。《抵抗力》中的"新青年"知难行难:"披荆斩棘,拓此宏疆。吾人之祖先,若绝无抵抗力,则已为群蛮所并吞。……拿破仑有言曰:'难'字、'不能'字,惟愚人字典中有之,法兰西人所不知也。孟子曰:'富贵不能淫,贫贱不能移,威武不能屈。'此之谓大丈夫。萧尔孙曰:'吾不识世间有可畏之事。'乃木希典有言曰:'训练青年,当使身心悉如钢铁。'卡内基有言曰:'遇难而退,遇苦而悲者,皆无能之人也。'岩崎氏者,以穷汉而成日本之第一富豪,其死也,卧病数十日,未尝一出呻吟之声。美利坚力战八年而独立,法兰西流血数十载而成共和,此皆吾民之师资,幸福事功,莫由幸致。世界一战场,人生一恶斗,一息尚存,决无逃遁苟安之余地。处顺境而骄,遭逆境而馁者,皆非豪杰之士也。外境之降虏已耳。"②1916年以后的青年从此焕然一新:"盖吾人自有史以讫一九一五年,于政治,于社会,于道德,于学术,所造之罪孽,所蒙之羞辱,虽倾江汉不可浣也。当此除旧布新之际,理应从头忏悔改过自新。一九一五年与一九一六年间,在历史上画一鸿沟之界,自开辟以讫一九一五年,皆以古代史目之。从前种种事,至一九一六年死;以后种种事,自一九一六年生。吾人首当一新

---

① 陈独秀:《东西民族根本思想之差异》,《青年杂志》1卷4号,1915年12月。
② 陈独秀:《抵抗力》,《青年杂志》1卷3号,1915年11月。

其心血,以新人格,以新国家,以新社会,以新家庭,以新民族,必迨民族更新,吾人之愿始偿,吾人始有与皙族周旋之价值,吾人始有食息此大地一隅之资格。青年必怀此希望,始克称其为青年而非老年。青年而欲达此希望,必扑杀诸老年,而自重其青年,且必自杀其一九一五年之青年而自重其一九一六年之青年。"①这就是20世纪"新青年"的形象,它与过去的迂腐状态完全割断:"自生理言之,白面书生,为吾国青年称美之名词。民族衰微,即坐此病。美其貌,弱其质,全国青年,悉秉蒲柳之资,绝无桓武之态,艰难辛苦,力不能堪,青年堕落,壮无能为,此非吾国今日之现象乎?且青年体弱,又不识卫生,疾病死亡之率,日以加增,浅化之民,势所必至。"②这种文武双全的"新青年"甚至不惜以"兽性主义"为教育方针,从而与鲁迅所说的胡适、周作人式的纯粹精神启蒙有了一个基本的分野。③李大钊力主"扑杀"过去、"创建"未来的身体力行之献身精神:"进前而勿顾后,背黑暗而向光明,为世界进文明,为人类造幸福。以青春之我,创建青春之家庭,青春之国家,青春之民族,青春之人类,青春之地球,青春之宇宙。资以乐其无涯之生,乘风破浪,迢迢乎远矣!"他从精神与物质、心理与体力之阴阳的两重性上做文章:"一成一毁者,天之道也。一阴一阳者,易之道也。唐生维廉与铁特二家,邃研物理,知天地必有终极。盖天之行也以其动,其动也以不均,犹水之有高下而后流也。"④

后来,陈独秀和李大钊以直接行动的牺牲精神引领了五四运

---

① 陈独秀:《一九一六年》,《青年杂志》1卷5号,1916年1月。
② 陈独秀:《新青年》,《新青年》2卷1号,1916年9月。
③ 张宝明:《试论"五四"新文化运动时期的尚武倾向》,《河南师范大学学报》2000年第6期。
④ 李大钊:《青春》,载《李大钊文集》(上),人民出版社1984年版。

动,①这也正是思想史"大我"和"小我"的不同外化。笔者以为,每一个时代都有其自我的中心,谁抓住了这个中心,谁就会处于主流地位而永垂青史。否则,将会被挤到边缘甚至被时代遗弃。这也是我们今天才从思想史视角思考这一问题的意义所在。

二、"超人"的渺茫:个人主义的困境

如上所述,"超人"是一个将自我孤立于他者、超越于社会、反潮流于传统、逆主流于当下的思想者。尽管启蒙主体在当时表现出非常激进和乐观向上的集体特征,但在深层心理层面,我们看到的却是盲目乐观与轻率悲观的交织。这就是笔者在很多文章中曾经谈到的自卑与自尊的关系。在自尊之下,有自信、自负两种心理状态;在自卑之下,有自悲、自弃的心理倾向。

鲁迅在很多文章中都论及要以个人的自大取代爱国的自大、社会的自大。但很快他又感叹道:"尼采式的超人,虽然太觉渺茫,但就世界现有人种的事实看来,却可以确信将来总有尤为高尚尤近圆满的人类出现。到那时候,类人猿上面,怕要添出'类猿人'这一个名词。"②虽然是"虽然",但是其中对"超人"的渺茫还是心存疑虑的。比鲁迅的"渺茫"更具体、真实的心态还在这里:"人生在世,个人是生灭无常的,社会是真实存在的。"陈独秀虽然对杨朱与尼采的学说有"说破了人生真相"的首肯,但还是无法去倒向没有担当的"快活"生活。③ 我们看到,在《新青年》同仁在以乐观的态度对个人本位主义进行张扬的同时,也时刻潜存着这一自卑的心绪。在他们看来,个人

---

① 罗毅(罗家伦):《五四运动的精神》,《每周评论》第23期,1919年5月26日。
② 唐俟:《随感录(四十一)》,《新青年》6卷1号,1919年1月。
③ 陈独秀:《人生真义》,《新青年》4卷2号,1918年2月。

主义的文化启蒙固然需要,但这一理想和纯粹理论,在现实面前总是让人感到力不从心。这也是鲁迅后来在"子君"和"吕纬甫"之后进行真诚反思的根本原因:"总之,思想一自由,能力要减少,民族就站不住,他的自身也站不住了!现在思想自由和生存还有冲突,这是知识阶级本身的缺点。"①

其实,《新青年》创刊之初在作者中间就有着忧乐圆融的互补。乐表现为阳的成分,忧流布为阴的成分。这个阴阳互补以自尊与自卑的演进之道相克相生。在前期,《新青年》以乐观的主导倾向压抑着悲观的消极,但这种一阴一阳颉颃起伏,随时有将阴的成分凸显出来的可能。《新青年》前两卷发表的高语罕、高一涵、易白沙等的文字在将个人位置提升的同时已经把"我"与国家、社会、世界的关系作了通盘考虑,尤其是易白沙的《我》颇具代表性。作者在力主"勿忘我"的文字中又流露出二者缺一不可的小我、大我关系:"兼爱中篇儒墨二家之无我论,乃深悉社会对于个人之关系。牺牲自家之我,以爱护他人之我,复假借他人之我,以资助自家之我,彼之无我主义,实无异为我主义也。此儒墨无我,与佛老无我,迥然不同者。盖一涉及世界,涉及国家,虽倡无我,适证其有我而已,虽大我小我之界说不齐。非绝对无我者也。"他在"我与国家及世界之关系"中更是用相辅相成的思维表达了"我"的出路,俨然是一副相克亦相生的逻辑:"以先后论,我为先,世界次之,国家为后;以轻重言,世界为重,国家次之,我为轻。先后之说,天上地下惟我独尊之说也;轻重之义,天下溺者若我溺之,天下饥者若我饥之之义也。二者相成而不相悖。……由先后之说,必有我而后有世界;由轻重之说,必无我而后有世界。有我者,非有我,亦非无我,我与世界无

---

① 《鲁迅全集》第8卷,人民文学出版社1981年版,第190页。

须臾离;无我者,非无我,亦非有我。个体之小我亡,而世界之大我存。"①无我与有我、小我与大我,在个人至上与社会至上之间摇摆不定,这就是《新青年》议论高潮的特征,也是由个人主义演绎为社会主义的基本前提。

对这一观点,鉴于我们在很多文章中已经论及,所以不占用更多篇幅。在此,我们重点要分析的是《新青年》杂志在前期启蒙中个人说出的"三立"("对立、自立、孤立")处境。唯有如此,我们才能解析同仁转变的心态。

众所周知,《新青年》早期汇集的同仁都是带有个人主义的英雄人物,他们不但是理论倡导的启蒙先驱,而且是创作实践上的履行者。以鲁迅为例,他塑造的子君等形象都是前期思想积淀的爆发。周作人翻译的小说和散文中的人物也不外是孤胆英雄和独立作战者。陈独秀笔下的拿破仑、卡内基、华盛顿都是显赫的成功个体。我们曾经引证过的罗素的"引进"主要不是因为他是一位渊博的哲学家、精微的数学家,而是因为他是一位百折不挠的革命家,敢于"特立独行,勇往直前,把那真理来宣布"。② 主笔陈独秀之所以挂在口头要"力抗群言"、"特立独行",甘愿"拖四十二生的大炮为之前驱"。③这一思想驱动的主要动力还是来自个人英雄主义的召唤。唯我独尊的个人至上情怀,"上帝死了"之后的启蒙观念,尼采式的我行我素的真理唯我与独裁意识,大有以"人间上帝"取代"天国上帝"的趋势。一代启蒙先驱在不知不觉中将一个文化群体带入了不能自拔的泥淖,而且在四面楚歌中想"立"而无能为力。

这里,笔者将他们的这一"三反"(反文化、反社会、反人类)定性

---

① 易白沙:《我》,《青年杂志》1卷5号,1916年1月。
② 袁振英译:《罗素——一个失望的游客》,《新青年》8卷4号,1920年12月。
③ 陈独秀:《文学革命论》,《新青年》2卷6号,1917年2月。

为"双枪"。所谓"双枪",即是他们"对上"又"对下",从而启蒙也就有了双刃剑的效果。

"对上",是说《新青年》文化群体对占据主流意识形态的一切有形和无形的东西的激烈批判和否定;"对下",是说他们对下层民众愚昧无知状态的不满和鞭挞。前者是对专制体制的反动,后者是对其专制结果的愤恨。这样,知识分子就将自己孤立于中间地带:既不和统治者合作,也不与民众为伍。如果说帝王将相是一种英雄史观,而这时的启蒙者既反对英雄史观,同时也没有人民群众创造历史的观念。由过去对统治阶级的依附到先后失去"存在"的依据,知识分子从来不曾有过的无力"真空"状态在"五四"时段历历在目。

恰恰在这里,我们看到了知识分子人文情怀的可贵,这个人文情怀来自它特殊的身份意识。按照它在社会阶层中的地位分析,知识分子处于统治阶级与被统治阶级之间的准统治阶级层面。这样,它在中间地带的可塑性以及身份的弹性使得知识分子形成了特殊的自我意识,加之他们固有的知识和理论整合能力,从而在启蒙的范畴上无论是对上还是对下都可以目空一切地"扫描"乃至"扫射"。进而言之,准统治阶级也是统治阶级,鉴于它的两重性,因此就形成了双重格局:对上,它具有批判、反抗意识,是作为受统治、被箝制的主体;对下,它具有同情、认同意识,是作为施舍、主动的主体。在这一意义上,布迪厄从文化发生论的视角将知识分子判定为"统治阶级中的被统治者"还是颇有道理的。他说:"知识分子其实是统治阶级中被统治的一部分。他们拥有权力,并且由于占有文化资本而被授予某种特权,他们中的一些人甚至占有大量的文化资本,大到足以对文化资本施加压力,就这方面而言,他们具有统治性;但作家和艺术家相对于那些拥有政治和经济权力的人来说又是被统治者。"①一方面限于权力而流于被统治的地位,另一方面又不甘于被统治。

相克亦相生。笔者在考察《新青年》同仁的人文情怀时,无论是自卑还是自尊,无论是悲观还是乐观,更多地是看到了他们身上散发着的"忧乐圆融"的传统文化底蕴。如同阴阳两极的相克相生的打通转换一样:在自卑背后潜藏着自大,在自大背后隐藏着自卑。社会转型时期的知识分子显示出高度敏感并发挥着特有的历史功能。② 这里,在自卑与自大两种泾渭分明的情绪之间有一根中性的"平行线"——"同情"起着至关重要的作用。

三、"人力车夫":来自弱势群体的心理感应

正如我们看到的那样,中国马克思主义的诞生是由《新青年》知识群体营造的思想体系的结果。它的凸显乃是知识分子站在国家本位的视角、民族同胞的立场发出的话语谱系。立于思想史的视野,中国马克思主义的酝酿除却第一次世界大战、俄国革命等外在因素的刺激,率先占据思想资源的知识分子为这一思想的传播奠定了一定的心理铺垫。自大(自尊),构成了同情的心理基础。自卑,又是促使知识分子不断超越自我、社会、他者的强心剂。同情,又是从耳濡目染的"人力车夫"问题开始的。

"同情"是一个含糊不清、难以定义的术语,著名哲学家乔治·赫伯特·米德这样阐释:"人们想要同情某个人,就必须具有与这个人的态度相对应的反应。如果形成这种对应的反应不存在,那么,人们

---

① 布迪厄著、包亚明译:《文化资本与社会炼金术:布迪厄访谈录》,上海人民出版社1997年版,第85页。
② 冯友兰:《中国哲学史新编》(中卷),人民出版社1998年版,第63—73页。

就不可能在他们自己的内心之中唤起同情的态度。"①形成对应,也就是要有心有灵犀一点通的精神状态。在这个意义上说,知识分子与人力车夫作为不同分工的劳动者还是有共同之处的。"同情的本性"又进一步揭示了两者之间的本质关系:"它必然企图完善包含在拯救他人的灵魂、帮助和援助他人这样一种态度之中的各种关系。"②笔者以为,在这"各种关系"中,还应有表层和深层、感性和知性之分。以米德的表述为例,帮助、援助属于表层和感性的,而拯救则显然属于深层的和理性的。《新青年》白话诗创作中出现的"人力车夫"起初就是知识分子的一种本能感知。直到后来"人力车夫"成为"人民群众"的一部分时,它才有了本性的同情。

对"人力车夫"的同情,也就是对弱势群体、劳动者、下层民众的同情。只是我们在分析这一思想史现象时以其作为关键词打头而已。《新青年》上对这样一个具有代表性群体的关注来自他们直接对生活的观察和感悟。当时《新青年》的作者多数都是北京大学或其他著名大学的教授。他们显赫的身份与地位使其有优裕的生活条件,乘坐人力车也是他们的特权之一。他们创作的关注下层的白话诗,无论是形式上还是内容上都具有全新的意义。值得玩味的是,那时的同情是没有阶级性的。即是说,无论是倾向于哪一个思想谱系或说意识形态的知识分子都只是同情,而且是随意同情。胡适、沈尹默、陈独秀、李大钊等都在不同的文体里提到过人力车夫问题。

在文学改良和革命理论指导下创作的两首白话诗《人力车夫》最早同时发表在1918年出版的《新青年》4卷1号上。沈尹默的《人力车夫》写道:"日光淡淡,白云悠悠,风吹薄冰,河水不流。出门去,雇

---

① 乔治·赫伯特·米德著、霍桂桓译:《心灵、自我与社会》,华夏出版社1999年版,第322页。

② 同上,第326页。

人力车。街上行人,往来狠多;车马纷纷,不知干些甚么?人力车上人,个个穿棉衣,个个袖手坐,还觉风吹来,身上冷不过。车夫单衣已破,他却汗珠儿颗颗往下堕。"①胡适的《人力车夫》如下:

"车子!车子!"车来如飞。/客看车夫,忽然中心酸悲。/客问车夫,"你今年几岁?拉车拉了多少时?"/车夫答客,"今年十六,拉过三年车了,你老别多疑。"/客告车夫,"你年纪太小,我不坐你车。/我坐你车,我心惨凄。"/车夫告客,"我半日没有生意,我又寒又饥。/你老的好心肠,饱不了我的饿肚皮。/我年纪小拉车,警察还不管,你老又是谁?"/客人点头上车,说"拉到内务部西!"②

除了诗歌之外,1919年之前在李大钊的杂文《新的!旧的!》③以及钱玄同的《随感录》中也都出现过为"人力车夫"鸣不平的文字。④在这一时期,这些文字中最有表现力还应数以"人力车夫"为主人公的诗歌创作。应该看到,在这些描写中虽然没有明确的阶级分析意识的分歧,但就艺术手法和思想底蕴来看,他们都在不约而同地采用了对比的技巧。首先是地位的悬殊,其次是冷暖的差异,再次是饥饱的不同。如果对这一同情现象作总体概括,那就是对弱者、贫者、下层民众的同情和关切。譬如在4卷1号上的诗歌中,"人力车夫"的前面就有两首胡适和沈尹默的同题诗歌《鸽子》。如果说胡适的"鸽子"还有欢快色彩的话,那么沈尹默的"鸽子"则显然有同情弱者、可

---

① 沈尹默:《人力车夫》,《新青年》4卷1号,1918年1月。
② 胡适:《人力车夫》,《新青年》4卷1号,1918年1月。
③ 李大钊:《新的!旧的!》,《新青年》4卷5号,1918年5月。
④ 钱玄同:《随感录(十七)》,《新青年》5卷1号,1918年7月。

怜无辜的心理:"空中飞着一群鸽子,笼里关着一群鸽子,街上走的人,小手巾里还兜着两个鸽子。飞着的是受人家的指使,带着鞘儿翁翁央央,七转八转绕空飞,人家听了欢喜。关着的是替人家作生意,青青白白的毛羽,温温和和的样子,人家看了欢喜;有人出钱便买去,买去喂点黄小米。只有手巾里兜着的那两个,有点难算计。不知他今日是生还是死;恐怕不到晚饭时,已在人家菜碗里。"①观察鸽子,这不只是同情的问题。作者还对自由被箝制甚至被抹杀的状态进行了无意识的描画。应该说,1919年之前《新青年》上知识分子关于下层民众同情的心理描画和人文关怀都是在这一思想层面上进行的。

对弱势群体、下层民众的同情一方面反映出知识分子的平民意识,另一方面也反映了《新青年》同仁在中国新文学史上的新意。由帝王将相做主人公到人力车夫等下层人物做主人公,新文学的现代性意识由此萌生。尽管它是一种具有直观、本能、感知的刺激和反应,但它对人民群众是真正英雄史观的形成具有不可或缺的意义。也正是在这一时期,出于传统的平等意识以及西方思想中对生命尊严的捍卫,一股中西合璧的人道主义思潮由此生成。

从思想史的视角审视中国现代文学,应该看到,新文学现代性的发生一开始就是伴随着译介外国人道主义作品发生的。《新青年》作者对弱小者、弱势者的同情和关怀,从他们的"共鸣"意识中可以窥见一斑。他们介绍外国作家作品有两个观测点:一是从具有人道主义情怀的作家开始,二是从弱小民族的作家作品着手。即使是对外国具有个人主义、自由主义思想家的引进,也无不是从平等意识上寻找切入点。下层民众、妇女儿童、人力车夫等底层人物成为思想家关注的对象,于是他们"对号入座",外来思潮中的女子贞操问题、儿童苦

---

① 沈尹默:《鸽子》,《新青年》4卷1号,1918年1月。

难的遭遇、下层贫民的苦恼等都在《新青年》中得以体现。周作人翻译的日本作家与谢野晶子的《贞操论》、丹麦作家安徒生的《卖火柴的女儿》(今译《卖火柴的小女孩》)，还有陈嘏对法国龚古尔兄弟作品的翻译，凌霜对托尔斯泰等俄国作家的介绍，无不渗透着人道情怀。那时他们判断取舍作品的标准之一就是看其是否具有人道主义的思想情怀。最为典型的说法是周作人在翻译日本作家江马修的《小小的一个人》时所说的一段话："这一篇从江马氏小说集《寂寞的路》(Sabishiki Mitshi, 1917)中译出。本名 Tshijsaj Hitori，用英文译不过是 A Little One 的意思；译作汉文，却狠为难，变成了那六个生硬的字了。江马氏是新进作家，有人道主义的倾向。此外著作，有长篇小说《受难者暗礁》两种，又有《爱与憎》也是短篇小说集。"①刘半农在《灵霞馆笔记·缝衣曲》中这样论道："英人虎特 Thomas Hood 所撰缝衣曲 Song of the Shirt。就其性质言，不过 Songs of Labour 之一。就其命意言，实为鼓吹人道主义最力之作。虽篇幅甚短，仅十有一章而语意之沉痛，刻画贫女心理之周至，视史托惠夫人 Mrs. Stowe 之汤姆之小屋(Uncle Tom's Cabin)即坊间所售《黑奴吁天录》之原本，以洋洋十数万言为黑奴描写苦况者实无多让也。"该曲主题意在"哀女工之雏"："劳而得值微也。指痛无人知，目肿难为哭，贫女手针线，身上无完服，一针复一针，将此救饥腹，穷愁难自聊，姑唱'缝衣曲'。"②女工的辛酸与人力车夫的苦难没有两样，《新青年》关心人力车夫和女工问题构成了同一个主题的两个侧面。杂志从 2 卷 6 号开辟专栏讨论"女子问题"，3 卷 1 号、3 号、4 号以及 4 卷 1 号接踵而至。后来的 1919 年 6 卷 4 号关于"贞操问题"的专题讨论，把启

---

① 周作人：《小小的一个人》，《新青年》5 卷 6 号，1918 年 12 月。
② 刘半农：《灵霞馆笔记·缝衣曲》，《新青年》3 卷 4 号，1917 年 6 月。

蒙者(除却知识分子身份外,还有一个男性立场)的人道主义情怀外化到了现实之中。其他诸如儿童、学徒、乞丐问题的描述也都是启蒙者居高临下的同情意识的象征。

周作人在关于人道主义的论述中曾这样特别突出女人和儿童的发现:"欧洲关于这'人'的真理的发见,第一次是在十五世纪,于是出了宗教改革与文艺复兴两个结果。第二次成了法国大革命,第三次大约便是欧战以后将来的未知事件了。女人与小儿的发见,却迟至十九世纪,才有萌芽。古来女人的位置,不过是男子的器具与奴隶。中古时代,教会里还曾讨论女子有无灵魂,算不算得一个人呢。小儿也只是父母的所有品,又不认他是一个未长成的人,却当他作具体而微的成人,因此又不知演了多少家庭的与教育的悲剧。自从 Froebel 与 Godwin 夫人以后,才有光明出现。到了现在,造成儿童学与女子问题这两个大研究,可望长出极好的结果来。中国讲到这类问题,却须从头做起,人的问题,从来未经解决,女人小儿更不必说了。……我们希望从文学上起首,提倡一点人道主义思想,便是这个意思。"①在他以及《新青年》同仁那里,陀思妥夫斯奇、托尔斯泰以及科罗连珂生平及其作品之所以重要,原因还是在其人道主义的思想倾向。当时《新青年》上的主要作者如蔡元培、陈独秀、鲁迅、高一涵无论是从欧战的视角、现代文明史的视角抑或革命的视角谈论人道主义,无不是站在现代性的角度为弱者呐喊、向强者(权)抗议。胡适在与周作人的互动中态度十分明确:"以近世人道主义的眼光看来,褒扬烈妇烈女杀身殉夫,都是野蛮残忍的法律,这种法律在今日没有存

---

① 周作人:《人的文学》,《新青年》5卷6号,1918年12月。

在的地位。"①

从"文学上起首"提倡人道主义,以周作人等留日的知识分子最为积极,从中我们也可以看到日本文学理论家、文学家、思想家对五四一代人的影响。驾轻就熟的日语使得他们从日本获得思想和文学资源有着得天独厚的优势。与托尔斯泰、陀思妥夫斯奇在日本以及世界上其他国家如日中天一样,《新青年》思想先驱对这些具有人道主义情怀、同情弱小者的文豪也是好评如潮。一位日本学者揭示了日本在特定时段的思想与文学走势:"大正三年,世界大战开始,人道问题,国家主义对世界主义的问题,战争是非的问题,成了遍世界的痛切问题。呼号人道,叫嚷世界和平,主张世界主义,谈说非战论的人,日多一日了。而有集那些呼号和主张于一身的权力权化之称的托尔斯泰,被举世共通地化成偶像,出现于我们眼前了。日本也发生了托尔斯泰流行热。"②当时的《新青年》就是追随这一潮流的一个典型文本。托尔斯泰、果戈里、陀思妥夫斯奇、屠格涅夫都是杂志关注的对象。周作人在翻译英国评论家 W. B. Trites 的《陀思妥夫斯奇之小说》第一次援用"现代性"这个词,而且这也是《新青年》上唯一一次使用这个词语。他认为:"陀思妥夫斯奇是俄国最大小说家,亦是现在议论纷纭的一个人。陀氏著作近来忽然复活。其复活的缘故就因为有非常明显的现代性(现代性是艺术最好的试验物、因真理永远现在故)。"文艺和现代性以及人道主义的联结在这里得到了最为深刻的揭示。周作人与 W. B. Trites 的通感还充分反映在:"近来时常说起'俄祸'。倘使世间真有'俄祸',可就是俄国思想。如俄国舞

---

① 胡适:《贞操问题》,《新青年》5卷1号,1918年7月。
② 宫岛新三郎:《现代日本文学评论》第8章《新理智主义的文学》,第111—112页,转引自张先飞:《形而上的困惑——现代文学的思想背景》,河南大学出版社2004年版,第169页。

蹈、俄国文学皆是。我想此种思想,却正是现在世界上最美丽、最要紧的思想。"①

从以上论述和引证可以看出,人道主义的发生除却来自知识分子内心的同情,它还应像宫岛新三郎所说的那样,与世界大战的历史背景有着千丝万缕的联系。事实上,无论是俄国思想的美丽还是人道主义的魅力,都离不开那场关系着正义与非正义、人道与非人道的惨烈战争。

四、强权与公理:人道主义的变奏(Ⅰ)

我们知道,"五四运动"的直接起因是第一次世界大战结束后的"巴黎和会"。从《新青年》文本出发不难发现,"欧战"构成了那一特定时代知识分子抒豪情、发宏议的不二情结。从《青年杂志》1卷1号的《国外大事记》栏目开始,欧战就是他们关注的焦点,而至1918年11月11日战争结束时,对大战的评点、总结和概论构成了《新青年》乃至后来专门谈论政治的《每周评论》(笔者把它作为《新青年》的一个有机组成部分)的一大思想景点。从陈独秀、李大钊、蔡元培等富有主见的自负判断中,可以窥见《新青年》上的个人主义是如何通过人道主义的桥梁打通、合辙、转化并促成社会主义生根的。

在得到世界大战结束的消息后,北大于11月14日至16日放假三天,以庆祝协约国的胜利。在当时的知识分子看来,协约国代表的是正义和人道、光明和未来,因此他们千方百计引导国人庆贺、欢呼。在月底的最后三天,以北京大学为首的知识分子又在中央公园举行

---

① W. B. Trites 著、周作人译:《陀思妥夫斯奇之小说》,《新青年》4卷1号,1918年1月。

演讲大会,蔡元培、陈独秀、李大钊等纷纷发表欧战胜利后的走势之演讲。① 是庆祝也是指点,他们将1918年11月15日出版的《新青年》几乎变成了关于欧战议论的专号,而且还是意犹未尽,很快又将专论政治的《每周评论》出台,于是回眸过去、展望未来的乐观在两个杂志上同时洋溢着并演绎着。一股以世界主义为主导倾向的理想主义情怀在蔓延。

为了能清晰梳理《新青年》同仁思路的演绎,我们不妨直截了当地审视一下主编陈独秀对欧战胜利的直接反应。《每周评论》发刊词的话语颇能代表他的心声:"自从德国打了败仗,'公理战胜强权',这句话几乎成了人人的口头禅。""公理战胜强权"则是他祈祷并呼唤的心愿,因为他自《新青年》创刊以来就致力于这样一个"强权"与"公理"较量的思想史命题。也恰恰在这里他便轻松地将欧战胜利与他素来倡导的平等、自由挂起了钩:"列位要晓得什么是公理,什么是强权呢?简单说起来,凡合乎平等自由的,就是公理;倚仗自家强力,侵害他人平等自由的,就是强权。"出于对一位"爱慕自由、公理者"的敬仰,②陈独秀直陈其见:"美国大总统威尔逊屡次的演说,都是光明正大,可算得现在世界上第一个好人。他说的话很多,其中顶要紧的是两主义:第一不许各国拿强权来侵害他国的平等自由。第二不许各国政府拿强权来侵害百姓的平等自由。这两个主义,不正是讲公理不讲强权吗?我所以说他是世界上第一个好人。"③乐观时期,总是带有热情的向往,这也是一种自大乃至自负的心理反应。至于其判断是否准确,只有在悲观后才会显得理性和冷静。不过,这一时期的知识分子心态的确是将所有的希望都压在了欧战胜利的骰子上。具

---

① 唐宝林、林茂生:《陈独秀年谱》,上海人民出版社1988年版,第88页。
② 只眼(陈独秀):《野心》,《每周评论》第2号,1918年12月29日。
③ 只眼(陈独秀):《发刊词》,《每周评论》第1号,1918年12月22日。

体地说，是将未来寄托在了即将见分晓的巴黎和会上。

《新青年》5卷5号的头三篇就是关于欧战的演说，作者分别是李大钊、蔡元培、陶履恭。与此有关的论述还有蔡元培的《欧战与哲学》、陈独秀的《克林德碑》、李大钊的《Bolshevism的胜利》以及译文《协约国与普鲁士政治理想之对抗》等。开篇的《庶民的胜利》解释什么叫做"庶民的胜利"：

> "大……主义"就是专制的隐语，就是仗着自己的强力蹂躏他人欺压他人的主义。有了这种主义，人类社会就不安宁了。大家为抵抗这种强暴势力的横行，乃靠着互助的精神，提倡一种平等自由的道理。这等道理，表现在政治上叫作民主主义，恰恰与"大……主义"相反。欧洲的战争是"大……主义"与民主主义的战争。我们国内的战争，也是"大……主义"与民主主义的战争。结果都是民主主义战胜，"大……主义"失败。民主主义战胜，就是庶民的胜利。社会的结果，是资本主义失败，劳工主义战胜。原来这回战争的真因，乃在资本主义的发展。国家的界限以内，不能涵容他的生产力。所以资本家的政府想靠着大战把国家界限打破，拿自己的国家作中心，建一世界的大帝国，成一个经济组织，为自己国内资本家一阶级谋利益。俄、德等国的劳工社会，首先看破他们的野心，不惜在大战的时候，起了社会革命，防遏这资本家政府的战争。联合国的劳工社会，也都要求平和，渐有和他们的异国的同胞取同一行动的趋势。这亘古未有的大战，就是这样告终。这新纪元的世界改造，就是这样开始。资本主义就是这样失败，劳工主义就是这样战胜。世间资本家占最少数，从事劳工的人占最多数。因为资本家的资产，不是靠着家族制度的继袭，就是靠着资本主义经济组织的垄断，才

能据有。这劳工的能力,是人人都有的;劳工的事情,是人人都可以作的;所以劳工主义的战胜,也是庶民的胜利。①

他断言:"这回战胜的不是联合国的武力,是世界人类的新精神。"而且他预测这是一个人类新纪元的到来:"民主主义、劳工主义既然占了胜利,今后世界的人人都成了庶民,也就都成了工人。……照此说来,我们要想在世界上当一个庶民,应该在世界上当一个工人。诸位呀!快去作工呵!"李大钊道出了"劳工"的意义,也就是蔡元培所说的《劳工神圣》。这也预示了知识分子从劳心者的自大到劳力者的伟大之自尊与自卑的转变。蔡元培以"不要羡慕"的排比句如是说:"我们不要羡慕那凭藉遗产的纨裤儿!不要羡慕那卖国营私的官吏!不要羡慕那克扣军饷的军官!不要羡慕那操纵票价的商人!不要羡慕那领乾修的顾问咨议!不要羡慕那出售选举票的议员!他们虽然奢侈点,但是良心上不及我们的平安多了。我们要认清我们的价值,劳工神圣!"②作者的演讲虽然加重了做工的人的"劳工"色彩,也促进了知识分子在自尊的同时也尊重劳工的转化,但蔡元培的"劳工神圣"说还有着不同于李大钊"一边倒"的垂直位移倾向。相比之下,蔡元培的"劳工神圣"是一种水平的位移,他不但将体力劳动者谓为"神圣",也将劳心者纳入其中,带有明显的思辨色彩:"我说的劳工,不但是金工木工等等。凡用自己的劳力作成有益他人的事业不管他用的是体力、是脑力,都是劳工。所以农是种植的工,商是转运的工,学校职员、著述家、发明家、是教育的工,我们都是劳工,我们要自己认识劳工的价值。劳工神圣!"根据笔者的判断,5卷

---

① 李大钊:《庶民的胜利》,《新青年》5卷5号,1918年11月。
② 蔡元培:《劳工神圣》,《新青年》5卷5号,1918年11月。

5号的《新青年》是在演讲后出版的,11月15日的印刷日期是不足为凭的。5卷5号上陈独秀的文章没有列入演讲栏目,但这里有一篇关于劳动者的觉悟的演讲却能反映出他与蔡元培、李大钊之间对于劳心与劳力关系的理解异同。他说:"世界上是些甚么人最有用最贵重呢?必有一班糊涂人说皇帝最有用最贵重,或是说做官的读书的最有用最贵重。我以为他们说错了,我以为只有做工的人最有用最贵重。……中国古人说:'劳心者治人,劳力者治于人。'现在我们要将这句话倒转过来说:'劳力者治人,劳心者治于人。'"①要知道,这还是陈独秀在欧战胜利以及巴黎和会召开几年后发表的演讲!由此可见他是怎样由自大、同情陡转为自卑的文化民粹主义者的。将自我的个性很快泯灭在社群的集体意识中,陈独秀在与蔡元培和李大钊不尽相同的思想意念中走向如英国学者所转述的文化民粹主义情感中:"我们的'民众'改良指示是指那些不仅全力参与历史的进程,而且占据历史、加快它的前进步伐、决定它的发展方向的人民。在我们心中人民谱写了历史,改造了世界,也改造了他们自己。"②这里的"人民"或说"民众"在很大程度上就是指过去一直处于底层或弱势的体力劳动者。

除了蔡、陈、李之外,我们还可以从陶履恭那里采得很多关于欧战与中国现代性走向的痕迹。《欧战以后的政治》是陶履恭在李大钊、蔡元培之后接踵而至的一篇演讲稿。他以人道、光明、公正、正义的使者讲求新文化运动一以贯之的自由、平等、博爱的诉求。这与陈独秀的《克林德碑》前后呼应,如出一辙。他认为欧战至少打破了政治上存在的四种观念:一是秘密的外交,二是一般民众所不齿的背信

---

① 陈独秀:《劳动者的觉悟》,《新青年》7卷6号,1920年5月。
② 吉姆·麦克盖根著,林万先译:《文化民粹主义》,南京大学出版社2001年版,第14页。

弃义做法——背弃法律,三是无法无天的军人干政,四是独裁政治。① 在他看来,欧战以后的道路从此充满光明和正义:见不得人的阴谋消失、"秀才遇见兵,有理说不清"的专断军人时代成为过去、民主文明的新纪元由此开始。陈独秀的展望与《新青年》同仁在情绪上没有什么两样。尽管主编在回忆京中各校放假三天时自己有"无穷感慨,无限忧愁",但在总体思想倾向上,陈独秀引领光明大道的感叹还是别有一番滋味的:"现在世是上有两条道路:一条是向共和的科学的无神的光明道路;一条是向专制的迷信的神权的黑暗道路。我国民若是希望义和拳不再发生,讨厌像克林德碑这样可耻纪念物不再竖立,到底是向那条道路而行才好呢?"②陈独秀的这番议论背景同样是在协约国胜利的关口写下的,在国人众口一词地关心国外"胜利"的时候,他却认为我们国人倒应该从深层次上进一步反省自己。这个深层次就是科学、文化的层次。"在我看来,与其说是庆祝协约国战争胜利,不如说是庆祝德国政治进步。"他从中西文明与政治对比的视角,联想到中国的现实,仍是以"恨铁不成钢的心理"反省这个"胜利"的事实。这个反省看似只是谈谈西方的科学与共和,其实细说起来仍不越对正义、人道和真理的执著。有一点可以肯定,欧战胜利对唤起其理想主义情怀、坚定世界化(主义)方向、走民治主义道路还是具有决定性意义的。

对此,我们可以从激情四射的演讲中窥见《新青年》对欧战胜利的集体倾向。蔡元培的《欧战与哲学》以欧洲各国战争为由头,将各国的哲学和思想背景做了概述:"第一是尼采(Nietzsche)的强权主义,用德国的政策证明他。第二是托尔斯泰(Tolstoy)的无抵抗主

---

① 陶履恭:《欧战以后的政治》,《新青年》5卷5号,1918年11月。
② 陈独秀:《克林德碑》,《新青年》5卷5号,1918年11月。

义,用俄国过激派政策证明他。第三是克罗巴金(Kropotkin)的互助主义,用协商国政策证明他。考尼氏托氏克氏的学说,都是无政府主义,现在却为各国政府所利用,这是过渡时代的现象呵!"既然这是过渡时代的现象,那么它们就理应成为过去。那么,究竟蔡元培呼唤的理想的未来世界是怎样一种情景呢?他在文章中的表述充分反映了潜在的思想路径:"现在误用托氏主义的俄人失败了,专用尼氏主义的德人不久也要失败了,最后的胜利,就在协商国。协商国所用的,就是克氏的互助主义。互助主义,是进化论的一条公例。……克氏的互助主义,主张联合众弱,抵抗强权,叫强的永不能凌弱的,不但人与人如是,即国与国亦如是了。现今欧战的结果,就给互助主义增了最重大的证据。"在蔡元培看来,以后的世界将"把一切互竞的准备撤消,将合全世界实行互助的主义"。他从传统资源中进一步寻找依据,认为道家儒家均有互助、均贫的思想。文章甚至拉出了如孟子的"多助之至",古语的"群策群力"、"众擎易举"作为互助条件的证据。① 沿着克氏的互助进化理论,蔡元培将合群、群策、互助之道予以打通,从而以博爱主义为理论基础,以大多数人之幸福为鹄的,演绎着人道主义的理想。

与李大钊将互助、竞争有机统一的人道主义理想相比,蔡元培的人道主义带有更浓的无政府主义色彩。譬如他在提倡互助的同时,就对竞争持有不敢苟同的态度乃至异议。在西方进化理论中,竞争与互助经常是一对双栖双飞的概念,论及互助一般很难避开竞争,但是蔡元培往往是对互助情有独钟。同是在《欧战与哲学》一文中,蔡元培在极言互助意义之后,也并不隐瞒自己对竞争的望而生畏:"在达尔文的进化论中,本兼有竞存与互助两条假定。但他所列的证据,是竞存

---

① 蔡元培:《欧战与哲学》,《新青年》5 卷 5 号,1918 年 11 月。

一方面较多。继达氏的学者,遂多说互竞的必要。如前举尼氏的学说,就是专以互竞为进化条件的。……此次平和以后,各国必能灭杀军备,自由贸易,把一切互竞的准备撤消,将合全世界实行互助的主义。"①这也是他日后一直作为民主人士出现,未能完全接受马克思主义的原因。时至20年代中后期,蔡元培仍是自成一体,周作人1926年在《外行的按语》一文中有针对性批评了蔡元培的对阶级竞争的担心与害怕。②

正如我们看到的那样,李大钊不但在《庶民的胜利》中坦言对庶民、大众、下层之多数做工者的同情,而且在同卷同号上发表的《Bolshevism的胜利》立场鲜明地宣扬自己的观点。在一片欢呼声中,李大钊奉劝那些沉湎于庆祝的国人要仔细想想这回"究竟是谁的胜利"? 他满怀深情地说:"原来这次战局终结的真因,不是联合国的兵力战胜德国的兵力,乃是德国的社会主义战胜德国的军国主义;不是德国的国民降服在联合国武力的面前,乃是德国的皇帝,军阀,军国主义降服在世界新潮流的面前。战胜德国军国主义的,不是联合国,是德国觉醒的人心。德国军国主义的失败,是Hohenzollern家(德国皇家)的失败,不是德意志民族的失败。对于德国军国主义的胜利,不是联合国的胜利,更不是我国徒事内争托名参战的军人,和那投机取巧卖乖弄俏的政客的胜利,是人道主义的胜利,是平和思想的胜利,是公理的胜利,是自由的胜利,是民主主义的胜利,是社会主义的胜利,是Bolshevism的胜利,是赤旗的胜利,是世界劳工阶级的胜利,是廿世纪新潮流的胜利。这件功业,与其说是威尔逊(Wilson)等的功业,毋宁说是列宁(Lenine)、陀罗慈基(Trotzky)、郭冷苔(Collontay)的功业,是列卜涅西(Liebknecht)、夏蝶曼(Scheidemann)的功业,是马客士(Marx)

---

① 蔡元培:《欧战与哲学》,《新青年》5卷5号,1918年11月。
② 转引自陈少峰:《生命的尊严》,上海人民出版社1994年版,第140—141页。

的功业。我们对于这椿世界大变局的庆祝，不该为那一国那些国里一部分人庆祝，应该为世界人类全体的新曙光庆祝，不该为那一边的武力把那一边的武力打倒而庆祝，应该为民主主义把帝制打倒，社会主义把军国主义打倒而庆祝。"①再也没有比这样更透彻、更痛快的文字了。应该说在为大多数人谋福利这一点上李大钊和陈独秀、蔡元培等并没有什么大的思想出入。在《Bolshevism 的胜利》、《庶民的胜利》等文章中，李大钊对民众利益的思考有过之而无不及。他解释 Bolshevism 说："Bolshevism 就是俄国 Bolsheviki 所抱的主义。这个主义，是怎样的主义？狠难用一句话解释明白。寻他的语源，却有'多数'的意思。"他的用意显然就是"联合世界的无产庶民，拿他们最大最强的抵抗力，创造一自由乡土"。在他那里，"因为廿世纪的群众运动，是合世界人类全体为一大群众。这大群众里边的每一个人一部分人的暗示模仿，集中而成一种伟大不可抗的社会力。这种世界的社会力，在人间一有动荡，世界各处都有风起云涌山鸣谷应的样子。在这世界的群众运动的中间，历史上残余的东西，——什么皇帝咧，贵族咧，军阀咧，官僚咧，军国主义咧，资本主义咧，——凡可以障阻这新运动的进路的，必挟雷霆万钧的力量摧拉他们。他们遇见这种不可当的潮流，都像枯黄的树叶遇见凛冽的秋风一般，一个一个的飞落在地。由今以后，到处所见的，都是 Bolshevism 战胜的旗。到处所闻的，都是 Bolshevism 的凯歌的声。人道的警钟响了！自由的曙光现了！试看将来的环球，必是赤旗的世界！"帝国主义、军国主义成了众口同伐的对象，人道主义、社会正义构成了同气相求的呼声。

李大钊由协约国的胜利追溯到 1917 年的俄罗斯革命，并以"窥一斑而知全豹"的气势自信地宣布："一九一七年俄罗斯的革命，不独

---

① 李大钊:《Bolshevism 的胜利》,《新青年》5 卷 5 号,1918 年 11 月。

是俄罗斯人心变动的显兆,实是廿世纪全世界人类普遍心理变动的显兆。""俄国的革命,不过是使天下惊秋的一片桐叶罢了。Bolshevism 这个字,虽为俄人所创造;但是他的精神,可是廿世纪全世界人类人人心中共同觉悟的精神。所以 Bolshevism 的胜利,就是廿世纪世界人类人人心中共同觉悟的新精神的胜利!"①这种带有浪漫色彩的理想主义"新精神"在《新青年》5卷5号上达到了巅峰状态。它与《协约国与普鲁士政治理想之对抗》中描绘的政治理想相系,将民治主义抒发在新时代的蓝图上:"盖在民治主义之下,智识发达之民,上无政府强输愚妄之思想,可以自由发表言论,以论政俗之是非,断未有能堪德国专制君主所立之政策托天命以行之者也。欲使民治主义得安存于世界,窍要在此。今日断不容此少数人耽耽势利,醉心神权,致世界汹汹,日在忧患中也。"②人道主义、民治主义、Bolshevism、世界主义糅合在一起,成为社会主义的前奏。

从以上论述不难看出,帝国主义的失败使得人道主义一路飙升。换句话说,强权的失利焕发了公理的青春。当时,在欧战胜利前,即5卷5号之前的《新青年》杂志究竟对强权和公理是怎样一种态度呢?事实上,在它们同情公理、呼唤公理的同时,也对强权表现出了饮鸩止渴式的渴求。要说清楚人道主义和社会主义的源流关系,就不能不对这个变奏过程作必要的梳理。

五、强权与公理:人道主义的变奏(Ⅱ)

我们知道,以1918年底为界,《新青年》的思想演绎经历了由反

---

① 李大钊:《Bolshevism 的胜利》,《新青年》5卷5号,1918年11月。
② 韦罗贝著、陈达材译:《协约国与普鲁士政治理想之对抗》,《新青年》5卷5号,1918年11月。

对"爱国的自大"、"合群的自大"(鲁迅语),主张个性的张扬、个人的自大、个人本位,到趋向爱国、合群、多数互助的过程。如上所述,后来的互助、多数、合群无疑是一种心存自卑(自悲)的精神表现。简单说来,这一方面有"思想——自由"便会有无力感的因素,另一方面也有"劳工神圣"的庶民主义、民粹主义心理驱动。不过,尽管个人主义在19世纪末期的西方已经是强弩之末,但这并不意味着《新青年》时期对它的冷漠和小觑。事实上,西方个人主义为社会意识取代的时期,正是中国启蒙运动的个人主义鼎盛时期。

宫岛新三郎这样述说欧战前后个人意识和社会意识的演绎:"在19世纪后期以来,已经在社会思想中逐渐取代19世纪盛行的个人主义、'个人意识',开始觉醒并逐渐活跃起来的'社会意识'在战后成为时代普遍的精神倾向,而'把这个倾向益加推广,益加深刻化的,便是这一次的欧战大战'。"[①]应该说,这一概括是符合当时世界范围的现代性思潮演变事实的。但就中国启蒙运动的实际来看,笔者更愿意将《新青年》知识分子群体"新精神"(李大钊语)、新理想的逆转看成是第一次世界大战结束后的事情。

众所周知,西方启蒙现代性的演进经历了几百年的历史,从文艺复兴到启蒙运动,从宗教改革到社会革命,一个思潮接着一个思潮,一个运动接着一个运动。进化论、个人主义、存在主义、人道主义、人本主义、自由主义、激进主义、保守主义、功利主义、经验主义、理性主义等等,不一而足,应有尽有。对中国而言,300多年的历史时空被压缩在几十年甚至几年间。于是,各式各样的"主义"纷至沓来,让国人应接不暇。这样,在20世纪初年,思潮的介绍和翻译就不可能有

---

① 宫岛新三郎:《现代日本文学评论》第8章《新理智主义的文学》(第167页),引自张先飞《形而上的困惑——现代文学的思想背景》,河南大学出版社2004年版,第169页。

个先来后到的顺序,更不可能有什么必然的逻辑因果关系。在很多时候,这个主义和那个主义的诞生是同时迸发的。以个人主义和社会主义两个思潮为例,在 20 世纪初年也是遥相呼应。具体到《新青年》杂志,它也不是因为个人主义在先、社会主义在后而轮番介绍。创刊号的《法兰西与近世文明》以及《敬告青年》就把两种主义做了半斤八两式的述说,而且带有难分伯仲的高度评价。值得说明的是,《新青年》同仁也并没有因为 19 世纪后期以来世界风云的变化而忽视或轻视个人主义,也没有因为"社会意识"的高涨而哄抬社会主义,而是从中国的实际出发,以知识分子特有的问题意识来将理论和现实相结合。当读者对《新青年》提倡社会主义滞后提出质疑后,陈主编的回答是:"社会主义理想甚高,学派亦甚复杂。惟是说之兴,中国似可缓于欧洲。因产业未兴,兼并未盛行也。"① 至于欧战结束促成了个人意识向社会意识的转变这是一个不折不扣的说法。正如李大钊所预言的那样,新精神、新理想向着实践性的社会改造、社会革命突飞猛进。

如果说欧战结束后出版的《新青年》显示了知识分子群体由同情民众的个性人道主义(自治或说无治)向为大多数民众谋幸福之人道主义(民治或说群治)的陡转,那么我们就有必要分析一下在 5 卷 5 号之前的"新青年"知识群体是如何理解并信仰个性化的人道主义的。唯其如此,才能更具说服力地将个人主义(以人道主义为中介)向社会主义的过渡理顺。

《新青年》的栏目和文章表明,其同仁一开始就对欧战表示了极大的关注。创刊号《青年杂志》上的"国外大事记"中关于"华沙(Warsaw)之役"的客观报道,无论是状写德军方面,还是描述俄军弱

---

① 陈独秀:《通信》,《新青年》2 卷 5 号,1917 年 1 月。

点,抑或撰写华沙攻陷等大事,都属于事实供给,几乎看不出有什么偏袒的倾向。至少,它对德军的强势以及俄军的劣势并没有遮掩和隐瞒。① 如果说这属于新闻报道,它以客观、公正、准确为理由遵守新闻工作者的职业道德的话,那么其他文章则应该是有自我立场的。事实也是如此,但却不如我们想像或推断的那样。还以创刊号为例,"世界说苑"一栏属于编译栏目,但首先德意志一国的设计似乎在告诉我们,不但是对欧战中的各国作一视同仁的处理,几乎还有对强势的德国高看三分的口气。"世界说苑"是《新青年》设计的(李亦民撰译)的一个专门译介外国风土人情的栏目。从《青年杂志》创刊号上首篇的说苑就可以看出同仁对德国的器重。从《德意志皇帝》到《柏林之宫殿》,从《柏林之情景》到《德意志之国民性》,从《德国之交通机关》到《柏林之公园及娱乐场》,从《柏林滞后除夕》到《德人关于决斗之取缔》,同仁希望国人能借助杂志对德意志的一切看个通通透透。尤其是《德意志之军人》一节,字里行间流露出艳羡不已的墨香。《新青年》初期,无论是陈独秀还是李亦民抑或还有其他作者,他们对德国的态度都有以其为师的暧昧。在他们看来,无论何种民族,只要有益与我,就不必拒斥于外。如上所述,鉴于这样一个态度,因此《新青年》前期同仁在对欧洲乃至美洲以及其他国家的态度上,无论是参战国还是中立国,他们只管事实,很少下情感上的判断。从《德意志之国民性》的行文我们可以领略到其中的微言大义:"日耳曼民族,以个人主义,著闻于世。故富于独立自尊之心,而为我心之强盛。主张自己权利,不肯丝毫放过,亦为诸族之冠。遇事则坚忍不拔,不惮无谓之研究。社会交际,则上下阶级非常分明,无敢或紊。故凡与德人游者,不易肝胆相照。恒使人生畏怖防范之心。因其对于他国,主张自

---

① 记者:《国外大事记》,《青年杂志》1 卷 1 号,1915 年 9 月。

国之权利。对于他人,主张自己之权利,争竞之态,溢于词色,不若英人之态度宽宏,法人之温和如玉,相与接近者,自觉霭然可亲也,实则为我者。人类之本性,德人特率其本真。不作伪以欺天下耳。"① 这里编译者既有对英国人宽宏大量之绅士风度的赞誉,也有对法国人温和如玉的性情比较。不过,在各有千秋的议论后,似乎文章的核心还是突出德意志民族的特点:自尊、率真、坚忍不拔。

李亦民对德人处事"随在皆有科学精神"以及"国民性之精进沉着如此"的称赞流露出现代性演进过程中的一边倒色彩。如果说这还不足以显示《新青年》初期知识分子群体对欧战的混沌,那么《德意志之军人》一节的译介则分明暴露出一个鲜明的集体倾向:德意志国家和日耳曼民族对军人的尊敬未尝不是我们借鉴的榜样。回眸一下作者对德意志军人的描画就明白一二了:"德意志之社会,功利主义、军国主义之社会也。其视军人也,如吾国之视士人。吾国凤以士为四民之首,举国上下,交相崇拜,有善状则传诵人口,称道弗衰。有过失,亦邀社会之曲谅。德人之视军人,亦大率类是。盖好恶之于善恶,往往各有所蔽,亦人情之常也。"② 虽说做了各有千秋的相对判断,但其间流露出对德国节节胜利、步步进逼的原因的剖析。这里,以《新青年》为主体的五四知识分子还没有来得及在工农的镰刀、斧头面前自卑就已经拜倒在军人的麾下了。作者重点介绍德国尊重军人士兵的风气,甚至将德国军人的奢华、饮酒、渔色以及竞相攀为情人的做派都一一详叙。大有一人当兵、全家升天的光荣。为此作者评论道:"欧战方起之初,多有以是疑德国军人不堪苦战者。而今日之经验,乃适得其反。盖重其人,则人知自重,军心固结,自有足以胜

---

①② 李亦民编译:《世界说苑》,《青年杂志》1卷1号,1915年9月。

人者在也。"德意志军队的顽狠个人主义作风与其战争的优势联系在了一起。从陈独秀在《东西民族根本思想之差异》中引证的西洋民族之彻头彻尾的个人主义思想来看,他甚至把军国主义特色当成了可供攻玉的他山之石。这种对军人气质和气概的崇拜不是来自别的国家,恰恰来自铁蹄横跨欧战的德国。中国以士为四民之首,军人连这四民都未能进入,这里对军人的推崇,大有让全社会都形成尊重军人、尊重兵才的舆论氛围。

按照思想史的特点,一个时代有一个时代的中心。由于欧战时期,相对于强权的弱国子民最亟须的还是出于功利需要的军力,因此我们对他们的急切选择能够给予一定的理解。但是,同时也必须看到,这里他们已经不加分析地将军国主义、功利主义、兽性主义与追求科学、真理、人道、正义的启蒙话语掺搅在了一起,而且这些都代表杂志同仁的办刊倾向。《新青年》前期,在对欧战的跟踪和观察背后,其实隐藏着他们最想获得并可以立竿见影的思想信息。一个显见的事实是:尽管《新青年》聘请了不少军事观察员式的学者,但他们对欧战的言说总是围绕着思想史的话语系统展开的。1917年初,蔡元培在《新青年》上发表的关于欧战的感想在分析欧战持久之原因时,虽然自谦"鄙人毫无军事知识",但却俨然以特殊的"军事观察员"身份指点迷津:他将欧战爆发并持久的原因归结为科学之发达、国民道德等七个方面,甚至以欣赏的口吻表达了对两国交战持久的原因之一"德法之民性"中"无畏惧之心"、"毅力精神"的钦羡:"故德法两国,能相持两年之久者。皆科学与美术之功也。"最为关键的是,帝国主义与人道主义两个思想谱系竟构成了战争双重奏。他说:"此次战争极与帝国主义与人道主义有密切之关系。倘战争结果,德国能达目的,必破比攻法与英。而俄为欧洲各国之盟主,亦即为世界各国之盟主。故德国学者有云,俟此次战争结果,当以日耳曼民族为主人翁,且以军国主义支配全世界。法国则不然,极端主张人道主义。不然,消灭军国主义,使世界永久和平。所以从前有和平会之倡议。"①

不难看出,他们感兴趣的焦点并不是输赢抑或战争本身是欧战对国人的觉悟的启蒙作用。这从吴稚晖的《青年与工具》、刘叔雅的《欧洲战争与青年之觉悟》、陈独秀的《俄罗斯革命与我国民之觉悟》等文中可以窥见一斑。欧战胜利后,陈独秀的《克林德碑》之所以低调,原来是有自我平衡的味道在里面。这里,一个不能不解决的疑点是:以蔡元培、陈独秀等为首的学者既然明知德国有军国主义、侵略主义的"责任",何以却表现出"非道义"的思维模式呢?蔡元培在"不解战情"的演说中已经表达了他将战争道义、真理置后,将国民觉悟置前的理论法则。他不但为以往学者不曾把"世界进化之理"未能详解而遗憾,而且对尼采的学说称赞有加:"迨至尼塞(德国大文学家)复发明强存弱亡之理,以世界之上,须强者吞灭弱者,再以最强者而吞并次强者。而后,弱者恐不能保存,亦积极进行,以与强者相抵抗,如此世界始能日趋于进化。否则,即有保护弱者之意,世界必趋于退化矣。此学说一出,学者群起研究,遂又研究及于前学者所发明。故现在德国主张进化论,有强存弱亡,自然淘汰之语。有科鲁布领为俄国之亲王,其所著之学说,重于证据而偏理论,学者一时俱乐从其说,并加以研究。故此次战争活动,影响于今世界甚剧,如德国能得优胜,必以帝国主义支配今世界;法国能得优胜,必以人道主义支配今世界矣。"②值得注意的是,后来蔡元培又专门致信《新青年》表示澄清误记,而且 1919 年底要结集出版时作者又添加了一条希望"协约

---

①② 蔡元培:《蔡孑民先生之欧战观》,《新青年》2 卷 5 号,1917 年 1 月。

国之胜利"的光明尾巴。这至少可以说明两个问题:一是《新青年》有穿凿附会之意,二是欧战前后作者本人的态度有暧昧与明确之别。这也是当时国人整体上的态度。不过,无论如何,将"学说"的功能夸大,而且采取实用主义的态度将进化论的优胜劣汰、强存弱亡加以科学化和真理化。其实这不但是一个双重道义、正义的标准问题,而且还有一个不惜以欧战的代价来换取国民猛醒的饮鸩止渴式的启蒙原则问题。

应该看到,一方面是进化论的理论武器在作祟,另一方面也必须注意他们对战争的理解。众所周知,《青年杂志》前2号之"世界说苑"都是对德国的言说。《新青年》对德国的军国主义、极端个人主义以及帝国主义强权不但没有过激的批评,而且完全是一种对事实的承认和认可,甚至是一种放任态度。固然,1卷3至5号上接踵而来的对"法兰西人之特性"、"法兰西之决斗"等的译介也都有溢美之词,但在强权与公理之间半斤八两的处理毕竟是在失去正义砝码天平下进行的,所以总不免有杯水车薪之感。如果说蔡元培的演说还不能让我们充分理解或信服《新青年》上的同仁以进化论为武器对强权与公理作出的失衡判断,那么我们再以在《新青年》开篇盛赞《法兰西与近世文明》的主编陈独秀对欧战的感受和引导就不言而喻了。1917年春,陈独秀连续在《新青年》头篇发表《对德外交》、《俄罗斯革命与我国民之觉悟》两文,此时正值中国政府对同盟国、协约国的态度议而不决,臧否参半之际。不过,《对德外交》与《俄罗斯革命与我国民之觉悟》虽然相距时间不长,但还是有明显的态度转变。

从3卷1号上的《对德外交》来看,陈独秀对欧战的发生不但不表遗憾,相反,还表现出一种认同:"战争之于社会,犹运动之于人身。人身适当之运动,为健康之最要条件。盖新细胞之代谢,以运动而强其作用也,战争之于社会亦然。久无战争之国,其社会每呈凝滞之态。况近世文明诸国每经一次战争,其社会其学术进步之速,每一新其面目。吾人进步之濡滞,战争之范围过小,时间过短,亦一重大之原因。倘有机缘加入欧战,不独以黄奴之血,点染庄严灿烂之欧洲,为一快举。而出征军人所得之知识及国内因战争所获学术思想之进步,可观也。"①不只肯定战争的正面的、积极的作用和意义,而且还论证我国参战的必要性和迫切性。原来中国落伍或说滞后的原因在于战争的范围还嫌太小,时间也太短。陈独秀主张参战而且要站在协约国一边,目的是要激活缺乏生气、死气沉沉、惰性太多的国民性。

与此同时,陈独秀把这次参与欧战看成是关系到国家存亡的根本,也是"国民发挥爱国心及能力品格之唯一机会"。他非常清醒地意识到德意志以强权侵犯公理的野蛮,这也是他力主与协约国为伍、反对维持现状的根本原因。在陈独秀那里,一方面坚持"吾人服公理不服强权之精神";另一方面又认为,"国家存在之原理当以战斗力为唯一要素。吾人果能于欧战表示一二不可侮之成迹,印之欧人脑里则莫敢轻于侮我。何独德意志人国际交涉,有利害而无好恶,无所谓开罪与不开罪也。否则虽日日长跪于其前,彼世界最重强权且勇武可敬之德意志人,必不容吾不战而屈、苟安忍辱之懦夫栖息于人类。"②陈独秀不经意的叙述中,冒出了两把双刃剑——一是强权与公理的吊诡:如果完全以战斗力作为能否取胜的要素,而不是以人心向背的公理精神判断文明进化规律,那么自我的未来的理想和残酷的现实岂不是永远两难! 二是世界上"最重强权且勇武"、"可敬之德意志人"与视人类如犬马、狭隘、傲慢之可怕的德意志之间的吊诡。羡慕强权又嫉恨强权,追求公理又担心流于任人宰割的境地。这就

---

①② 陈独秀:《对德外交》,《新青年》3卷1号,1917年3月。

是《新青年》初期同仁的典型心态。尤其是在欧战伊始之际,在可敬又可气的强势民族与可爱又可怜的弱势民族之间,陈独秀们表现出了非常无奈的两难,一副不可避免、理应如此的安然心态:"一国之民,精神上,物质上,如此退化,如此堕落,即人不我伐,亦有何颜面,有何权利,生存于世界? 一国之民德,民力,在水平线以上者,一时遭逢独夫强敌,国家濒于危亡,得献身为国之烈士而救之,足济于难;若其国之民德,民力,在水平线以下者,则自侮自伐,其招致强敌独夫也,如磁石之引针,其国家无时不在灭亡之数,其亡自亡也,其灭自灭也。"① 这时陈独秀对国民性的软弱、无力、可怜丝毫不生人道情怀,反而以嘲讽、揶揄的口气相刺激。

必须指出,陈独秀在批评国民性劣根之一维持现状的苟安以及"恐德病"心理时,也没有忘记拷贝德意志民族的豪气以及无畏精神,而且还更为关切以这种好战、争强的国民性激活我沉睡的国民。在陈独秀看来,我国懒惰、退缩、畏葸、苟安的国民性太需要这种活性因子了。不到一个月,《俄罗斯革命与我国民之觉悟》一文再次将帝国主义与人道主义这一代表强权与公理的变奏曲郑重其事地列上日程。他一方面指出我国对德国外交沉滞的原因在于意气用事,另一方面也对国民于世界走势的麻木、迟钝感到心急如焚。为此,尽管他深知"此次欧战之原因结果固甚复杂",但他仍不愿意沉默寡言,而是以自我的见识申明:"君主主义与民主主义之消长,侵略主义与人道主义之消长,关系此战乃至巨焉。使德意志完全胜利也,无道之君主主义、侵略主义,其势益炽,其运命将复存续百年或数十年未可知也。此物存续期间,弱者必无路以幸存。"该文三个段落反复所说强权(帝国主义)与公理(人道主义)的平衡问题。他将君主主义、侵略主义、

---

① 陈独秀:《我之爱国主义》,《新青年》2卷2号,1916年10月。

帝国主义看成是强权的派生物,把民主主义、人道主义作为公理与和平的代名词。在陈独秀看来,君主主义、侵略主义与"近世文明"民主主义、人道主义截然相背,在这样的情形下我中华民族的自主和兴盛只有听命于列强侵略主义的衰落。陈独秀说:

> 吾国民所应觉悟者,俄罗斯之革命,非徒革俄国皇室之命,乃以革世界君主主义、侵略主义之命也。吾祝其成功。吾料其未必与代表君主主义、侵略主义之德意志单独言和。以其革命政府乃亲德派旧政府之反对者,而为民主主义、人道主义之空气所充满也。吾料世界民主国将群起而助之,以与德意志战,且与一切无道之君主主义、侵略主义的国家战。国际今日之抗德,犹吾国前日之讨袁。非仆此獠,将难自保。力能胜否,义所不计。吾中华民国国民,以是非计,以利害计,均不应滑头中立,以图败则苟免,胜则坐享其成。①

这时的陈独秀立场十分鲜明,与《对德外交》中支援协约国已经有所不同,他的注意力已经超越协约国和同盟国,而是在一个刚刚萌芽的新型政治行为——俄罗斯革命上。鉴于德国代表着列强侵略主义、君主主义,那么我们就没有中立的理由,而是应该鲜明地站在俄罗斯革命一端,"以扶人类之正义,以寻吾国之活路"。其实,在李大钊于协约国胜利后高喊"庶民的胜利"、"Bolshevism 的胜利"、"新精神的胜利"、"人道的钟声"之前,陈独秀就已经作了期盼式的预言:"吾料新俄罗斯非君主、非侵略之精神,将蔓延于德、奥及一切师事德意志之无道国家。宇内情势,因以大变。"② 陈独秀:《俄罗斯革命与

---

①② 陈独秀:《俄罗斯革命与我国民之觉悟》,《新青年》3 卷 2 号,1917 年 4 月。

我国民之觉悟》,《新青年》3卷2号,1917年4月。

将强权与公理在侵略主义、君主主义与民主主义、人道主义的变奏中演绎为帝国主义与俄罗斯新精神的厮杀,并由"强权在先公理在后"向"公理升腾强权末日"转变,这正是欧战结束前的基本历史真实。欧战结束后,《新青年》上的知识分子朝着"新精神"方向前行,而且比欧战前更为显著。在论述竞争与互助重心转移之前,笔者以为很有必要对《新青年》初期以进化论为主要武器所进行的关于铁血、兽性、尚武乃至军国的鼓动进行必要的描述。

六、强权与公理:人道主义的变奏(Ⅲ)

在个人主义和人道主义的转换过程中,进化论乃是两者之间对接和转换的支点。我们在叙述《新青年》的启蒙谱系时不能忽略这样一个思想事实:在呐喊个性自由、思想解放的精神涛声里,还有着力的尚武呼唤。尽管这种尚武的呼唤带着铁血的兽性主义意味,但在欧战的声浪以及国内的舆论中,它却来得那样自然和顺理。

我们知道,《青年杂志》创刊号上开篇就有关于一心一意进行"新精神"生产的宣言:"盖改造青年之思想,辅导青年之修养为本志之天职。"[①]参与《新青年》编辑以及撰稿工作的鲁迅就有这样的表白:"凡是愚弱的国民,即使体格如何健全,如何茁壮,也只能做毫无意义的示众的材料和看客,病死多少是不必以为不幸的。所以我们的第一要著,是在改变他们的精神,而善于改变精神的是,我那时以为当然要推文艺,于是想提倡文艺运动。"[②]通常意义上说,一个杂志的基本

---

① 陈独秀:《通信》,《青年杂志》1卷1号,1915年9月。
② 《鲁迅全集》第1卷,人民文学出版社1981年版,第417页。

使命无非就是继承文化、传播文明。更何况《新青年》的大量文献中，文化、文明、思想、精神等字眼司空见惯。而在我们对这些词汇的普通理解上，它们本身也就是文乎其文的字眼。可在主编陈独秀的眼里，"旧精神"（至少是他理解的）不仅仅包括被人当作笑柄的愚昧无知，而且还有"东亚病夫"式的孱弱。相对于"唯有读书高"的"旧精神"，陈独秀不但要从德育、智育上下工夫，而且标新立异地将体育添加在"新精神"里，从而开始以铸造、培育"文武双全"之"新青年"为目标的启蒙心路历程。陈独秀在1915年10月1卷2号上发表的《今日之教育方针》一文，在现实主义、惟民主义、职业主义之后，旗帜鲜明地提倡兽性主义的育人导向。他说："日本福泽谕吉有言曰：教育儿童，十岁以前，当以兽性主义；十岁以后，方以人性主义。"日本启蒙思想家福泽谕吉的物质主义思想被忽视，而兽性主义思想却成为重点。这一方面与欧战开启有关，另一方面也与中国积贫积弱的国情相连。陈独秀从进化论的视角分析人性（精神）和兽性（体力）同时发展的重要性："强大之族，人性兽性，同时发展。其他或仅保兽性，或独尊人性，而兽性全失，是皆堕落衰弱之民也。兽性之特长谓何？曰意志顽狠，善斗不屈也；曰体魄强健，力抗自然也；曰信赖本能，不依他为活也；曰顺性率真，不饰伪自文也。"①为了论证"兽性"的必要性和可行性，他甚至不惜举出白种人殖民事业的辉煌以及日本军国主义扩张的大气："皙种之人，殖民事业遍于大地，唯此兽性故；日本称霸亚洲，唯此兽性故。"相形之下，"余每见吾国曾受教育之青年，手无缚鸡之力，心无一夫之雄，白面纤腰，妩媚若处子，畏寒怯热，柔弱若病夫，以如此心身薄弱之国民，将何以任重而致远乎？……他日而为军人，焉能戮力疆场，百战不屈也。"②陈独秀：《今日之教育方针》，

---

①② 陈独秀：《今日之教育方针》，《青年杂志》1卷2号，1915年10月。

《青年杂志》1卷2号,1915年10月。

也正是这个缘故,他在《东西民族根本思想之差异》中重拳出击,将所谓以精神文化著称的东方文明给予了斯文扫地式的贬斥:"儒者不尚力争,何况于战?老氏之教,不尚贤,使民不争,以佳兵为不祥之器。故中土自西汉以来,黩武穷兵,国之大戒。佛徒去杀,益堕健斗之风。世或称中国民族安息于地上,犹太民族安息于天国,印度民族安息于涅槃,安息为东洋诸民族一贯之精神。斯说也,吾无以易之。若西洋诸民族,好战健斗,根诸天性,成为风俗。古宗教之战、政治之战、商业之战,欧罗巴之全部文明史,无一字非鲜血所书。英吉利人以鲜血取得世界之霸权,德意志人以鲜血造成今日之荣誉。……爱平和、尚安息、雍容文雅之劣等东洋民族,何至处于今日之被征服地位?西洋民族性,恶侮辱、宁斗死;东洋民族性,恶斗死、宁忍辱。民族而具如斯卑劣无耻之根性,尚有何等颜面,高谈礼教文明而不羞愧!"①在霸主的气质和强权的威力下,爱好和平的民族被说成懦弱、无能的低等卑劣之辈,而尊尚铁血、穷兵黩武、好战健斗之流却被誉为富有尊严的光荣使者。这样,我们也就不难理解《新青年》何以将兽性、尚武、体育、血与铁等作为军国主义的兴奋剂了。汝非从英国《自由旬报》上翻译的《Blood And Iron》(血与铁)一文,采用英汉对照的方式告诉青年,要以"自由的社会主义"战胜充满铁血的、军国的资本主义,不能畏惧,同样要以流血的精神和勇气"拼吾人之生命以赴之"。唯其如此,实现"新社秩序之凯旋"。②

1卷3号上的《抵抗力》意在述说"国人抵抗力薄弱之原因及救济法":"披荆斩棘,拓此宏疆。吾人之祖先,若绝无抵抗力,则已为群

---

① 陈独秀:《东西民族根本思想之差异》,《青年杂志》1卷4号,1915年12月。
② 汝非译:《铁与血》,《青年杂志》1卷4号,1915年12月。

蛮所并吞。"在分析了传统学说之害后,陈独秀举出了西方名人拿破仑、卡内基的不畏艰难的成功之道。他希望孟子树立的"大丈夫"形象飘然而至。他以欧美成功范例勉励青年:"美利坚力战八年而独立,法兰西流血数十载而成共和,此皆吾民之师资。幸福事功,莫由幸致,世界一战场,人生一恶斗,一息尚存,决无逃遁苟安之余地。处顺境而骄,遭逆境而馁者,皆非豪杰之士也,外境之降虏已耳。"[①]与此相互呼应,谢鸿的《德国青年团》一文将培育抵抗力的方法从德国借鉴过来:"青年团团员,均为自十三岁至十八岁之青年。其教育方法,以体操、游戏、旅行及模仿军营野操,增长其体力。复时开讲演会于附近学校,灌输常识,以补助其智识之不足。"[②]与其说是"文武双全",毋宁说是"武文双全"。细读《青年杂志》,关于尚武、体育、军国的说法,从创刊号开始就不绝于耳。1卷5号上萧如霖关于霍元甲以及其经营的"精武体育会事"两文,配合着高语罕的《青年与国家之前途》,夹杂着对法国名将"霞飞将军"和"英国少年团"的译介,充分表明了《青年杂志》对武力、体育、军事的器重和对青年的期望。接踵而来的6号有易白沙的《战云中之青年》、高语罕《青年之敌》、陈独秀的《飞行家谭根》、谢鸿的"英国少年团"、澍生的"美国少年团"以及李亦民的"德国骁将"《麦刚森将军》。易名为《新青年》的2卷开篇便有主编的《新青年》以及李大钊的《青春》,受其感染,连一贯以稳健著称的胡适也转译了俄国作家泰来夏甫的《决斗》。2卷2号上更是充满着远离安息、执意健斗的青春气息与厚重的火药味。吴稚晖的《青年与工具》、刘叔雅的《欧洲战争与青年之觉悟》、谢鸿的《法国青年团》进一步显示了杂志同仁对朝气蓬勃之"新青年"的厚望。3号杂志更

---

① 陈独秀:《抵抗力》,《青年杂志》1卷3号,1915年11月。
② 谢鸿:《德国青年团》,《青年杂志》1卷3号,1915年11月。

是自视其是的举起了《军国主义》的大纛。① 对提倡军国思想、主张牺牲精神、履行战争实践,《新青年》进行了毫无顾忌的宣传。据不完全统计,从创刊号到3卷2号,《新青年》杂志单以"青年"作为标题关键词的文章就有16篇之多,而且这还不包括与少年、童子、青春等有关的标题。其中,以战争或与战争有关的譬如对将军的介绍、对英雄的赞美的标题文章更是俯拾皆是。这一时段《新青年》上出现频率较高的主题文章都是与青春(青年)、体育(尚武)、战争(军国)息息相关的论说。

在青年、尚武、军国这三个关键词中,青年是寄托希望的主体和生力军,尚武是培育、塑造"新青年"的工具和方法,军国是一种实现最高目标的情怀和方式。

这里所说的"青年"是不同于过去时代的(非)青年。他不但在思想上是觉悟的新型人才,而且也是拥有健壮体魄的人材。陈独秀立意的"新青年"是这么一种时代形象:"青年何为而云新青年乎?以别夫旧青年也。同一青年也,而新、旧之别安在?自年龄言之,新、旧青年固无以异;然生理上、心理上,新青年与旧青年,固有绝对之鸿沟,是不可不指陈其大别,以促吾青年之警觉。慎勿以年龄在青年时代,遂妄自以为取得青年之资格也。"② 在他看来,不是什么人都能自命为"新青年"的。陈独秀将那生理上与心理上的双重素质相提并论,而且将生理因素置于首位,充分显示了他此时的侧重点。关于心理上的内容,我们在上面已经对"辅导青年修养"略有所述,这里我们重点讨论的是生理上这一不为后来研究者所关注的话语。"新青年"的标准中首要的就是:"白面书生,为吾国青年称美之名词。民族衰微,

---

① 刘叔雅:《军国主义》,《新青年》2卷3号,1916年11月。
② 陈独秀:《新青年》,《新青年》2卷1号,1916年9月。

即坐此病。美其貌,弱其质,全国青年,悉秉蒲柳之资,绝无桓武之态。艰难辛苦,力不能堪。青年堕落,壮无能为。此非吾国今日之现象乎?……德之立教,体育殊重,民力大张,数十年来青年死亡率之锐减,列国无与比伦。英、美、日本之青年,亦皆以强武有力相高,竞舟、角力之会,野球、远足之游,几无虚日。其重视也,不在读书授业之下。故其青年之壮健活泼,国民之进取有为,良有以也。"①陈独秀:《新青年》,《新青年》2卷1号,1916年9月。将本国青年与西方、日本青年的体力与健康状况相比较,目的是要在将来的战场上一比高低。由柔美到力美的审美标准的变化,是战争心态的作用。"桓武"、"体育"、"角力"成为新时代新青年的新宠。此时此刻,"文明其精神"重要,"野蛮其体魄"更重要。有了这样一个"青年"导向,《新青年》杂志自然也就成了打造"新青年"生理健康的舆论平台。

"尚武"和"军国"思想并不是《新青年》的首创,早在20世纪初年就屡见报端,②只是处于欧战关口的《新青年》更加集中而已。上述萧如霖的《大力士霍元甲传》以及关于"精武体育会事"的追溯正是崇尚武力、厚爱体育的具体体现。③ 也正是这一民族精粹的张扬,勾起了很多读者的向往,以至一位读者来信说:"穗欲习拳术,但未得良师,想沪上定有名人,恳示一二并告姓氏地址为祷。"陈独秀的回答也是一副诲人不倦的神态:"足下热心拳术,诚为青年当务之急。"而且表示愿意继续关注此事,为"青年"习武效犬马之劳。④ 在记者撰写的《欧洲飞机阵中之中国青年》一文中,在对"法德两军之义勇"深表

---

① 陈独秀:《新青年》,《新青年》2卷1号,1916年9月。
② 张宝明:《试论"五四"新文化运动时期的尚武倾向》,《河南师大学报》2001年第6期。
③ 萧如霖:《精武体育会事》,《青年杂志》1卷5号,1916年1月。
④ 陈独秀:《通信》,《青年杂志》1卷4号,1915年12月。

服膺之际,也不忘强调来自上海的朱允章"尚武之精神"的人格之可贵、可佩。① 在关于操练、习武、体育的实践中,值得一提的是署名"二十八画生"的《体育之研究》一文。在主编以"名彦"、"名家"撰稿为主要资源,同仁之外"不另购稿"的编辑方针指导下,一位名不见经传的湖南师范生毛泽东的稿件能够入选,完全是由于他的选题视角新颖,迎合了主编和《新青年》杂志的旨趣和口味。毛泽东在文章中力陈体育与德育、智育并驾齐驱的重要性,而且将体育置于决定性的地位:"体育一道,配德育与智育,而德智皆寄于体,无体是无德智也。顾知之者或寡矣,或以为重在智识,或曰道德也。夫知识则诚可贵矣,人之所以异于动物者此耳。顾徒知识之何载乎?道德亦诚可贵矣,所以立群道平人己者此耳。顾徒道德之何寓乎?体者,为知识之载而为道德之寓者也;其载知识也如车,其寓道德也如舍。体者,载知识之车而寓道德之舍也;儿童及年人小学,小学之时,宜专注重于身体之发育,而知识之增进、道德之养成次之。宜以养护为主,而以教授训练为辅。"②毛泽东认为身体是从事一切社会实践的本钱,是道德的承诺者又是知识的载体。这"三育并重"的主题思想中,恰与主编陈独秀的一贯主张的"兽性主义"教育方针以及德智体全面、辩证发展如出一辙,有非常之关系。③ 青年毛泽东的体育思想也是陈独秀的"新青年"思想,所以导师一代的五四知识分子和学生一代的知识分子一拍即合。

《新青年》对体育和尚武精神的提倡与引导,激活了青年一代学

---

① 记者:《欧洲飞机阵中之中国青年》,《新青年》2卷3号,1916年11月。
② 二十八画生:《体育之研究》,《新青年》3卷2号,1917年4月。
③ 陈独秀在《今日之教育方针》、《吾人走之后觉悟》中,易白沙在《孔子平议》等文章中,记者在回答读者来信中对德、智、体的关系都一一进行过解释。参见《通信》,《新青年》2卷1号,1916年9月。

生和读者的武勇情怀。诸如"二十八画生"的青年学生纷纷写信和《新青年》主编、作者、同仁互动交流，抑或沿着《新青年》导引的方向在文章中抒发情怀，在实践中磨炼意志。虽说读者来信是"尚祈不吝赐教"，杂志的回答属于"辨难之助"，但这个"质之明达"却是"无疑而问"的"打破沙锅"。如果没有这样的读者来信，《新青年》产生的舆论导向作用可能会逊色不少，更何况"启而不发"的启蒙也是《新青年》同仁不愿意看到的！问题的关键是，当《新青年》主笔看到这样的提问后，自我都有点胆战心惊的味道，即使是自我标榜"独标异见"的陈独秀有读者"持论多与时俗相左"的赞美之词作后盾，也不能不表现出一副叶公好龙的迟疑。在此，我们看到了"青年"、"尚武"之后，军国主义作为一种情怀的尴尬和无奈。而在这一尴尬的表情之后，主编又很快变脸，1916年11月的2卷3号《新青年》发表了刘叔雅长篇累牍的《军国主义》。

的确，与尚武息息相关的军国主义是一把自卫又自伤的双刃剑。其实，《新青年》上提倡的现代性及其演进过程，时时都充满着困惑，它一直在现代性的多副面孔和思想的吊诡中艰难地演绎着。具体到军国主义的问题，它在《新青年》的表现，呈现出边踩油门与边踏刹车的犹豫不决。在现代性的表达上，它属于典型的思想史上的吊诡。

我们知道，读者是在陈独秀声嘶力竭地反对安息、和平，钦慕武勇、好战、善战的启蒙声中被激活和"觉悟"的。陈独秀宣扬的西方思想、国民性和文化促使一代青年蓬勃向上。可正当读者顺理成章地去附和导师的命题并期望获得认可和首肯时，导师却非常"辩证"地搪塞了过去。1916年8月，程师葛小心翼翼地将一封自认为得意的求教信寄给了《新青年》。他在信中问道："中国国民强弱不同之故虽多，而中人爱和平，西人尚武勇，实足为其总因。故窃谓德之军国主义，最适于今日之中国。彼佛之慈悲，耶之博爱，与夫社会党之非战，说理虽高,不宜实现。质之明达,以为如何?"①这里,"中人爱和平,西人尚武勇"的判断与陈独秀《东西民族思想根本之差异》并没有什么两样,"彼佛之慈悲,耶之博爱,与夫社会党之非战"与陈独秀"西洋民族以战争为本位,东洋民族以安息为本位"的论断也颇为合辙。更重要的是,"说理虽高,不宜实现"的调子与陈独秀论述"社会主义理想甚高"也有一致的看法,但到了陈独秀给出正式答案时,他又变卦了:"皙族勇武可钦,而德之军国主义,则非所仰慕。窃以代表近世文明者,推英、德、法三国。而英俗尚自由尊习惯,其弊也失进步之精神;德俗重人为的规律,其弊也戕贼人间个性之自由活动力;法兰西人调和于二者之间,为可矜式。军国主义,其一端也。且国之强盛,各种事业,恒同时进步,决无百务废弛,一事独进之理。以今之中国而言军国主义殊未得当。若夫慈悲博爱非战诸说,为人类最高之精神。然非不武之被征服民族,所可厚颜置诸脑、出诸口。"②在这段文字中,陈独秀的表述至少有三层"虽然……但是"的转折。

对此,笔者还想进一步作出质询。首先,如果"皙族"包括了德意志民族,那么以前文字对德意志"勇武可钦"的津津乐道算不算是对军国主义的仰慕?换句话说,尚武和军国主义之间是一种怎样的关系?尚武的目的是什么?兽性主义的目的又是什么?难道对日本称霸亚洲、德国"节节胜利"的欧洲的羡慕和军国主义没有一点关系?其次,既然法兰西民族被誉为可以"矜式"的文明之国,为何又要将"一事独进之理"予以否定?从逻辑上讲,难道法兰西的"调和"就不是一种"独进"?再次,也是最为关键的"一次":既然"军国主义"有着"其一端"化的倾向,为何要加上"以今之中国而言"的判断,难道以

---

① 程师葛:《通信》,《新青年》2卷1号,1916年9月。
② 陈独秀:《通信》,《新青年》2卷1号,1916年9月。

"他日之中国而言"就甚为"得当"的军国主义？质而言之,既然"今之中国而言军国主义殊未得当",那么又何必强调像中国这样尚安息、恶战死、爱和平的"慈悲博爱"民族不能反对军国主义呢？与其说这样的绕舌让人费解,毋宁说以《新青年》主编陈独秀为首的"新青年派"知识分子在欧战各方的态度以及军国主义的价值取向上一开始就有暧昧、含糊、犹疑甚至本末倒置的成分。

这里,我们不妨回顾一下《新青年》是如何将蔡元培关于欧战演说"拿来"支持杂志导向的。1917年1月1日,《新青年》转载了《蔡子民先生在信教自由会之演说》与《蔡子民先生之欧战观：政学会欢迎会之演说》两文。其中,后者主要刊登了蔡元培对欧战持久原因的观察以及对战争的预言,最后以一句不了了之的话结束全文："故此次战争活动,影响于今世界甚剧。如德国能得优胜,必以帝国主义支配今世界；法国能得优胜,必以人道主义支配今世界矣。"这是《新青年》记者的编辑旨趣作祟。为此演讲者很快有了反应,蔡元培1917年3月1日致信《新青年》编辑部,要求补正其文："《新青年》记者足下：鄙人归国以来,偶在会场演说,事前既无暇预备,事后亦不暇取速记稿而订正之,日报所揭,时有讹舛,以其报仅资一阅,即亦无烦更正。不意近日在政学会及信教自由之演说,乃为贵杂志所转载,势必稍稍引起读者之注意,其中大违鄙人本意之点,不能不有所辨正。"①他尤其强调自己在"政学会"演讲上的用语。原来,他对自己所持论的军国主义问题心有余悸："德人因信仰物竞争存、优胜劣败之说,而厉行军国之主义,致酿成今日之大战。其实,军国主义,在今日可谓至愚。不过我人生长弱国,虽斥为至愚,人亦不信耳。"②蔡元培：《通信》,《新青年》3卷2号,1917年3月。虽说是"至愚",由于中国国民

---

①② 蔡元培：《通信》,《新青年》3卷2号,1917年3月。

"生长弱国"的缘故,却没有人相信。蔡元培的补正从一个侧面道出了当时的舆论热点与难点。这也与陈独秀所说的"慈悲博爱非战诸说"不可言必称为"为人类最高之精神"有异曲同工之妙。为此害得"记者"连连自问"死罪死罪"。① 不过,记者感谢作者亲自校订的重点还是"对于先生左袒宗教之言"的释怀,而对人道主义与军国主义的变奏问题却不曾置言。值得一提的是,1919 年 12 月 3 日,蔡元培在为北京大学新潮社编印的《蔡子民先生言行录》改定稿件时做了如下处理:"吾人既反对帝国主义,而渴望人道主义,则希望协约国之胜利也,又复何疑!"②这是《我之欧战观》即《蔡子民先生之欧战观:政学会欢迎会之演说》中的最后一段。那时协约国胜利已经有一年有余,"又复何疑"其实的确是毋庸置疑矣。

如果说蔡元培"欧战观"的演绎只是一个小节,那么我们即使撇开陈独秀对战争对人类进步的论断,从主编在"军国"与文明关系的犹豫处理上也不难看出透迤起伏、一波三折的回环。《青年杂志》创刊号上的《法兰西人与近世文明》首次言及军国主义一词,但在倾力称赞辉煌灿烂的欧罗巴文明的同时,还是有着心仪法兰西的独钟:"近世三大文明,皆法兰西人之赐。世界而无法兰西,今日之黑暗不识仍居何等!"尽管当时他对"方与军国主义之德意志人相战"的法兰西有着"其胜负尚未可逆睹"的盲点,而且也有对"德意志其人之理想决非东洋诸国可比"的称赞,但对法兰西为世界近代文明使者认识却是深信不疑的。③ 而在接踵而至的 1 卷 2 号上的《今日之教育方针》则在指出今日中国"教育陷于漠视体育与心灵二大缺点"之后,历数当今欧美各国之教育的特点和优长:"罔不智、德、力三者并重而不偏

---

① 陈独秀:《通信》,《新青年》3 卷 2 号,1917 年 3 月。
② 《蔡元培全集》第 3 卷,浙江教育出版社 1997 年版,第 5 页。
③ 陈独秀:《法兰西人与近世文明》,《青年杂志》1 卷 1 号,1915 年 9 月。

倚,此其共通之原理也。而各国特有之教育精神:英吉利所重者,个人自由之私权也;德意志所重者,军国主义,举国一致之精神也;法兰西者,理想高尚,艺术优美之国也;亚美利加者,兴产殖业,金钱万能主义之国也。稽此列强教育之成功,均有以矜式宇内者。吾国今日之教育方针,将何所取法乎?"①在理想的不现实,现实的不理想之困顿面前;在"公理"解决不了出路问题,"强权就是公理"的粗俗但又是残酷的事实面前,陈独秀们难免有何去何从的迷茫。"将何所取法乎"的疑问颇有"问苍茫大地"的语气。在"军国民教育主义"横行的世界里,陈独秀对"今日之教育方针"只能作出这样的回答:"窃以理无绝对之是非,事以适时为兴废。吾人所需于教育者,亦去其不适以求其适而已。盖教育之道无他,乃以发展人间身心之所长而去其短,长与短即适与不适也。以吾昏惰积弱之民,谋教育之方针,计惟去短择长,弃不适以求其适。易词言之,即补偏救弊,以求适世界之生存而已。外览列强之大势,内鉴国势之要求。今日教学相期者,第一,当了解人生之真相;第二,当了解国家之意义;第三,当了解个人与社会经济之关系;第四,当了解未来责任之艰巨。准此以定今日教育之方针,教于斯,学于斯,吾国庶有起死回生之望乎。"②在此,"窃以理无绝对之是非,事以适时为兴废"完全是站在现实的视角对近世教育家所不取的"军国民教育主义"的态度的回转。为此,也才有了"现实主义"、"惟民主义"、"职业主义"乃至"兽性主义"教育四方针的出台。"德智力(体)"就是这样被树立起来的,军国主义也是这样被读者默认并由此得到公开认可的。

陈独秀在强国间不为轩轾的根本原因还是他在理想与现实之间

---

①② 陈独秀:《今日之教育方针》,《青年杂志》1卷2号,1915年10月。

的困惑,在于对强权明明不是但当今却"就是公理"的现实的迷茫。就在给以程师葛为代表的读者给出军国主义不可取的答案后,紧随其后的2卷3号竟然以显著的位置、醒目的标题、长篇的文字大论特论军国主义的必要性、可行性、紧迫性。也许,以今天的眼光看,我们完全可以以刘叔雅"文责自负"的标准让陈独秀等同仁脱离干系,但是正如我们看到的那样,《新青年》上虽然有不同的主张,"可是都要向光明的一方面走是相同的"。① 这里李大钊所说的"相同"即是《新青年》的基本点。事实上,《新青年》即使一再声称"社员各人持论也往往不能尽同",但它在力争同气相求这一点上是一以贯之的。应该看到从第七卷开始的"公同担负此次宣言的责任"只不过是走过场。② 回到早期的《新青年》,除却《青年杂志》没有标明主撰为谁,从上海到北京,2卷3号封面上"陈独秀先生主撰"的广告十分醒目。这个"广告"的意义在于:所有撰稿都必须是经得主撰或说主编首肯和认可的。果不其然,主编的把关是严格的。在文学革命与改良、青年与老人的协力、新旧之间的调和等问题上,尽管杂志允许自由讨论,其实这只是一个招牌。正如我们看到的那样,几乎每篇读者来信以及讨论中,主编都要独自把关、亲笔回复,而且几乎每一篇之后都有掌控方向的附注或感想。李大钊的《青年与老人》被加上了"附注",3卷1号的通信,陈独秀还是不放心地对钱玄同、胡适的回答作了"质之足下,以为如何?"的追问。③ 的确,《新青年》的通信名为讨论,实为总结、总括和总揽。毕竟,总舵手在把握着帆船的方向。

"主撰"、"共同负责"、"一个方向"、严格把关的"附注"充分表明

---

① 李大钊:《李大钊全集》第3卷,河北教育出版社1999年版,第217—218页。
② 《本志宣言》,《新青年》7卷1号,1919年12月。
③ 陈独秀:《通信》,《新青年》3卷1号,1917年3月。

了来稿的处理方式。这样,我们就不难想见刘叔雅《军国主义》的宏议是如何在主编严格终审后付梓的。作者开篇就将《新青年》身上的军国主义情怀推演到了高潮:"军国主义,遂应此时世而兴起。国于今之世界,苟欲守此疆域,保我子孙黎民,舍军国主义无他道。生于今之世,苟欲免为他人之臣虏,舍持军国主义无他法。今日之天下,军国主义之天下也。呜乎!彼蛮氏既日以其巨炮、飞机、潜艇、毒弹相陵铄,将灭吾国而夷吾种,则吾舍自居触氏与彼奋斗力争之外,复何策可以自全?此记者所以大声疾呼,乞吾青年之觉悟也。"①在他看来,军国主义乃是人类求生意志的表现,是人类进化的一定程度的必然。因此中国人要立于不败之地,就必须有军国主义精神作支撑,哪怕是以毒攻毒。

刘叔雅在论述了中国传统与军国主义的距离并因此受尽屈辱的近代历史后,又尽数军国主义的优势。他将军国主义不行于世的劣势作了条分缕析的论述:"秉钧当国者,不解军国主义,故尽智索能于调和敷衍,研精覃思以排挤异己,处心积虑以恢彊其逆乎世界潮流之势力,宁甘分崩离析种类为夷之祸,而余凶剩孽不可不肆其饕餮,恶直丑正不可不遏其奸回;军人不解军国主义,故诸藩镇州将,不惟不肯为国家之干城心膂,甚且阻恃其众,跋扈恣睢,日销磨其精神于集会联盟、干涉政治、残贼生民、侵盗公帑、扶植势力、保全权位诸事,外人哀的美敦书来,则俯首帖耳,不敢出气,而并不觉有丝毫羞耻;政党不解军国主义。故但知驰骛追逐,营巧竞利,甚且为大盗权奸供奔走执贱役,而于国家大计,鲜有建树,致为国民所疾视,不复认为近世列邦之所谓政党,而与甘陵汝南东林复社同科。"不仅如此,以下"商人不解军国主义"的"饮伴欺诈"、"工人不解军国主义"的"仰给于人"、

---

① 刘叔雅:《军国主义》,《新青年》2 卷 3 号,1916 年 11 月。

"文人不解军国主义"的"万无一焉"、"学子不解军国主义"的"游惰废学"等等,从行业"不解军国主义"的弊端一一进行解读。由此得出结论:中国人还以为德意志的军国主义是洪水猛兽,然而德意志看我们中国人的种种之怪现状,"必有如逢奇魅"、"如见怪兽"之感。① 凡此种种,世情往往是"丑者不自知其丑",只有"引镜自鉴",才能理解军国主义的本质。

军国主义成了"救国之良药"。倘若中华民族有了军国主义的精神,那么外族"欺吾民皆怯弱卑劣"的时代将成为过去。②刘叔雅:《军国主义》,《新青年》2卷3号,1916年11月。出于民族的功利主义目的,军国主义在刘叔雅的一篇赞扬声中达到了极致。

由此看来,陈独秀领衔的《新青年》不能不说有一种欲擒故纵的逶迤手腕。直到1918年11月11日欧战胜利以后,人道主义与帝国主义、民主主义与军国主义的变奏才有了"一边倒"的历史走势。

七、"新理想主义":强权的终结与公理的落定(Ⅰ)

1919以前的"新青年"知识分子群体,在总的思想倾向还是向着光明、人道的方向看齐,但由于受到当时一战格局的影响,面对西方帝国主义强大的军事力量,他们还是表现出了一定程度的思想摇摆,或游弋不定,或顾左右而言它。于是,思想史上呈现了理想与现实、普世与现世、目的与手段、意义与功利的吊诡。这一吊诡颇似价值与工具的理性分野。

应该说,无论是早期还是后期,《新青年》知识群体都有着对永恒价值理念的无穷向往和追求,与此同时也有着禁不住的诱惑和

---

①② 刘叔雅:《军国主义》,《新青年》2卷3号,1916年11月。

困惑。功利主义、军国主义一度成为心急如焚的知识分子的救国"稻草"。正是因为他们有着恒久的价值和意义诉求,所以以道义担当自豪的他们即使是在对流血、战争、牺牲精神极为向往的时段里也还是不断诉说着"人类最高之精神"。① 这些"精神"就是以人道、慈悲、和平、博爱、平等、自由、独立为基本理念的正义总和。也正是这个原因,《新青年》知识群体在协约国战胜以侵略为荣的同盟国后才会欢呼雀跃:他们终于将被军国主义压抑多年的人道主义情怀释放了出来。

对人类最高精神的追求,《青年杂志》创刊号上的《敬告青年》已经揭示了基本的"六义";次篇《法兰西人与近世文明》更是对关键词平等、自由、博爱反复述说。之后的《东西民族根本思想之差异》、《吾人最后之觉悟》、《我》、《自由与自治》、《青春》,包括译文如《戴雪英国言论自由权利论》、《美国人之自由精神》等都对启蒙理念中的基本价值观念做了阐述。综观 1919 年之前这个时段"新青年派"知识分子的思想路径,撇开文化谱系的基本分野,大致可以分为个人主义和人道主义思潮的交织与演变。当然,就个人主义和人道主义而言,两种思潮有交叉,但同时也应看到它们在《新青年》时期在不同知识者那里的不同倾向。

就个人主义或个人本位主义的思想而言,在个人主义转向人道主义过程中,"互助"进化论起了至关重要的作用。这一点,在欧战胜利的当口,"新青年派"知识分子表现得尤为突出。那一刻,"新青年派"先驱们众口一词:"人道的警钟响了!"这个"人道"在文学家那里就是要"养成人的道德,实现人的生活"。② 在具有浓烈政治化情怀

---

① 独秀等:《通信》,《新青年》2 卷 1 号,1916 年 9 月。
② 周作人:《人的文学》,《新青年》5 卷 6 号,1918 年 12 月。

的思想先驱那里就是公理战胜强权。

首先,让我们回顾一下人道的"警钟"未响之前《新青年》上"悄无声息"的鼓点。可以这样说,人道主义作为一种具有普世意义的人类价值,它一直是代表良知的全球知识分子的共同心声。

我们看到,在早期《新青年》杂志上,有两个人的札记比较醒目:一是刘半农的《灵霞馆笔记》,一是胡适的《藏晖室札记》。它们在《新青年》上出现的频率很高,而且几乎是一个"殖民"专栏形式。刘半农的"马赛曲"译介将人道主义的情怀和理想给予了彻底的袒露:"耿耿爱国忱,导我赴行伍,将此护拥自由心,奋身进杀狼与虎,欲问人道主义何时扬,但看军旗十丈随风舞。吁嗟乎,我敌已届垂绝时,尔其徐死,一观域中胜败竟何如?"①原来,军国主义只是一时的手段,人道主义才是永恒的鹄的。这一来自法兰西国度的人道、自由、平等、博爱情结推延表现在杂志的细枝末节中。以3卷3号上的"书报介绍"栏目为例,《旅欧教育运动》中既有对吴稚晖、蔡孑民、李石曾、褚民谊、张溥泉、汪精卫诸先生十余年来在欧洲从事于教育事业的宗旨不但表示首肯,而且还将这些带有无政府主义倾向的思想奉为旨归:"将欧洲近世文明之'科学真理'、'人道主义'二大要素输入本国。冀国人赴欧求学工作者日多,庶智识猛进,科学发达,弘兼爱之仁心、明大同之正义。"②不难理解,"书报介绍"的根本大意还在"弘兼爱之仁心、明大同之正义"。

无独有偶,在胡适的"藏晖室"里,连载式的日记不断暴露出人道主义的曙光。对时事政治,尤其是人类正义追求的关注,使得胡

---

① 刘半农:《灵霞馆笔记:阿尔萨斯之重光·马赛曲》,《新青年》2卷6号,1917年2月。

② 旅欧杂志社:《旅欧教育运动》,《新青年》3卷3号,1917年5月。

适对威尔逊"新自由"的"大理想"钦佩不已。在他看来,威尔逊不但是政治家,而且属于"以哲学理想为政治之根本"的文豪,"事事持正、尊重人道"的哲人。将"理想与实行"二事并重,尤其是外交上以"恕"为重,"己所不欲勿施于人"的"痛快明爽",在军国主义的强权横行时代更是难得。作者记道:"爱国不在得众人之欢心,真爱国者认清是非,但向是的一面做去,不顾人言,虽牺牲一身而不悔……人能自省其尝效忠祖国,而又未尝卖其良心者,死有余乐矣。"①这不只是对人道主义的抽象论式,而且也是对具体的人类最高之精神价值理念的描述。知识分子的道义、良知在此得到了再现。胡适在与朋友讷斯密司博士这位和平主义者谈及国家主义、世界主义问题时,对弱肉强食、强权即公理的侵略主义大加挞伐。他说:"吾辈醉心大同主义者,不可不自根本着手。'根本者'何?一种世界的国家主义是也。"②连胡适这样极力排斥建构理性主义的自由主义学者都对具有人类至高精神的大同主义心旷神怡,可见公道、道德、法律、慈悲、和平这类"道德之公理"在知识分子心目中的地位。胡适如是说:"今之以弱肉强食之道,施诸人类社会国家者,皆墨子所谓行则同于狗彘者也。今之欲以增军备救中国之亡者,其心未尝不可嘉也,独其愚不可及耳。"如果说单靠军事力量的事功是一种圣愚思维和行为,那么最终的出路在哪里呢?胡适开出了治本的处方:"根本之计奈何?兴吾教育,开吾地藏,进吾文明,治吾内政,此对内之道也;对外则力持人道主义,以个人名义兼以国家名义,力斥西方强权主义之非人道、非耶教之道。一力提倡和平之说,与美国合力鼓吹,国际道德进化,则世界始可谓真进化,

---

① 胡适:《藏晖室札记》,《新青年》2卷4号,1916年12月。
② 胡适:《藏晖室札记》,《新青年》3卷5号,1917年7月。

而吾国始真能享和平之福耳。"①胡适:《藏晖室札记》,《新青年》3卷5号,1917年7月。作者对美国的信任和期望尽在美国总统威尔逊关于自由、平等、人道的论说中。由此可见,"新青年派"文化群体中对民主主义、人道主义、大同主义的期待与向往的,并非陈独秀等少数几个热衷于谈论政治的知识分子,胡适、周作人等以艺文哲学为志趣的学者一直就是反对功利主义、军国主义的重要人物,只是他们的启蒙没有陈独秀、李大钊们那样夸张、高调,而且也不如他们摇摆得厉害而已。

如上所述,一旦遇到历史转折点关键时刻,陈独秀、李大钊、蔡元培、陶履恭等政治情结浓厚的知识分子就显得特别敏感,也非常富有激情。我们看到,欧战伊始,他们歇斯底里地乱箭齐射,为战争的好处毫无目的地呐喊;战争结束,他们又为人道主义压倒侵略主义摇旗助威,高呼公理战胜强权;巴黎和会开始后,他们由希望变为失望,开始了"公理何在"的追问。

回到历史现场,看看陈独秀等先驱是如何变脸的。笔者以为,他们经历了首先对军国主义失望、然后是对资本主义(所谓的正义)失望、最后在双重失望中转向俄国社会主义的过程。

《每周评论》创刊一周后,公理战胜强权很快被"要求"所取代,作者的期望值达到了一个崭新的、理想的顶点。在《欧战后东洋民族之觉悟及要求》中,陈独秀对外、对内都提出了觉悟的标准要求:"对外的觉悟和要求,是人类平等主义,是要欧美人抛弃从来歧视颜色人种的偏见。……对内的觉悟和要求,是抛弃军国主义,不许军阀把持政权。"②如果说"对内"是一种可望不可即的理想状态,"对外"要求军

---

① 胡适:《藏晖室札记》,《新青年》3卷5号,1917年7月。
② 只眼(陈独秀):《欧战后东洋民族之觉悟及要求》,《每周评论》第2号,1918年12月19日。

阀放弃特权也无异于与虎谋皮。我们看到,诸如陈独秀这类的期待并不是简单的理论倡导。事实上《新青年》扩充容量、专门谈论政治就是为了将公理进行到底。陈独秀同期的《倒军阀》、《军民分治》以及1919年1月5日的《武治与文治》都对武治的军国主义行为表示了愤慨。第5期的《除三害》以及接踵而来的连载《我的国内和平意见》,对军阀统治的弊端进行了透彻的梳理。告别了军国主义与人道主义平行的时代,《新青年》同仁开始了全方位的公理导向。

此时,与巴黎和会几乎同步的举措在苏俄政府酝酿并宣布:废除中外之间一切不平等条约。这时,巴黎和会却在图谋战后分赃,陈独秀以政治舆论家特有的敏感写下了《理想家那里去了》的随感:"法兰西国民,向来很有高远的理想,和那军国主义狭义爱国心最热的德意志国民,正是一个反对。现在德意志不但改了共和,并且执政的多是社会党,很提倡缩减军备主义。而法兰西却反来附和日本、意大利,为首征兵废止、国际联盟、军备缩小等问题,和英美反对,竟使威总统有主张将平和会议迁移他国的风传。不知理想高远的法兰西国民,都到那里去了?"①其实这是无疑而问,其中也包含着对过去法兰西文明崇拜的失望。如果说对德意日的失望是势之所必,如果说对资本主义诸如美英等美欧文明的失望是在"巴黎和会"上的教训,那么陈独秀对法兰西的失望则无疑是致命的一击,可以说几乎造成了整个西方文明在他脑海里的坍塌。

应该说,对过去奉为圭臬的西方资本主义的整体失望始终是伴随着对正义、公理、人道的执著或"一边倒"进行的。当军国主义成为定论之后,如果被反复称赞过的欧美社会宣称的自由、平等、博爱、人

---

① 只眼(陈独秀):《理想家那里去了》,《每周评论》第10号,1919年2月23日。

道、公理成为"假面",尤其是对以近世文明缔造者著称的法国和以主持公理著称的美国失去信任后,中国知识分子的文化选择理应转向一个崭新起点。"和平会议",一直在酝酿、谋划的分赃最终于4月29日决定由日本接管德国在山东的特权。其实,这个提案尚在幕后时国内知识界就有了强烈反响:"自正义、公理、人道而论,人种差别待遇,是应该反对的。所以我曾主张东洋民族应该在世界平和会议,提出人种平等的意见,合力要求(见二号《每周评论》社论)。日本特使居然在巴黎提议此案,当时我们听了,大为佩服。不知因为什么缘故,又鬼鬼祟祟的自行撤回,我们听了,又大为失望。现在不知道又因为什么缘故,日本人又大吹大擂的提出这个问题。而且因为这问题,特地不满意于美国,更特地不满意于威尔逊总统。"①继《理想家那里去了》对法兰西国民的失望,又新添对美国总统这样一个"世界第一大好人"的不满意。看来,人类平等主义的理想将是一个遥远的乌托邦。为此,陈独秀一早就把和平会议定位为"关门会议":"要晓得这回巴黎会议,也是分赃会议,所以不得不秘密,所以毫无价值。"②1919年5月4日,陈独秀发表的《两个和会都无用》不但在日期上是一个转折点,而且也是陈独秀由一味崇尚西方文明到走向"人民"的一个标志。他说:"上海的和会,③两方都重在党派的权利,什么裁兵废督,不过说说好听,做做面子,实际上他们那里办得了。巴

---

① 只眼:《人种差别待遇问题》,《每周评论》第12号,1919年3月9日。
② 只眼:《关门会议》,《每周评论》第17号,1919年4月13日。
③ 1919年2月20日,北方政府总代表朱启钤与南方广州军政府总代表唐绍仪在上海举行和平会议。唐提出废止中日军事协定、取消参战借款、解散参战军等条款,遭北方政府拒绝。3月2日,和议停顿。4月9日,和会续开,唐再提取消中日军事协定、裁撤参战督办处、善后借款南北政府共同分用、军政府法令有效等条款。5月13日,和会不了了之。

黎的和会,各国都重在本国的权利,什么公理,什么永久和平,什么威尔逊总统十四条宣言,都成了一文不值的空话。那法、意、日三个军国主义的国家,因为不称他们侵略土地的野心,动辄还要大发脾气退出和会。我看这两个分赃会议,与世界永久和平人类真正幸福,隔的不只十万八千里,非全世界的人民都站起来直接解决不可。若是靠着分赃会议里那几个政治家外交家,在那里关门弄鬼,定然没有好结果。"①对国内和国外政治的双重失望,使得两刊主编有了新的感悟:"若因民族自卫,就是起了黑暗无人道的战争,我们都不反对。"②在他看来,民族自卫主义不是军国主义,而是发自人道主义的反侵略主义,属于维护正义、坚持公理的正当防卫。

为此,主编又有了新的觉悟要求,而且比《欧战后东洋民族之觉悟及要求》中"对外、对内"两种要求更为彻底的觉悟:"(一)不能单纯依赖公理的觉悟;(二)不能让少数人垄断政权的觉悟。"由此进一步引申出应该抱定的两大宗旨:"强力拥护公理;平民征服政府。"③"强力"不是提倡军国主义,而是要求具有增加自我抵抗力的竞争心态;"平民"则是对抗精英式的个人主义。这两点又恰恰都与人道主义息息相关。

从军国主义(强权)和人道主义(公理)的平行到公理战胜强权,再到公理的消失,西方帝国主义一度拥有的军力主义和金力主义双重神话最终同时破灭。强权早晚会失败,公理最终又靠不住,舟车两轮的坍塌奠定了"新理想主义"早日到来的基础。随着1919年7月25日苏俄政府自动放弃沙俄时期在中国一切特权之对华宣言的发

---

① 只眼:《两个和会都无用》,《每周评论》第20号,1919年5月4日。
② 只眼:《为山东问题敬告各方面》,《每周评论》第22号,1919年5月18日。
③ 只眼:《山东问题与国民觉悟:对外对内两种彻底的觉悟》,《每周评论》第23号,1919年5月26日。

表,马克思主义的观念以及苏俄政府的模式在中国思想界成为热点话题。1919年12月1日,重整旗鼓的《新青年》发表新的宣言,最终堵死了面向资本主义的通道:"我们相信世界上的军国主义和金力主义,已经造了无穷罪恶,现在是应该抛弃的了。"抛弃了军国主义和金力主义后何去何从?陈独秀指明了一条理想化的道路:"我们理想的新时代新社会,是诚实的、进步的、积极的、自由的、平等的、创造的、美的、善的、和平的、相爱互助的、劳动而愉快的、全社会幸福的。希望那虚伪的、保守的、消极的、束缚的、阶级的、因袭的、丑的、恶的、战争的、轧轹不安的、懒惰而烦闷的、少数幸福的现象,渐渐减少,至于消灭。"① 既然是理想的,多少会有一些抽象。事实上,《新青年》放弃了非道德的军国主义和金力主义后,他在意念上诉求的主要还是一种充满着人道主义情怀的道德理想主义王国。

八、"新理想主义":强权的终结与公理的落定(Ⅱ)

过去,人道主义作为"人类至高精神"的体现,是一个最高理想和目标。当时,经过欧战、"和会"以及苏俄革命的教训与诱惑,先驱者认识到:公理无法保障并维护我们的正当权益,并不是因为公理的价值受到了挑战。公理自身的价值毋庸置疑,只是需要尽快找到保障公理的工具或手段。将理想的目标和制宜的手段有机统一起来,构成了先驱者孜孜以求的真理诉求。我们看到,《新青年》同仁在寻求真理的过程中历尽曲折和坎坷。

从对西方文明混沌的倾慕,到对"第三种文明"的朦胧向往;从陈独秀钟情的法兰西到李大钊倚重的俄罗斯,一代先知先觉是在追求、

---

① 《本志宣言》,《新青年》7卷1号,1919年12月。

观望、期望、失望的"柳暗花明"中开启了"又一村"的局面。与对俄罗斯文明的感悟同时,"新村"理想也开始萌生。

早在欧战结束前夕,对政治敏感的李大钊就已经在《新青年》、《每周评论》之外的《言治》上发表了《东西文明根本之异点》、《法俄革命之比较观》等,对两种文明、两种革命的比较结果最后在"第三种文明"或说综合的"世界新文明"中落定。李大钊说:"近俄人因革命之风云,冲决'神'与'独裁君主'之势力范围,而以人道、自由为基础,将统制一切之权力,全收于民众之手。世界中将来能创造一兼东西文明特质,欧亚民族天才之世界的新文明者,盖舍俄罗斯莫属。"①这里,有三个关键词值得注意,一是自由,二是人道,三是民众。如果说自由与人道是《新青年》同仁言必称的词汇,那么公开将民众这一劳动的、多数的阶层提出来,则是转向的关键之关键。1917年春,当国人对俄罗斯革命误解重重之际,陈独秀发表了《俄罗斯革命与我国民之觉悟》,除却"弱者"走投无路的觉悟外,还道出了一个预言家的大彻大悟:"俄罗斯之革命,非徒革俄国皇室之命,乃以革世界君主主义、侵略主义之命也。吾祝其成功。吾料其未必与代表君主主义、侵略主义之德意志单独言和。以其革命政府乃亲德派旧政府之反对者,而为民主主义、人道主义之空气所充满也。吾料世界民主国将群起而助之,以与德意志战,且与一切无道之君主主义、侵略主义的国家战。"②有幸言中的历史发展趋势,使得陈独秀们更是对历史决定论充满了信心,于是他们进一步充当起设计、构想、引导社会发展的策划师。1918年11月15日,李大钊的《庶民的胜利》与《Bolshevism 的胜利》比蔡元培、陶履恭、

---

① 李大钊:《法俄革命之比较观》,《言治》(季刊)1918年7月,第3册。
② 陈独秀:《俄罗斯革命与我国民之觉悟》,《新青年》3卷2号,1917年4月。

陈独秀更为明确地提出了俄罗斯方案。工作、互助、庶民、多数与人道、自由等具有人类至高精神的词汇联系起来,而且前所未有地把社会主义作为胜利的一方、前行的一方、实践的一方:"原来这次战局终结的真因,不是联合国的兵力战胜德国的兵力,乃是德国的社会主义战胜德国的军国主义;不是德国的国民降服在联合国武力的面前,乃是德国的皇帝、军阀、军国主义降服在世界新潮流的面前。战胜德国军国主义的,不是联合国,是德国觉醒的人心。德国军国主义的失败,是 Holenyollern 家(德国皇家)的失败,不是德意志民族的失败。对于德国军国主义的胜利,不是联合国的胜利,更不是我国徒事内争托名参战的军人,和那投机取巧卖乖弄俏的政客的胜利,是人道主义的胜利,是平和思想的胜利,是公理的胜利,是自由的胜利,是民主主义的胜利,是社会主义的胜利,是 Bolshevism 的胜利,是赤旗的胜利,是世界劳工阶级的胜利,是廿世纪新潮流的胜利。"①讲了那么多"胜利",最后的落脚点还是"社会主义的胜利",是"世界劳工阶级的胜利",是"廿世纪新潮流的胜利"。"劳工阶级的胜利"既是对资本主义生产关系的否定,也是对社会主义未来的向往。加上"世界"一词,社会主义与大同理想的世界主义联系起来,从而离打通"我"(个人)与"世界"(他者)的直接关系就不远了。李大钊在《每周评论》上的《我与世界》不但要打破"我与世界"之间夹杂的家国、阶级、族界,而且在《赤色的世界》中明确了以鲜血染成"劳农共和国"与"共产党政府"的奋斗目标。②

欧战的结束尤其是巴黎和会的召开,使得"新青年派"知识分子开始了新理想主义的征程。他们在共同的旗帜——人道主义——之

---

① 李大钊:《Bolshevism 的胜利》,《新青年》5 卷 5 号,1918 年 11 月。
② 守常:《赤色的世界》,《每周评论》29 号,1919 年 7 月 6 日。

下编织着魅力的梦想,探求着并实践着新的理想。彩虹似的道德理想和人道情怀唤起了一代知识先驱将个人本位主义(个性主义)与博爱主义的统一。在《新青年》同仁那里,这就是他们的人道主义。

周作人就是其中的典型代表之一,他不但有《平民文学》的导向,而且还以富有见地的人道主义理论写下了《人的文学》一文,将自利利他学说发挥到了极致。同情弱者固然是其一贯的主张,但"眼里看见了世界的人类,养成人的道德,实现人的生活",已经流露出极其理想化的大同倾向。他后来在回忆录中述说自己何等幼稚,可那的确又是那一时代思想状态的具体折射。有了"人的生活"的理论和标准,但这"人的生活"究竟如何落实呢? 1919 年 7 月,周作人访问了日本空想社会主义的试验田"新村",他的目的就是要为这"人的生活"找到一块栖息地。从文章开始的叙述文字不难发现其中的思想机关:"近年日本的新村运动,是世界上一件很可注意的事。从来梦想 Utopia 的人,虽然不少,但未尝着手实行。英国诗人 Coleridge 等所发起的'大同社会'(Pantisocracy)也因为没有资本,无形中消灭了。俄国 Tolstoy 的躬耕,是实行泛劳动主义了,但他专重'手的工作',排斥'脑的工作',又提倡极端的利他没杀了对于自己的责任,所以不能说是十分圆满。新村运动,却更进一步,主张泛劳动,提倡协力的共同生活,一方面尽了对于人类的义务,一方面也尽各人对于个人自己的义务。赞美协力,又赞美个性;发展共同的精神,又发展自由的精神。实在是一种切实可行的理想,中正普遍的人生的福音。"新村生活是一种人人相爱、互助的生活:"不使别人不幸,自己也可以幸福。"[①]不过,我们看到,同是互助、博爱之人道主义精神,周作人和李大钊在这方面有着根本的差异:尽管周作人对蔡元培的"反对马克

---

① 周作人:《日本的新村》,《新青年》6 卷 3 号,1919 年 3 月。

思之阶级争斗"提出异议,但他对互助与阶级竞争并行不悖的解释还是与李大钊的"阶级竞争"说大相径庭的。① 毕竟,周作人的新村主义实行最终是为了单纯的互助打下一个基础,互助既是目的又是手段:"新村的运动,便在提倡实行这人的生活,顺了必然的潮流,建立新社会的基础,以免将来的革命,省去一回无用的破坏损失。"②比较起来,李大钊认为革命不可避免。

必须指出的是,周作人翻译的英国人 Angelo S. Rapport 的《俄国革命之哲学基础》却为中国革命打下了理论基础:"Lavrov 是个人主义者,又同时是社会主义者。他的学说,可以与 Benoit Malon 所创的 La Socialisme Integral 相比。Lavrov 同 Malon 一样,将 Kant 的'纯粹义务'说与唯物论派的自利说,一齐打消。他完全承认 Malon 的主张:'利他主义是我们新道德的根本。这道德既非神学的,也非玄学的,只是社会的罢了。'总而言之,Lavrov 所要求的,不在部分的改良,乃每社会的急剧的变革。实行这个变革,至必要时,激烈的手段,也可以采用。"③Lavrov 是在追求新道德、新理想的过程中兼顾社会主义的。他不排除必要时采用激烈的手段。对此,我们有理由相信,《新青年》从个人本位主义转向社会主义不是以往常常说到的抛弃个人主义再接受马克思主义。在很大程度上,他们是个人主义和社会主义的兼顾、过渡以及侧重点的顺势转移。

关于笔者所说不是抛弃而是转向之说,我们还可以从"新青年派"对资本主义文明的"心有余悸"之论述窥见一斑。众所周知,对西方文明的仰慕曾一度使得《新青年》同仁漫无边际地推崇其资本主义

---

① 陈少峰:《生命的尊严》,上海人民出版社 1994 年版,第 187 页。
② 周作人:《日本的新村》,《新青年》6 卷 3 号,1919 年 3 月。
③ Angelo S. Rapport 著、起明译:《俄国革命之哲学基础》,《新青年》6 卷 4 号,1919 年 4 月。

社会政治、经济、文化等各个方面的先进成果。以陈独秀为例,他就在《敬告青年》中倡导过"实利的而非虚文"的物质文明,又在《今日之教育方针》中力赞美利坚的金钱力量:"亚美利加者,兴产殖业,金钱万能主义之国也。稽此列强教育之成功,均有以矜式宇内者。"①但与此同时,他还有对这种物质主义的担忧。陈独秀给程师葛的回信中就曾表达过他对金钱至上的隐忧:"世人之所谓罪恶未必为罪恶,所谓道德未必非不道德。欲救斯弊,第一,当改良社会经济制度,不使不道德之金钱造成社会种种罪恶;第二,当排斥社会已成之道德,而尊行真理不使不道德。"②早在3卷2号,《金钱之功用及罪恶》的翻译已经暗示了杂志的观念:"金钱之势力,多为人所尊宠,而不知世界伟业巨工,多不成于富人,而出于寒士。耶苏教之布满全球,皆由贫民之力。文学家、技术家、发明家,率出于中产,亲为操作,躬身劳动故能此耳。而富贵则事业之阻碍,社会之蠹虫也。"③一切不道德的源泉诸如懒惰、自私、堕落都来自金钱的诱惑。这是《新青年》杂志在1919年12月1日的《本志宣言》宣称"金力主义"已经造了无穷罪恶、"现在是应该抛弃的了"的由头,也是《新青年》同仁一致要求尊重劳动的根本原因。④

1919年4月15日,王光祈的《工作与人生》将工作定义为"以自己的劳力作成有益于人的事业",而劳力又是:"包含用体力的或是用脑力的,用体力的如像农夫木匠等等,用脑力的如像教育家著作家等等。"⑤与后来陈独秀、李大钊一味强调"劳力者治人"以及纯

---

① 陈独秀:《今日之教育方针》,《青年杂志》1卷2号,1915年10月。
② 程师葛、陈独秀:《通信》,《新青年》2卷1号,1916年9月。
③ 斯迈尔斯著,何先槎译:《金钱之功用及罪恶》,《新青年》3卷2号,1917年4月。
④ 《本志宣言》,《新青年》7卷1号,1919年12月。
⑤ 王光祈:《工作与人生》,《新青年》6卷4号,1919年4月。

粹的体力劳工意识相比,学理的成分要多很多。5月,"马克思专号"出版,将《马克思学说》《马克思学说的批评》《俄国革命之哲学的基础》《马克思研究》《马克思传略》《我的马克思主义观》等文章推到了前台。李大钊的《我的马克思主义观》历数"个人主义经济学"的劣势并给予相应的回应:"其一,是承认现在的经济组织为是;其二,是承认在这经济组织内,各个人利己的活动为是。社会主义经济学正反对他那第一点。人道主义经济学正反对他那第二点。人道主义经济学者以为无论经济组织改造到怎么好的地步,人心不改造仍是现在这样的贪私无厌,社会仍是没有改善的希望,于是否认经济上个人利己的活动,欲以爱他的动机代那利己的动机;不置重于经济组织改造的一方面,而置重于改造在那组织下活动各个人的动机。社会主义经济学者以为现代经济上社会上发生了种种弊害,都是现在经济组织不良的缘故,经济组织一经改造,一切精神上的现象都跟着改造,于是否认现在的经济组织,而主张根本改造。人道主义经济学者持人心改造论,故其目的在道德的革命。社会主义经济学者持组织改造论,故其目的在社会的革命。这两系都是反对个人主义经济学的,但人道主义者同时为社会主义者的也有。"①对一位具有初步马克思主义观的学者而言,李大钊将人道主义和社会主义做了并行的理论武器向个人主义经济学开战,这充分反映了在个人主义向社会主义转变的过程中人道主义作为中枢的"过渡"意义。人道主义经济学者注重"人心"的改造,希望人性中从此不再有私欲。"欲以爱他的动机代那利己的动机",也就是要以社会主义的博爱式的"利他"取代个人主义的自我式的"利己"。与人道主义注重改造"个人的动机"之侧重点不

---

① 李大钊:《我的马克思主义观》,《新青年》6卷5号,1919年5月。

同,社会主义"置重于经济组织改造的一方面"。这是对资本主义的完全否定。也正是因为这个原因,尽管人道主义与社会主义有着"人心改造论"和"组织改造论"、"道德的革命"、"社会的革命"的分野,但社会主义拥有一网打尽的资源和功能。毕竟,"经济组织一经改造,一切精神上的现象都跟着改造。"应该说,《新青年》同仁之所以能从个人主义顺理成章地过渡到社会主义,就是因为人道主义在中间起了桥梁作用。而且,可以这样说,如同在个人主义与人道主义之间有进化论作助力一样,陈独秀、李大钊是从人道主义的观点出发,抱着平等、博爱、道德的理想对社会主义发生兴趣的。恰恰在这里我们看到,尽管李大钊认为,社会主义是伦理的、人道的、空想社会主义的集大成者,但他还是不由自主地将人道主义和社会主义作平行的处理:"我们主张以人道主义改造人类精神,同时以社会主义改造经济组织。不改造经济组织,单求改造人类精神,必致没有效果。不改造人类精神,单求改造经济组织,也怕不能成功。我们主张物心两面的改造,灵肉一致的改造。"①

就《新青年》对马克思主义的接受程度而言,尽管1919年5月出版了马克思主义观专号,但他们的理解应该说还是比较浅薄的。同期杂志上的《巴枯宁传略》、《老子的政治哲学》等文章绝不是巧合。当时,他们对马克思主义观和无政府主义、空想社会主义、新村主义等的区别还处于混沌和朦胧阶段。如果硬要给出一个阶段性特征,当时的马克思主义观在"从伦理的基础上立论的共产主义"、"从人道的基础上立论的共产主义"、"从经济的基础上立论的共产主义"三个阶段中,充其量也只能属于"从人道的基础上立论的共产主义"的初

---

① 李大钊:《我的马克思主义观》,《新青年》6卷5号,1919年5月。

期阶段。① 因此,1919年乃至1920年前后的《新青年》上的马克思主义观还只是朦胧的憧憬,以伦理和人道占据主要份额。

留意"边走边说"的路径,陈独秀此时愈加注重实际的社会活动。1919年冬,他分别为恽代英在武昌创办的"利群书社"以及翌年7月毛泽东在长沙创办的"文化书社"向亚东图书馆做了300元的担保。《新青年》的主编以及同仁分别为《新潮》和《国民》在财力和精力上投入。这些实体或杂志为李大钊、陈独秀、蔡元培、胡适、周作人等酝酿发起"工读互助团"做了大量的具体工作。

如果说周作人1919年3月的《日本的新村》纯粹是理论的介绍,那么此时《新青年》上的《新村的精神》则具有了一种意在实践的意味。毕竟,这不是单纯在杂志上的发表和讨论,而是走向校园、社会的倡导和引领:《新村的精神》是周作人11月8日在"天津学术讲演会"上的演讲词,后来发表在《新青年》上。周作人首先谈到了两条"新村"成立的思想根据:"第一,各人应各尽劳动的义务,无代价的取得健康生活上必要的衣食住;第二,一切的人都是一样的人,尽了对于人类的义务,却又完全发展自己个性。"其次又具体述说了实行新村的程序:"他们实行的方法,是先用言论鼓吹,招集同感的人;在东京设立新村本部,各地方设分部。去年十二月在九州的日向地方,买了土地,立起第一新村,便将本部移到那边去了。这新村里并没有什么烦碎的规程,只有现行的会则十二条,作为一切办事的标准。"在周作人看来,日本新村的步骤就是我们的程序。这也是对军国主义反思和补救的一种方式。作者在展望中国近来社会上发生几种"颇与新村相像"的运动的同时,也进一步指出了需要注意的新村之真精神:

---

① 高一涵:《共产主义历史上的变迁》,《新青年》9卷2号,1921年6月。

村的土地并不广大，只有四十余亩，现在筑了三所房屋，有二十二个人在那里耕种。村里的情形也没有什么特别，还是与平常的村差不多，但有一种平和幸福的空气为别处所无的。劳动者的物质的困苦与"智识阶级"的精神的不安，村里的人都可以免了。新村的生活，一面是极自由，一面又极严格；一面是辛苦，一面又极舒服。村里的人，可以终身不要忧虑衣食住与医药，完全得到生命的保障，他却同时为自己及邻人而劳动。他们正式的事业，目下只是耕种，但关于他种设备，也并不急慢，如图书馆、美术馆、音乐会、医院、学校、工场等，都要次第量力建设。新村的生活上说："先在世上为了生存而劳动，更为发展自己天赋的才能而生存。……我望将来有这一个时代，各人须尽对于人类的义务，又能享个人的自由。"个人的生长与人类的生长，同时并重。以协力与自由，互助与独立为生活的根本。在这样生活里，才觉得我是"唯一者"的所有，却又是人类的一员，互相维系著。这种浑融的感情，在实验确是可能，于道德改革上很有效力，是新村运动的一种特色与实效。①

不难看出，尽管《新青年》同仁之间对新村主义的出发点和归宿不尽一致，但他们却有着同气相求的气质，譬如在反对军国主义、提倡个性发展、主张道德改革和劳动互助几个基本点上是非常一致的。更何况同仁们当时对社会主义、新村主义、无政府主义的理解还是朦胧而混沌的呢。也正因为有了这个混沌和笼统，才有了李大钊所说的像日本"黎明会"一样，"主张不必相同，可是都要向光明一方面走

---

① 周作人：《新村的精神：十一月八日在天津学术讲演会所讲》，《新青年》7卷2号，1920年1月。

是相同的"。① 周作人也是这样描绘新村主义："现在要说明，这思想的根据，并不由于经济学上的某种学说，所以并不属于某派社会主义；只是从良心的自觉上发出的主张：他的影响，也在精神上道德上为最重大。实行这生活，原不是一件难事；只须实在痛切的感到正当的生活的必要与实现的可能，对于上列二项的理想，完全了解，那便已得了新村的精神，虽然还不能去躬耕，在道德上已不愧为正当的新人了。"② 胡适这样一个对乌托邦情结具有很强的抵抗力和防范力的自由主义学者也都一起走向了新村的实践的事实说明，这除却"新青年"派具有舆论走向的凝聚力和挟持力之外，对新出笼的新村主义的无知未尝不是一个基本原因。

唯其如此，我们看到了在周作人论说引导下的新村精神的外化。1920年1月1日，与周作人《新村的精神》同时，《新青年》刊发了《工读互助团募款启事》，全文如下："做工的穷人没有力量读书、受教育，这不是民智发达上一种缺憾吗？读书的人不能做工，教育越发达没有职业的流氓越多，这不是教育界一种危机吗？占全国民半数的女子不读书、不做工，这不是国民的智力及生产力一种大大的损失吗？父兄养子弟，子弟靠父兄，这种'寄生的生活'，不但做子弟的有精神上的痛苦，在这财政紧急的时代，做父兄的也受不了这种经济上的重累。同人等因此种种理由，特组织'工读互助团'，来帮助北京的青年，实行半工半读主义，庶几可以达教育和职业合一的理想。倘然试办有效，可以推行全国，不但可以救济教育界和经济界的危机，并且可以免得新思想的青年，和旧思想的家庭发生许多无谓的冲突。照眼前试办的预算，需费不过千元，凡赞成此举者，请量力捐助为荷。"

---

① 《李大钊全集》第3卷，河北教育出版社1999年版，第217—218页。
② 周作人：《新村的精神：十一月八日在天津学术讲演会所讲》，《新青年》7卷2号，1920年1月。

发起人署名为李大钊、陈独秀、蔡元培、胡适、周作人、顾兆熊、陈溥贤、王星拱、高一涵、张崧年、程演生、陶履恭、李辛白、孟寿春、徐彦之、罗家伦、王光祈①等17人。在发起人看来,这个"工读互助团"就是新村的精神,不但主张自食其力,而且把这样一个组织看成了浮躁精神的过滤器,不良道德的净化器。值得说明的是,早在《新青年》1920年初发布消息之前,"北京工读互助团"最晚在1919年12月14日之前已经成立。当日《晨报》上至少《工读互助团募款启事》已经先行一步。后来《少年中国》、《新潮》也几乎与《新青年》同时发布了这个消息,而且除却发起人的排序有少许变化以及文字有些少许改动,但在发起人名单以及人数并没有变化。关于这个"启事"的作者,有人认为是李大钊,有人认为是王光祈,还有人认为是徐彦之。撇开歧义以及发表刊物的"一稿多投",笔者更愿意跳出这个问题之外看问题,至少有两点可以肯定:一是《新青年》同仁的"集体"所为;二是进一步印证了上面我们所说的《新青年》同仁已经进入"边走边说"之知行合一的阶段,一部分知识分子已经扮演起学问家和革命家的"双肩挑"角色。

好景不长,工读互助团可以说是昙花一现。这也是中国知识分子在实践中探索并接受马克思主义必经的一个阶段。1920年4月,《新青年》彻底宣布了"北京工读互助团"的失败。这一期杂志除却宣布失败,还为"工读互助团问题"开辟专栏进行讨论。为此,胡适撰写了《工读主义试行的观察》、戴季陶撰写了《工读互助团与资本家的生产制》、李大钊撰写了《都市上工读团底缺点》、王光祈撰写了《为什么不能实行工读互助主义》、陈独秀撰写了《工读互助团失败底原因在那里?》,这五篇文章各抒己见,力求从各个方位将"北京工读互助团"

---

① 《工读互助团募款启事》,《新青年》7卷2号,1920年1月。

看个通通透透。在胡适那里,他有一种向往新生活的情结,但却对这种方式持保留意见:"如不能做到这些条件('读'的条件——引者注),如不能使团员有自修求学的工夫,那么,叫他泛劳动主义也罢,叫他新组织也罢,请不要乱挂'工读主义'的招牌!"他说:"北京互助团的计划的错误在什么地方呢?我说是在偏重自办的工作,不注意团外的雇工。"①看来,胡适的倾向还是往"读"上导而意不在"工"。戴季陶不同意胡适的观点:"资本家生产制下的工场,那里有许多的苦人,那许多的苦事,要研究也得在那里去找材料;要奋斗也要在那里去找朋友;要训练也要在那里才有战斗员;要试验也要那里才是大大的试验所。桃花源般天地,今天是做不成功的!……'投向资本家生产制下的工场去!'这是训练与试验的唯一方法。倘若失败了,也可以对世界上供给一个研究材料。"②按照戴季陶的思路,这一路径的实践要走向"工场"、走向基层。陈独秀从李大钊的来信中摘了一段:"北京的工读互助团精神上已不能团结,经济上也不能维持,看看有消灭的样子。我的意见有一半和适之相同。他说应该取纯粹的工读主义,不要别挂新生活的招牌。我想这话不错。我以为在都市上的工读团,取共同生产的组织,是我们根本的错误。都市的地皮、房租这样富贵,我们要靠资本家给劳动者的工资和商卖小业的蝇头,维持半日读书半日作工的生活,那里能够?……我觉得工读团要想维持,还是采取纯粹的工读主义才是。其有一部分欲实行一种新生活的人,可以在乡下购点价廉的地皮,先从农作入手。"③李大钊和胡适的"一半"相同不是关键,其根本的不同还在于胡适倾向于纯粹的"读",而李大钊则倾向于纯粹的"工"。信中所谓"采取纯粹的工读主

---

① 胡适:《工读主义试行的观察》,《新青年》7卷5号,1920年5月。
② 季陶:《工读互助团与资本家的生产制》,《新青年》7卷5号,1920年5月。
③ 李守常:《都市上工读团底缺点》,《新青年》7卷5号,1920年5月。

义"，就是要到基层去、到农村去，找一块安身立命的农作地皮。王光祈将失败原因归结为"人的问题，不是经济的问题"，也不是组织的问题，他对这一路径充满信心："北京工读互助团，虽有不好的消息，但是我对于此种组织，仍是十分信仰，仍有十分希望。"① 对此，陈独秀最后发表总结性陈词说：

> 我晓得北京工读互助团第一组里有几位团员，的确明白工、读、互助是三件事，的确是厌恶家庭寄生生活和社会上工银制度，所以都高高兴兴来谋这独立公财的工读互助团生活。他们的理想固然很好，实际上是要暂时失败的了。我相信他们这回失败，完全是因为缺乏坚强的意志、劳动习惯和生产技能三件事；这都是人的问题，不是组织的问题。适之先生以为他们失败在不是纯粹的工读主义，我觉得他们既有上面三件缺点，就是纯粹的工读主义，保得住不失败吗？挂起新生活的招牌，总只有益无损。季陶先生以为资本制度的下面，一小部分人不能够一面作生产的工，一面求学；我觉的机械工业不很发达的地方，手工业尽有生存的余地，正因为只是一小部分人做工糊口，所以和大规模的产业竞争不同。信仰新生活的人，但能糊口，只要免掉家庭的寄生生活或社会的工银生活，就是求学方面牺牲一点，不比在资本家生产制下的工厂里做工独立自由的多吗？守常先生以为都市上不能够有这种生活组织，我觉得都市上的劳动者被资本家夺去剩余价值，有些商卖小业须付还借本底利息，而且他们还要养家；这些损失工读团一样没有，为什么不能够存在？乡里种地的人，倘然缺乏坚强的意志、劳动习惯和生产技能，也是要

---

① 王光祈：《为什么不能实行工读互助主义》，《新青年》7卷5号，1920年5月。

失败的。私人经营工商业失败的也不知有多少,并不是挂起新生活的招牌就格外晦气,我们不可迷信私有制度有这样万能。我希望各处已成立及将成立的工读互助团团员,千万要注意坚强的意志、劳动习惯和生产技能三件事;各处关心工读互助团的同志,对于北京第一组底失败,千万要研究是人的问题,还是组织的失败。①

陈独秀对这个失败还是很不甘心,于是有"要暂时失败的了"的矛盾的表述。最后他引述一份团员来信说:"北京第一组失败,千万不要使旁的工读互助团说什么办不得,老实说实在是人的问题,只可说第一组的人失败了,并不是工读互助团不能办。"陈独秀和他的学生王光祈都有重整旗鼓的信心。

这一切,因为有了《新青年》主编的不气馁,"新理想主义"的大纛还会继续前行。他们沿着戴季陶、李大钊所说的路径走向深入。此后的人道主义、社会主义的道德伦理不再是小打小闹的"工读"或"互助",而是一个宏观场面的开启。道德理想的外化使得知识分子与工场、农村的下层民众打成一片的格局即将成为现实。

九、"新理想主义":强权的终结与公理的落定(Ⅲ)

如上所述,"新理想主义"的诞生一直伴随着进化论的思想武器俱进。进化论让知识分子感到将来必将胜于过去,希望总在前头,总在新的渴望中。与此同时,与进化论紧密相关的两个词汇——"竞争"与"互助"又总是作为新理想主义的辅助工具跌宕起伏。如果说

---

① 陈独秀:《工读互助团失败底原因在那里?》,《新青年》7卷5号,1920年5月。

人道主义在个人主义转向社会主义的过程中起到了至关重要的作用,那么对与人道主义息息相关的两个关键词"竞争"与"互助"关系的不同理解则是关键的关键。

个人主义盛行时期,进化论中的优胜劣汰之竞争观念贯穿始终。社会主义前期或说初期,人人关爱的"互助"理想如日中天。首先看看李大钊对这样一个命题的理解。他在《我的马克思主义观》中,十分大胆地述说了自己对马克思主义观的理解与批评:"有许多人所以深病'马克思主义'的原故,都因为他的学说全把伦理的观念抹煞一切,他那阶级竞争说尤足以使人头痛。但他并不排斥这个人高尚的愿望,他不过认定单是全体分子最普通的伦理特质的平均所反映的道德态度,不能加影响于那经济上利害相同自觉的团体行动。我们看在这建立于阶级对立的经济构造的社会,那社会主义伦理的观念,就是互助、博爱的理想,实在一天也没有消灭,只因有阶级竞争的经济现象,天天在那里破坏,所以总不能实现。但这一段历史,马氏已把他划入人类历史的前史,断定他将与这最后的敌对形式的生产方法,并那最后的阶级竞争一齐告终。而马氏所理想的人类真正历史,也就从此开始。马氏所谓真正历史,就是互助的历史,没有阶级竞争的历史。近来哲学上有一种新理想主义出现,可以修正马氏的唯物论,而救其偏颇。各国社会主义者,也都有注重于伦理的运动,人道的运动的倾向,这也未必不是社会改造的曙光,人类真正历史的前兆。我们于此可以断定,在这经济构造建立于阶级对立的时期,这互助的理想,伦理的观念,也未曾有过一日消灭,不过因他常为经济构造所毁灭,终至不能实现。这是马氏学说中所含的真理。到了经济构造建立于人类互助的时期,这伦理的观念可以不至如从前为经济构造所毁灭。可是当这过渡时代,伦理的感化,人道的运动,应该倍加努力,以图划除人类在前史中所受的恶习染,所养的恶性质,不可单靠物质的变更。这是马氏学说应加救正的地方。"①李大钊对"唯物论"的不满主要是对"物"的过分强调与对"心"的强调不足。为了纠正马克思的偏弊,他在洋洋洒洒的长文中强调"注重于伦理的运动,人道的运动",并认为这才是"社会改造的曙光"。他甚至有一种道德的洁癖,几乎要求在"真正的历史"到来以前将所有的"恶习染"、"恶性质"统统蒸发,人类的道德如同蒸馏水一样那样纯净。在此,我们看到了李大钊极力主张"物"与"心"同时改造的社会意义。在他看来,马克思的"斗争"还不够全面和彻底,但是马克思强调经济改造对精神理想的决定性意义算是抓住了"真理"的内核。

马克思的阶级竞争理论压倒了互助、博爱的理想,李大钊认为两者应该"并立"而"俱进",不可偏执于一方。直到1919年7月6日,李大钊的《阶级竞争与互助》一文还夹杂着无政府主义思想观念。他不但要将 Kropotkin 的《互助论》与马克思的阶级斗争相提并论,而且反复述说了伦理的重要性:"一切形式的社会主义的根芽,都纯粹是伦理的。协合与友谊,就是伦理社会生活的普遍法则。"②与《我的马克思主义观》一脉相承,这里他继续强调了"物心"同时改造的重要性,这个同时改造就是社会性的大革命。如果说该文是对马克思主义轻视"心"之革命的批评,那么《阶级竞争与互助》则是对双重革命的强调。与《我的马克思主义观》的理论相同,李大钊再次陈述了"物心"同时改造的理论依据:"人类应该相爱互助,可能依互助而生存,而净化;不可依战争而生存,不能依战争而进化。这是我们确信不疑的道理。依人类最高的努力,从物心两方面改造世界、改造人类,必

---

① 李大钊:《我的马克思主义观》,《新青年》6卷5号,1919年5月。
② 守常:《阶级竞争与互助》,《每周评论》第29号,1919年7月6日。

能创造出来一个互助生存的世界。我信这是必然的事实。"这里,李大钊意在为互助的世界之到来牵线搭桥。于是我们看到,尽管李大钊极力倡导放之四海而皆准的博爱精神,而且又把协合、友谊、互助、博爱推向人类全体的大同理想,但是最终的落脚点还是在阶级竞争上:"最后的阶级争斗,就成了改造社会、消泯阶级的最后手段。"他反复强调这是最后的斗争。针对许多人对阶级竞争的担心,他引用马克思的话说,"所有从来的历史,都是阶级竞争的历史",然而一旦"真历史的新纪元"得以开辟,所有的争夺、强掠、残杀都将成为过去。也正是在这个意义上说,他说互助论与阶级竞争仿佛相反,其实不然,而且应该是辩证的、有机的统一。这就是李大钊理解的阶级竞争是"最后的"手段,互助可以在真历史出现后让阶级竞争、自私自利全然灭尽的逻辑。互助精神是"心"力改造的结果,"心"之道德精神可以将黑暗的世界洗刷得干干净净,而且"互助精神的火光"可以烧尽阶级竞争的余威,使他的灰烬不能发生。既然人类的生活乐观或应该相互爱着、互助着,而不是争斗着,那么:"这最后的阶级竞争,是改造社会组织的手段。这互助的原理,是改造人类精神的信条。我们主张物心两面的改造,灵肉一致的改造。"①愈是强调互助论的意义和普适性,就愈是说明阶级竞争的必要性和迫切性。愈是强调"阶级竞争"的必要性和紧迫性,便愈是要消解"最后的"手段。

《新青年》团体中的李大钊在引导"新青年派"向社会主义转向的过程中起到了担纲的作用。在这一时刻李大钊比主编陈独秀本人显得更有主见,而且他也沿袭了《新青年》前期精神至上的现代性举措。在重视唯物论的同时也看重人道主义的精神改造。不过,也必须指出,李大钊在精神改造这一举措上显然具有道德理想王国的乌托邦设

---

① 守常:《阶级竞争与互助》,《每周评论》第 29 号,1919 年 7 月 6 日。

想。他希望将一切阶级竞争社会中所有的罪恶都一网打尽,从此尽善尽美,人类共同生活在没有恶习、没有堕落、没有残杀、没有压迫、没有掠夺、没有剥削的"真空"式的纯净社会中。他把人心、人性都设计成一个无杂念、无恶性的理想状态,从而走上了道德伦理至上的"天堂"之路。李大钊就曾引用 Willim Morris 的话说,"有友谊是天堂,没有友谊是地狱。"①守常:《阶级竞争与互助》,《每周评论》第 29 号,1919 年 7 月 6 日。由此可见人道主义衍发的友谊、互助、协合在李大钊心目中的地位。这充满人道主义色彩的道德理想王国,就是新理想主义的"少年中国",这是李大钊设想的"由物质和精神两面改造而成的'少年中国',是灵肉一致的'少年中国'"。②

沿着李大钊的思考路径,我们还能发现他与同仁们转向的心理依据。按照"少年运动"的规则,他认为其第一步就是要作两种文化运动:"一个是精神改造的运动,一个是物质改造的运动。"前一个运动将我们带入人性改造的道德理想境界,后一个运动将我们带入劳工的世界。针对这两个运动,李大钊是这样解释的:

> 精神的改造运动,就是本着人道主义的精神,宣传"互助"、"博爱"的道理,改造现代堕落的人心,使人人都把"人"的面目拿出来对他的同胞:把那占据的冲动,变为改造的冲动;把那残杀的生活,变为友爱的生活;把那侵夺的习惯,变为同步的习惯;把那私营的心理,变为公善的心理。这个精神的改造,实在是要与物质的改造一致进行。而在物质的改造开始的时期,更是要紧,因为人类在马克思所谓"前史"的期间,习染恶性狠深:物质的改

---

① 守常:《阶级竞争与互助》,《每周评论》第 29 号,1919 年 7 月 6 日。
② 李大钊:《"少年中国"的"少年运动"》,《少年中国》第 1 卷第 3 期,1919 年 9 月。

造虽然成功,人心内部的恶,若不铲除净尽,他在新社会新生活里依然还要复萌,这改造的社会组织,终于受他的害,保持不住。

> 物质的改造运动,就是本着勤工主义的精神,创造一种"劳动神圣"的组织,改造现代游惰本位掠夺主义的经济制度:把那劳工的生活,从这种制度下解放出来,使人人都须做工,做工的人都能吃饭。因为经济组织没有改变,精神的改造狠难成功。在从前的经济组织里,何尝没有人讲过"博爱"、"互助"的道理,不过这表面构造(就是一切文化的构造)的力量,到底比不上基础构造——就是经济构造——的力量大;你只管讲你的道理,他时时从根本上破坏你的道理,使他永远不能实现。①

"精神的改造运动"就是要本着人道主义的精神将人性中自私的心理换算为"公善"的心理,要将人心中的私心杂念、恶意恶习统统铲除。"物质的改造运动"就是要本着勤工主义的精神,将懒惰、剥削的制度来个天翻地覆式的改观。

李大钊抓住了人性中两个弱点——自私和懒惰,并认为只有从心理上和体力上改变这个现状,人类理想的"清新的曙光"才能实现。如果我们进一步问,怎样改变这两点呢?解决问题必须先找到问题,李大钊认为这两个病灶主要是上层统治阶级的问题。如同鲁迅把中国传统和现实中的弊端来自统治阶级的"治绩"一样,李大钊认为资本家和地主等就是黑心的、掠夺式的不劳而获者,而下层的民众包括农民和工人这些身体力行的做工者才是具有奉献精神和多种优良品质的理想之人。于是,劳动者和统治者、劳力者和劳心者、上层和下层成为对立的两个阵营。这也是胡适在"问题与主义之争"中担心的"激起阶

---

① 李大钊:《"少年中国"的"少年运动"》,《少年中国》第1卷第3期,1919年9月。

级仇恨心"而反对无政府主义和马克思主义的根本原因。为了道德理想天堂的到来,李大钊们一边倒地强调社会中的罪魁祸首就是那些没有具体体力付出的"悠闲"阶层,改造就是要改造他们,而且要让他们成为和劳力者一律完全平等的劳动者,这时,包括自己在内的一类知识分子都成了自卑的亟待被改造对象,正如李大钊总结的那样:"我希望的'少年中国'的'少年运动',是物心两面的运动,是灵肉一致的改造运动,是打破知识阶级的运动,是加入劳工团体的运动,是以村落为基础建立小组的运动,是以世界为家庭扩充大联合的运动。"①其实,这里的人道主义已经不只是告别知识分子运动的问题,而且变成了一个与劳工打成一片、走向"村落"的平民主义和民粹主义的思路。

就"本着人道主义的精神"而言,这是典型的泛爱主义;就"本着勤工主义的精神"而论,这是典型的泛劳主义。这在早期《新青年》上有托尔斯泰的思想作为支持,后来的"工读互助"实验以及"少年中国"的畅想都是这个线索的延续。时至1919年9月的"少年中国"畅想其实还是一个不成型的理想:"'少年中国'的理想,不是死板的模型,是自由的创造;不合适铸定的偶像,是活动的生活。"②李大钊:《"少年中国"的"少年运动"》,《少年中国》第1卷第3期,1919年9月。朝前走,这是一致的目标,但一片光明的未来究竟是什么情形却是朦胧的。这从《新青年》知识群体对武者小路实笃的共同感受中可以再次看到他们的集体意识。自从周作人在《新青年》4卷5号里面说起《一个青年的梦》,鲁迅便耿耿于怀,终于于7卷2号起连载3卷剧本。鲁迅和《新青年》知识群体对剧本感兴趣的一个根本原因可以从一段话说起:"人人都是人类的相待,不是国家的相待,才得永久和平,但非从民众觉醒不可。"不但同仁认为说得透彻,而且认为"声音

---

①② 李大钊:《"少年中国"的"少年运动"》,《少年中国》第1卷第3期,1919年9月。

也很真"。① 日本友人武者小路实笃的思想激起了周作人、蔡元培、陈独秀的共鸣,周作人、蔡元培和陈独秀的附记反映出了"人类相待"的大同理想。蔡元培这样说:"现在中国人与日本人的感情,是坏极了,这因为日本对中国的态度,的确很不好,武者先生也承认的。但我们并不是说:凡有住在日本的一部分的人类,都是想借了中日亲善的口头禅,来侵略中国的。武者先生与他的新村同志,都抱了人道主义,决没有日本人与中国人的界限,是我们相信的。就是别种新思潮的团体,如黎明会新人会等等,我们也信他决不赞成侵略主义的。不但这一类的人,就是现在盲从了他们政府,赞成侵略主义的人,也一定有觉悟的一日,真心与中国人携手,同兄弟一样。"②四海之内皆兄弟,这就是人道主义的世界化情怀。陈独秀的附记最后总结道:"今天是一九一九年底最后一日,我希望全人类的姊妹弟兄们都把以前的旧梦打破,以前的污浊、罪恶、羞辱,都随着旧岁同时消灭,从明年明日起,大家总要真心接触,随着新年面目一新,不再将手去染血,都流额上的汗,不再借金钱为力,都委身于真理,把从前用在互相猜忌的力量,用在互相帮助做人类有益的事!"③除旧布新,从此互助,这正是李大钊一再申明并强调的思想内容。尽管他们向往的前路没有一个明确的模式,但他们在人道主义的共同情怀下,一心一意筹划世界大同主义的道路却是非常具有共性的。不过这里有一点需要指出,他们的人道主义是对弱者或说是下层的人道主义,是一种弱者反抗强者、下层对抗上层的人道主义,是一种"全世界无产者联合起来"的人道主义。

不难理解,这种人道主义情怀毕竟是在与军国主义、侵略主义对

---

① 鲁迅:《〈一个青年的梦〉序》,《新青年》7卷2号,1920年1月。
② 蔡元培:《〈与支那未知的友人〉附记》,《新青年》7卷3号,1920年2月。
③ 陈独秀:《〈与支那未知的友人〉附记》,《新青年》7卷3号,1920年2月。

抗的背景下直接点燃的。对此,如果要描述清楚这个思想谱系的沿袭,我们还可以追溯一下人道主义思潮流行时发表在《新青年》上的一篇名为《精神独立宣言》的译文。

1919 年 12 月 1 日,《新青年》以崭新的姿态发表了《本志宣言》和张崧年翻译的《精神独立宣言》。众所周知,这个宣言是 1919 年 6 月 29 日以法文发表在巴黎的 Humanite 报上的。7 月 19 日 Cambridge Magazine 和 9 月的 World Tomorrow 分别译登。他是欧战结束后西方进步知识分子的集体签名书。以罗曼·罗兰牵头,罗素等知识分子紧随其后。1914 年战争开始后,不少知识分子站在本国的立场对军国主义、种族主义、君主主义、爱国主义进行了不分青红皂白地颂扬,《新青年》上的一些文章也受到过这种观点的影响,这也是协约国胜利后他们高喊"公理战胜强权"的主要原因。但是也有一批清醒者,诸如罗曼·罗兰、罗素、卡尔·李卜克内西等就是其中的代表。无论他们的立场是自由主义还是社会主义,是民主主义还是个人主义,但他们有一点却是相同的,那就是人道主义的原则。以《新青年》为代表的"五四"知识分子翻译这篇宣言而且给予了足够的重视,也可以说是一个集体的认同和反省。① 宣言告诫"精神的劳动者诸君"应该自此切实做到:

> 我们尊敬的唯有真理,自由的真理,无边界、无限际、无种级族类之偏执。信然,我们不是对于人类漠不关心的。我们是正在为人类而工作,只是我们所作非人类的那一分,乃人类的全体。我们不认得这民众,那民众,种种许多的民众。我们但认唯

---

① 对这一问题的研究,可参考张先飞:《形而上的困惑与追问——现代中国文学的思想寻踪》中《"人道的晨光:"五四"视野下 20 世纪初世界人道主义思潮》(第一章),河南大学出版社 2004 年版。

> 一民众（The People）——一而普遍——，就是那受苦，竞争，跌而复起，沿着浸泡在他们自己的汗血中，凹凸不平的路，永远相续不断的前进的民众——就是合一切人类之民众，一切同是我们的弟兄。而且就是为的他们，同我们一样，也可以觉悟到这个弟兄之谊，我们敢于他们蒙瞽的争斗之上，高举"约章之匦"——高举那自由，一而多，永远长久的精神。①

唯真理是求。这个真理就是"新青年"派知识分子理解的在人道主义背景下的人类主义、世界主义乃至大同主义。这对《新青年》知识群体来说，是激励，更是鞭策。在这个新理想主义的促使下，他们足以把那"爱我所爱"的人道主义情怀进行到底。

1920年4月《新青年》7卷5号发布《本志特别预告》，预告"劳动节纪念号"将在7卷6号刊布。这是一个筹谋已久的计划。该号封面套红，并有"劳工神圣"的罗丹画作。扉页和插页上是分别有蔡元培题写的"劳工神圣"、吴稚晖题写的"人日"、孙中山题写的"天下为公"等字眼，共有7位名家出手。另外，也是至关重要的一笔是，大生纱厂工人包礼盛的"互助"、恒丰纱厂工人李善让"人的生活与快乐唯劳动节含有之"等9位名不见经传的工人不同题词，加上33幅反映工人劳动状况的照片，充分意味着一个博爱、互助的新时代已经到来，这也就是陈独秀、李大钊呼唤的"新纪元"之未雨绸缪。② 5月1日《新青年》"劳动节纪念专号"上除却李大钊的《"五一"（May Day）运动史》、陈独秀的《劳动者的觉悟》，写满了南京、唐山、山西、江苏、北京、上海、长沙、芜湖、无锡等地的"劳动状况"。这些都是出自作者一手的社会调查材料。

---

① 罗曼·罗兰等著，张崧年译：《精神独立宣言》，《新青年》7卷1号，1919年12月。
② 《新青年》7卷6号，1920年5月。

1920年9月1日,《新青年》第一次延期出版。这有5月至9月的4个月间隔。这多少说明了《新青年》杂志的质变。8卷1号的《新青年》有三个特殊之处:一是陈独秀首篇的公开《谈政治》;二是9月1日"新青年社"的成立,标志着他已经由群益书社分离出来,成为一个独立法人团体;三是从此成为宣传马克思主义观的机关刊物。在此,还有几点与《新青年》同步的事件需要说明:一是1920年8月22日在上海法租界《新青年》编辑部"中国社会主义青年团"的成立;二是《新青年》同仁南下北上争论的落定;三是杜威来华的理论演讲与《新青年》转向"俄罗斯研究"、"社会调查"的实际形成了鲜明对比。时至《新青年》月刊时代终结,《新青年》上介绍、研究、讨论马克思主义和苏维埃政府的文章不绝于耳。

1922年5月7日,《努力周报》在胡适的运作下创刊。这是继《每周评论》专门谈政治后,《新青年》团体又创刊的一个专门谈政治的刊物。时距中国共产党正式成立不到10个月的时间。陈独秀与胡适的分道扬镳结束了一个时代的精神模式。

1922年7月1日,《新青年》出版9卷6号,月刊时代结束。1923年6月15日《新青年之新宣言》发表,自此《新青年》进入季刊时代。以瞿秋白为首的知识分子继续沿着《新青年》的道路"开辟一条光明的路"。因为他也特别坚信:"劳工神圣,理想的天国,不在于知识阶级的笔下,而在于劳工阶级实际生活上的精通。"①《新青年之新宣言》宣称:

> 中国幼稚的无产阶级,仅仅有最小限度的力量,能用到新青年上来,——令他继续旧时新青年之中国"思想革命"的事业,行澈

---

① 瞿秋白:《饿乡纪程》,载《瞿秋白文集》第1卷,人民文学出版社1999年版,第52页。

底的坚决斗争,以颠覆一切旧思想,引导实际运动,帮助实际运动,——以解放中国,解放全人类,消灭一切精神上物质上的奴隶制度,达最终的目的:共产大同。新青年虽然力弱,必定尽力担负此重大责任,谨再郑重宣告于中国社会:

  新青年会为中国真革命思想的先驱,新青年今更为中国无产阶级革命的罗针。

《新青年》季刊承袭了《新青年》月刊的传统,而且"百尺竿头"。它"求智识上的武器,助平民劳动界实际运动之进行"的思想宗旨更为直接、突出。①

1923年1月,李大钊的《平民主义》一书由商务印书馆出版发行。

1924年8月1日,瞿秋白的《实验主义与革命哲学》再次将"实验主义"与马克思主义观剥离:

  实验主义首先便否认理论的真实性,而只看重实用方面,——"多研究问题,少谈主义!"可是这一个原则,却亦没有抽象的价值。他的应用亦是因时因地而异其性质的。他应用于中国的时候,对于资产阶级是很好的一种革命手段;且不要管什么礼教罢,怎样能发展你自己,便怎样做;可是他对于劳动阶级的意义,却是:不用管什么社会主义了,怎样能解决你们目前的难题,便怎样做去算了。于是大家蒙着头干去,当前的仇敌,固然因此大受打击,而后面的群众也不至于"妄想",——岂不是很好的手段?所以"且解决目前问题,不必问最后目的"——这种原

---

① 《新青年之新宣言》,《新青年》(季刊)第1期,1923年6月。

则,用之于中国,一方面是革命的,一方面就是反动的。至于欧美呢,这却纯粹是维持现状的市侩哲学。①

无产阶级或说"劳动阶级"得到了"整个世界",统治阶级同时将获得被改造的权力。历史上的任何一次运动都没有这样普及,也没有这样产生过巨大的推动力量。它风起云涌,而且的确让旧中国得到了完全彻底的、翻天覆地的变化。

---

① 瞿秋白:《实验主义与革命哲学》,《新青年》(季刊)第3期,1924年8月。